国家出版基金项目
NATIONAL PUBLICATION FOUNDATION

总顾问：王汉斌
总主编：沈德咏

犯罪构成与刑事处罚

主　编：张玉梅
撰　稿：徐志伟　徐志新
于　明　曹鸿宾
江雨奇

中国民主法制出版社
全国百佳图书出版单位
2015·北京

图书在版编目(CIP)数据

犯罪构成与刑事处罚 / 张玉梅主编. —北京: 中国民主法制出版社, 2015.1

(中华人民共和国重要法律知识宣讲)

ISBN 978-7-5162-0685-0

Ⅰ. ①犯… Ⅱ. ①张… Ⅲ. ①犯罪构成 - 基本知识 - 中国②刑罚 - 基本知识 - 中国 Ⅳ. ①D924.1

中国版本图书馆 CIP 数据核字(2014)第 288054 号

图书出品人:肖启明
图 书 策 划:刘海涛
责 任 编 辑:逯卫光

书　名/犯罪构成与刑事处罚
主　编/张玉梅
撰　稿/徐志伟　徐志新　于　明　曹鸿宾　江雨奇

出 版 · 发 行/中国民主法制出版社
地 址/北京市丰台区玉林里 7 号(100069)
电 话/63055259(总编室)　63057714(发行部)
传 真/63055259
http://www.npcpub.com
E-mail:mzfz@npcpub.com
经 销/新华书店
开 本/16 开　710 毫米 × 1000 毫米
印 张/19　**字数/**274 千字
版 本/2015 年 1 月第 1 版　2015 年 1 月第 1 次印刷
印 刷/航远印刷有限公司

书 号/ISBN 978-7-5162-0685-0
定 价/42.00 元

总　序

落实依法治国基本方略
加快建设社会主义法治国家

依法治国，是坚持和发展中国特色社会主义的本质要求和重要保障，是实现国家治理体系和治理能力现代化的必然要求，事关我们党执政兴国、事关人民幸福安康、事关党和国家长治久安。2012年12月4日，习近平总书记在首都各界纪念现行宪法公布施行三十周年大会上的重要讲话指出，要落实依法治国基本方略，加快建设社会主义法治国家，强调要以宪法为最高法律规范，继续完善以宪法为统帅的中国特色社会主义法律体系，把国家各项事业和各项工作纳入法制轨道，实行有法可依、有法必依、执法必严、违法必究，维护社会公平正义，实现国家和社会生活制度化、法制化。2013年11月，党的十八届三中全会通过《中共中央关于全面深化改革若干重大问题的决定》，确立了推进法治中国建设的总体目标，对加快建设社会主义法治国家作了全面部署，要求必须坚持依法治国、依法执政、依法行政共同推进，坚持法治国家、法治政府、法治社会一体建设。同时要求全面深化司法体制改革，加快建设公正高效权威的社会主义司法制度，维护人民权益，让人民群众在每一个司法案件中都感受到公平正义。2014 年 10 月，党的十八届四中全会专题研究了全面推进依法治国的若干重大问题，必将为法治中国建设不断注入强劲动力。

以习近平同志为总书记的新一届中央领导集体将依法治国提到了前所未有的高度，进一步表明了党中央全面推进依法治国、走中国特色法治化道路的坚定决心和信心。全面推进依法治国，必须全面推进科学立法、严格执法、公正司法、全民守法进程，确保宪法法律得到一体遵循。新中国成立以来特别是改革开放三十多年来，党带领人民坚持不懈加强立法工作，取得了举世瞩目的成就，一个立足中国国情和实际、适应改革开放和社会主义现代化建设需要、集中体现党和人民意志的，以宪法为统帅，以宪法相关法、民法商法等多个法律部门的法律为主干，由法律、行政法规、地方性法规等多个层次的法律规范构成的中国特色社会主义法律体系已经形成，国家经济建设、政治建设、文化建设、社会建设以及生态文明建设的各个方面总体实现了有法可依，为实现全面建成小康社会宏伟目标奠定了坚实的法律基础。

法律的生命力在于实施。新的历史条件下，确保宪法法律实施的任务越来越重，严格执法、公正司法的要求越来越高，维护社会公平正义的责任越来越大。法律要发挥作用、得到全面实施，就需要全社会尊重和信仰法律。2014 年 1 月 7 日，习近平总书记在中央政法工作会议上的重要讲话强调，要深入开展法制宣传教育，弘扬社会主义法治精神，引导群众遇事找法、解决问题靠法，逐步改变社会上那种遇事不是找法而是找人的现象。认真贯彻习近平总书记重要讲话精神，必须大力加强法制宣传教育，不断探索法律知识教育传播的新途径，为确保法律正确实施，确保严格执法、公正司法、全民守法作出积极贡献。

中国民主法制出版社作为国家级法律专业出版社，始终秉持“立足人大工作，服务民主法制”的出版宗旨，不断推出高质量的图书产品，积极宣传宪法法律和人民代表大会制度，为社会主义民主法制建设作出了重要贡献。为认真贯彻落实习近平总书记系列重要讲话精神特别是关于法治建设的重要论述，积极推进依法治国进程，中国民主法制出版社经过反复研究论证，决定推出《中华人民共和国重要法律知识宣讲》丛书。

该套丛书采取宣讲要点、典型案例、专家评析、法条指引的形式，紧紧围绕法治建设的重点、群众关注的焦点、社会关注的热点、司法实践的难点问题，对法律规定、法律原则、法律精神及其应用问题进行全面阐释。该丛书涵盖中国特色社会主义法律体系方方面面，全面收录各类法律法规，同时筛选了涉及经济、政治、文化、社会和生态文明建设的各类典型案例，清晰展现执法司法工作的生动实践，具有很强的实用性和操作性，对于法学研究和司法实务具有较好的参考价值。

该丛书的出版有助于广大司法实务工作者准确把握法律应用方面的最新情况，解决实际工作中存在的司法疑难问题；有助于广大法律工作者进一步优化知识结构，丰富相关法律知识储备，提高司法工作水平；有助于公民了解最新的法律规定，掌握多样的权利救济途径，依照法定程序理性表达诉求、维护合法权益。诚然，中国特色社会主义建设的实践是永无止境的，立法亦必将随之而不断丰富和完善。丛书出版后，还应当结合最新的立法动态和执法、司法实践，及时进行修订完善和内容更新，确保读者及时、准确掌握最新法律信息，使丛书的社会应用价值不断提升，为社会公众提供更加全面的法律知识信息服务。

全面建成小康社会、实现中华民族伟大复兴的中国梦，必须全面推进依法治国。落实依法治国基本方略，必须不断提高全社会的法律应用水平。出版这套丛书，就是为了有效传播法律知识，弘扬社会主义法治精神，让宪法和法律真正做到家喻户晓，使广大公务人员善于运用法治思维和法治方式推动工作，带头在宪法法律范围内活动，使执法司法工作人员始终坚持严格执法、公正司法，不断提升执法司法能力，使广大人民群众牢固树立法制观念、规则意识，充分相信法律、自觉运用法律、紧紧依靠法律，真正认识到法律不仅是全体公民必须遵循的行为规范，更是保护自身权利的有效方式，促进全社会形成学法、尊法、守法、用法的良好氛围。本套丛书的出版凝聚着编者的心血，衷心期待这套丛书能够实现其出版初衷。

是为序。

最高人民法院常务副院长 沈德咏*

* 沈德咏，一级大法官，中国政法大学兼职教授、博士生导师。

编写说明

本书是《中华人民共和国重要法律知识宣讲》丛书之一，具体内容是对我国刑法总则规定的主要内容和相关司法解释进行宣讲和普及。

我国刑法由总则和分则两部分组成。总则共101条，由第一章“刑法的任务、基本原则和适用范围”、第二章“犯罪”、第三章“刑罚”、第四章“刑罚的具体运用”和第五章“其他规定”五个部分组成。刑法总则的核心内容是关于犯罪构成与刑事处罚的规定。刑法总则的规定明确了犯罪与刑罚的一般性、普遍性的概念、适用原则和要求，对于刑法分则具有重要的指导意义。其中，总则规定的犯罪构成明确了犯罪的概念，犯罪的法律后果即刑事责任以及犯罪的形态、共同犯罪和单位犯罪等；总则规定的刑事处罚明确了我国刑罚的种类、量刑原则、刑罚执行和追诉时效等内容。

本书围绕刑法总则关于犯罪构成与刑事处罚这两大主题，分为两编进行了宣讲。两编主要依照刑法总则条文顺序，区分专题作问答式宣讲。本书体例包括【宣讲要点】【典型案例】【专家评析】【法条指引】四个部分。首先以【宣讲要点】解析基本概念、内容和原则，再以【典型案例】作示范，之后以【专家评析】作进一步讲解和说明，最后附以刑法条文和相关司法解释文件作为【法条指引】。需要特别说明，四个部分的内容根据所讲的知识点作了相应调整，如法条指引部分主要为节录式引用，以求重点突出。

本书由张玉梅主编，徐志伟、徐志新、于明、曹鸿宾、江雨奇等撰稿。本书关于犯罪构成与刑事处罚上的观点，仅供参考。我们希望本书能够对读者学习、理解和执行我国刑法有所帮助，同时也诚恳期待读者对本书的不妥和错漏之处提出宝贵的批评、指正意见。

编著者

2014 年 11 月

CONTENTS
目录

第一编　犯罪构成

第二编　刑事处罚

第一编　犯罪构成

第一章
犯罪概述

► 1. 犯罪行为具有哪些特征?

【宣讲要点】

按照我国刑法第 13 条的规定，一切危害国家主权、领土完整和安全，分裂国家、颠覆人民民主专政的政权和推翻社会主义制度，破坏社会秩序和经济秩序，侵犯国有财产或者劳动群众集体所有的财产，侵犯公民私人所有的财产，侵犯公民的人身权利、民主权利和其他权利，以及其他危害社会的行为，依照法律应当受刑罚处罚的，都是犯罪，但是情节显著轻微危害不大的，不认为是犯罪。法条给出的犯罪定义比较概括和原则，用简明的语言来归纳一下，可以将犯罪总结出以下三个特征。

（1）犯罪具有社会危害性。犯罪行为不同于一般违法行为，犯罪行为具有严重的社会危害性，而一般违法行为的社会危害性尚未达到犯罪的严重程度。严重的社会危害性是犯罪行为的本质特征。我国刑法第 13 条以列举的方式揭示了犯罪社会危害性各个方面的表现。概括而言，体现在：一是危害社会主义的国体、政体和国家安全；二是危害社会公共安全；三是破坏社会主义市场经济秩序；四是侵犯公民的人身权利、民主权利；五是侵犯国有财产、集体财产和公民私人财产；六是破坏社会秩序；七是危害国防利益、军事利益；八是危害国家行政、司法秩序及公务活动的廉洁性。上述内容反映了犯罪社会危害性的基本内容。危害其中任何一个方面，都是对我国社会主义社会关系的侵犯，都会从不同程度上影响国家的政治、经济、社会秩序，或者公民的生命健康以及民主权利、财产权利。

(2) 犯罪具有刑事违法性。这是犯罪的法律特征，即犯罪行为是刑法所明令禁止的行为。这也就意味着，某一行为即便有社会危害性，但如果刑法中没有明文规定的话，该行为不构成犯罪。什么样的行为是犯罪，对该种行为处以什么样的刑罚，事先必须有刑法明文的规定；法律事先没有明文规定为犯罪的行为，任何时候都不得作为犯罪而受到处罚。这是罪刑法定原则的基本要求。

(3) 犯罪具有刑罚处罚性。危害社会的行为不仅要达到触犯刑事法律规范的严重程度，而且必须是应当给予刑罚处罚、承担刑事责任的行为。在法律的制裁体系中，刑罚是最严厉的制裁方法，它不仅可以剥夺人的财产、自由，甚至可以剥夺人的生命。因而只有严重危害社会和违反刑法规范的行为，才纳入刑法的制裁范围。这里需要注意刑法第 13 条“但书”的规定，即“情节显著轻微危害不大的，不认为是犯罪”。这是犯罪概念的除外规定，即符合这一规定的行为，不认为是犯罪。如何认定情节显著轻微危害不大，目前尚无立法解释或者司法解释的明文规定，需要结合实践中发生案件的具体情况加以分析认定。

上述三个基本特征，共同构成犯罪概念，明确规定了犯罪的内涵与外延，揭示了犯罪的实质特征和法律特征，是我们认定犯罪、划分罪与非罪界限的基本依据。

知道了什么是犯罪的概念，可以让我们了解犯罪的标准和特征，但是如何判断一个行为是否构成犯罪，以及构成何种犯罪，还需要进一步了解犯罪构成的概念和内涵。犯罪构成是由我国刑法规定的，决定某一行为的社会危害性及其程度，并达到成立该种犯罪所必需的客观要件和主观要件的总和。犯罪构成是犯罪概念的具体化，解决犯罪的构成及法定条件问题，也就是说犯罪概念的各个基本属性是通过犯罪构成来具体体现的。犯罪概念是从总体上划清罪与非罪的界限，而犯罪构成则是分清罪与非罪、此罪与彼罪的具体标准。犯罪构成在犯罪认定问题中占有核心的地位，它具有如下几个方面的重要特征。

（1）犯罪构成是由刑事实体法加以规定的。即行为成立犯罪所必须具备的各个要件，是由我国刑事实体法即刑法进行明确规定的，刑法条文包括总则和分则的具体规定，明确了某一犯罪构成的要件。日常生活中，人们讲某种行为构成犯罪，就是因为它触犯了我国刑法的规定，具备了刑法所规定和包含的构成要件。

（2）犯罪构成是一系列主观要件与客观要件的总和。犯罪构成由一系列要件组成。从性质上看，这些要件可划分为两大类，即反映行为人主观方面特征的主观要件和反映行为人客观方面特征的客观要件；从数量上看，犯罪构成并不是由单个主观要件或客观要件构成的，而是一系列主客观要件的结合；从组成上看，犯罪构成也不是犯罪主观与客观要件的简单相加，而是相互渗透、相互作用，共同构成一个成立犯罪规格与标准的有机整体。我国刑法有400多种具体罪名，每一种具体犯罪都有自己的犯罪构成，而每一种具体犯罪的构成，都是一系列要件的有机统一。

（3）犯罪构成是由说明社会危害性及其程度的要素组合而成的。在社会生活中，与犯罪有关的事实特征形形色色、千差万别。这些事实特征都从不同的侧面及意义上说明、证实着犯罪。比如犯罪的对象、时间、地点、方法、痕迹、行为人的相貌、衣着、体态、身高、年龄、口音、习惯动作，以及犯罪者身份、人数等，它们对于侦破、证实和认定犯罪，都有不同的作用。但是众多的犯罪事实特征，并非都是犯罪构成所必需的要件。犯罪构成是由成立犯罪所必需的一些最基本的事实要件组成的，这些事实要件决定了该行为的社会危害性及其程度，也决定了该行为的犯罪属性。

按照我国刑法理论的通说，犯罪构成要件分别包括犯罪主体、犯罪主观方面、犯罪客观方面和犯罪客体四个方面。

（1）犯罪主体是用以说明犯罪行为人主体属性基本特征的要件，主要是指达到刑事责任年龄、具有刑事责任能力、实施危害行为的自然人。有的犯罪构成还要求由特殊主体，即具备某种职务或身份的人实施。此外，根据法律的特别规定，少数犯罪的主体由单位构成，即企业、事业单位、机关、团体也可成为犯罪主体。

（2）犯罪的主观方面是用以说明行为人是在怎样的心理状态支配下实施危害社会行为的要件，是指行为人主观上有罪过。有些犯罪还要求具有特定的犯罪目的。

（3）犯罪客体是用以说明犯罪社会危害性的要件，它是犯罪本质特征在犯罪构成中最集中的反映，是指我国刑法保护而为犯罪所侵犯的社会主义社会关系，也可称为法益。

（4）犯罪的客观方面是用以说明行为人在怎样的情况下、通过怎样的行为方式侵害我国刑法所保护的社会关系，以及侵害的后果。这是犯罪活动的客观外在表现，包括危害行为、危害结果及危害行为与危害结果之间的因果关系。有些犯罪的犯罪构成还要求发生在特定的时间、地点或者使用特定的方法。

【典型案例】

被告人许某盗窃案

2006年4月21日21时许，被告人许某到广州市天河区黄埔大道西平云路163号的广州市商业银行自动柜员机（ATM）取款，同行的郭某某在附近等候。许某持自己不具备透支功能、余额为176.97元的银行卡准备取款100元。21时56分，许某在自动柜员机上无意中输入取款1000元的指令，柜员机随即出钞1000元。许某经查询，发现其银行卡中仍有170余元，意识到银行自动柜员机出现异常，能够超出账户余额取款且不能如实扣账。许某于是在当日21时57分至22时19分、23时13分至19分、次日零时26分至1时6分三个时间段内，持银行卡在该自动柜员机指令取款170次，共计取款174000元。许某告知郭某某该台自动柜员机出现异常后，郭某某亦采用同样手段取款19000元。同月24日下午，许某携款逃匿。

广州市商业银行发现被告人许某账户交易异常后，经多方联系许某及其亲属，要求退还款项未果，于2006年4月30日向公安机关报案。公安机关立案后，将许某列为犯罪嫌疑人上网追逃。2007 年 5 月 22 日，许某在陕西省宝鸡市被抓获归案。案发后，许某及其亲属曾多次与银行及公安机关联系，表示愿意退赔银行损失，但同时要求不追究许某的刑事责任。到法庭审理时许某未退还赃款。法院经庭审另查明：2006 年 4 月 21 日 17 时许，运营商广州某公司对涉案的自动柜员机进行系统升级。4 月 22 日、23 日是双休日。4 月 24 日（星期一）上午，广州市商业银行对全行离行式自动柜员机进行例行检查时，发现该机出现异常，即通知运营商一起到现场开机查验。经核查，发现该自动柜员机在系统升级后出现异常，1000 元以下（不含 1000 元）取款交易正常；1000 元以上的取款交易，每取款 1000 元按 1 元形成交易报文向银行主机报送，即持卡人输入取款 1000 元的指令，自动柜员机出钞 1000 元，但持卡人账户实际扣款 1 元。

该案经广州市中级人民法院一审认定被告人许某盗窃金融机构，数额特别巨大，以盗窃罪判处其无期徒刑，剥夺政治权利终身，并处没收个人全部财产。被告人许某提出上诉。广东省高级人民法院二审裁定发回重审。该案经广州市中级人民法院重审，认定被告人许某以非法占有为目的，采用秘密手段窃取银行经营资金的行为，已构成盗窃罪。同时，认定许某盗窃金融机构，数额特别巨大，依法本应适用“无期徒刑或者死刑，并处没收财产”的刑罚。鉴于许某是在发现银行自动柜员机出现异常后产生犯意，采用持卡窃取金融机构经营资金的手段，其行为与有预谋或者采取破坏手段盗窃金融机构的犯罪有所不同；从案发具有一定偶然性看，许某犯罪的主观恶性尚不是很大。根据本案具体的犯罪事实、犯罪情节和对社会的危害程度，对许某可在法定刑以下判处刑罚。2008 年 3 月，广州市中级人民法院依法判决认定被告人许某犯盗窃罪，判处有期徒刑 5 年，并处罚金 2 万元。许某提出上诉，广东省高级人民法院于 2008 年 5 月二审维持原判，并依法报最高人民法院核准。2008 年 8 月最高人民法院裁定核准本案一审、二审判决。

【专家评析】

该案是当年引起社会各界广泛关注的热点案件之一。关于许某的行为是否构成犯罪、构成何种犯罪以及如何定罪量刑在法律界和实务界存在严重的认识分歧。该案经过发回重审后进行了一审、二审程序，之后又经最高人民法院裁定予以核准，许某行为的定性及量刑适用已经明确。许某恶意取款的行为已经不是民事侵权行为，其主观恶性及违法程度已经远远超出了民事违法的范畴，其行为具有严重的社会危害性、刑事违法性、应受刑罚处罚性，符合盗窃罪的构成要件。

第一，关于许某行为的定性。

(1) 许某第一次在柜员机取款并多占有银行999元的利益，可以认为属于民法上的不当得利，不是盗窃行为。此时许某第一次取款，系无意中误输入1000元的取款指令而导致多占有银行999元，许某既不是故意要超余额取款，也不可能预见银行柜员机出错会出现取1000元只从账上扣款1元的情况，故其主观上既没有非法占有银行财产的故意，也没有过失，其行为性质不是侵权行为，更不是犯罪行为。许某多占有银行999元的利益没有法律上的依据，属于民法上的不当得利，应当由民事法律来调整。但是，许某通过第一次无意地多取款项并查询余额后，在明知银行自动柜员机出现了异常并能够多占有银行资金的前提下，连续取款170次，取款金额达174000元，非法占有银行财产173826元，而后又携款潜逃，至审判时未能退赃。许某的上述行为已经属于一种严重侵权行为，不仅严重侵犯了公共财产的所有权，给国家财产造成了巨大损失，还危害了国家金融机构正常的金融秩序，损害了金融安全，具有严重的社会危害性。

(2) 许某主观上具有非法占有银行财产的故意。许某在明知柜员机出现上述异常后，竟然在3个多小时内连续170次恶意取款，其行为相对第一次无意多取款项的行为已经发生了本质变化，从没有犯罪意图到临时产生了非法占有银行资金的故意。许某在第一次取款并通过查询银行卡余额后，已经明知柜员机出现了异常，能够超出余额取款且不能如实扣账，每次取款都能非法占有银行资金；许某利用柜员机的异常，主动多次实施取款行为，积极追求非法占有银行财产的目的；许某在取款后为逃避法律责任，又携款潜逃，最终实现非法占有银行财产的目的。上述事实充分说明许某主观上具有侵犯公共财产所有权的故意，其取款行为的目的就是非法占有银行财产。

（3）许某客观上实施的非法取款的手段符合盗窃罪“秘密窃取”的特征。本案中，柜员机只是银行用于经营、保管资金的智能工具，当柜员机出现故障时，已不能正确执行和代表银行的意志。许某利用银行柜员机出现的故障，并趁银行工作人员尚未及时发觉柜员机的故障对该柜员机采取有效保护措施之机，连续170次恶意取款。许某取款时不仅明知柜员机出现了故障，而且通过首次取款的成功，知道银行工作人员不会当场察觉到其恶意取款行为，且事实上银行也是直到许某作案后第3天才发觉。上述事实足以说明许某主观上产生了其非法占有银行财产的行为不会被银行工作人员当场发觉的侥幸心理，虽然许某持有的是其本人的银行卡，柜员机旁亦有监控录像，这些都只是使银行事后能够查明许某的身份，但不足以使银行能够当场发觉并制止许某的恶意取款行为，所以许某的行为具有“秘密性”特征；许某持不具备透支功能的银行借记卡超余额取款，且每次取款银行卡账上都不能如实扣款，其恶意取款的行为之所以能够实现，是因为柜员机出现了异常，不能正确执行银行的指令，所导致出现的不如实扣账等故障情况违背了银行的真实意思，故许某非法占有银行资金的行为显然违背了银行的意志，许某取款时虽然输入了正确的密码，但由于许某是基于非法占有银行资金的这一犯罪目的进行取款，在此前提下，其操作取款行为只是许某非法占有银行财产的一种手段，密码是否正确并不影响行为的定性，仅说明其行为具有非暴力性。

第二，关于许某的盗窃数额。

被告人许某以非法占有为目的，采用秘密手段窃取银行经营资金的行为，已构成盗窃罪。许某案发当日21时56分首次取款1000元，是在正常取款时，因自动柜员机出现异常，无意中提取的，不应视为盗窃，其余170次取款，其银行账户被扣账的174元，不应视为盗窃，许某盗窃银行经营资金共计173826元，依法属于“数额特别巨大”。

第三，关于对许某的量刑。

许某的行为已经构成盗窃罪，且属盗窃金融机构，数额特别巨大，许某没有法定减轻处罚情节，如果仅适用刑法分则关于盗窃罪的规定，应当判处无期徒刑以上刑罚。但是，许某的犯罪对象、犯罪手段、犯罪条件等具有特殊性。

(1) 许某取款的柜员机出现了故障，已非正常的“金融机构”。许某并无犯罪预谋，正是偶然发现了柜员机的异常情况才临时产生犯意，许某的盗窃行为之所以得逞，除了其本人主动实施恶意取款行为外，柜员机的故障客观上提供了便利。许某的犯罪是一个从量变到质变的发展过程，随着许某不停地恶意取款，柜员机的故障亦助使其得逞，导致许某的主观恶性越来越大，社会危害性越来越严重。

(2) 许某的行为虽然构成了盗窃罪，但其采取的犯罪手段在形式上合乎柜员机取款的要求，与采取破坏柜员机或进入金融机构营业场所内部盗窃等手段相比，其社会危害性要小。

(3) 许某的犯罪极具偶然性，是在柜员机出现故障这样极为罕见和特殊的情形下诱发的犯罪，类似情况难以复制和模仿，对许某科以适度的刑罚就能够达到刑罚的预防目的，没有必要对其判处无期徒刑以上刑罚。

人民法院既考虑到许某行为具有严重的社会危害性，构成了盗窃罪，属于盗窃金融机构，数额特别巨大，又充分考虑到许某犯罪的特殊性及偶然性，具有可以减轻处罚的酌定情节，适用刑法总则第63条的规定，对其在法定刑以下量刑，判处5年有期徒刑，体现了罪责刑相适应的原则，实现了法律效果与社会效果的统一。

【法条指引】

中华人民共和国刑法

第十三条　一切危害国家主权、领土完整和安全，分裂国家、颠覆人民民主专政的政权和推翻社会主义制度，破坏社会秩序和经济秩序，侵犯国有财产或者劳动群众集体所有的财产，侵犯公民私人所有的财产，侵犯公民的人身权利、民主权利和其他权利，以及其他危害社会的行为，依照法律应当受刑罚处罚的，都是犯罪，但是情节显著轻微危害不大的，不认为是犯罪。

▶ 2. 罪刑法定原则体现在哪些方面?

【宣讲要点】

罪刑法定原则是目前世界上大多数国家和地区都奉行的刑法基本原则。随着社会进步和时代发展，罪刑法定原则也在不断丰富和发展，其基本内涵包括以下几项内容。

（1）成文法主义。罪刑法定原则中的成文法主义，首先要求规定犯罪与刑罚的基本法律即刑法必须是成文的，也可称之为法律主义，即罪刑的法定性。这里的“文”是指文字，而且必须是本国公民通晓的文字。这里的“法”是指法律，要求刑法规范由一个国家的立法机关制定并公开颁布，行政机关的政令或者其他命令不能制定刑罚罚则。可以将罪刑法定原则概括为“法无明文规定不为罪，法无明文规定不处罚。”即哪些行为是犯罪，应当处以什么样的刑罚，都应当以法律事先的明文规定为限，刑法未规定禁止的行为就不能认为是犯罪，刑法未规定应当受到刑罚的就不能判刑。在我国，刑法作为基本法律，是由立法机关——全国人民代表大会及其常务委员会遵循法定程序制定并颁布实施的，国务院制定的行政法规、地方人民代表大会及其常务委员会制定的地方性法规均不能规定犯罪与刑罚。成文法主义排斥习惯法。法院不能依据习惯确定某个公民是否有罪并处以刑罚。成文法主义也排斥判例法。所谓的判例法，存在于英美法系，从历史渊源上是指由法官通过个案审判而创制适用罪名和刑罚的规范，随着法治进步，判例法也已经明确规定于成文法之中。

（2）明确性原则。刑法关于犯罪与刑罚的规定应当清楚明确，不能模糊不清。只有明确的刑法规定才能被社会公众和司法人员理解和遵行。否则，一方面，普通人无法预测自己的行为会产生怎样的后果，个人自由也就无从谈起；另一方面，司法人员容易曲解刑法条文，随意解释而导致刑罚滥用。

（3）正当程序原则。程序具有重要的独立价值，特别是涉及公民的生命、自由和财产权利方面。正当程序要求任何犯罪都必须经过特定的诉讼程序并运用证据加以证明；任何一种刑罚，都必须经过法定的程序，经由法院认定被告人有罪之后才能施加于其身。不经过法律规定的正当程序，不得剥夺任何人的生命、自由和财产。正当程序原则对于保障法治、防止人治具有特别重要的意义。

（4）禁止事后法。刑法只适用于其施行以后的犯罪，而不追溯适用于其施行之前的犯罪，这就是不溯及既往原则或禁止事后法的原则。换言之，是指被告人的行为是否有罪以及在有罪的前提下如何处罚只能根据行为发生当时的刑法规范，而不能根据行为发生后颁布实施的刑法规范。因为刑法的溯及适用有害于法的安定性并且有非法侵害个人自由的危险。但是有一例外，即在裁判时新法不认为是犯罪或者处罚较轻的，则具有溯及力。即对被告人不利的刑法规范（构成犯罪或者处罚较重）不具有溯及既往的效力，但是对被告人有利的刑法规范则具有溯及既往的效力。当然，对被告人有利的刑法规范具有溯及力，是指适用于判决尚未确定的案件，而不能溯及适用于判决已经确定的案件。

（5）禁止类推解释。类推解释是对于法律没有明文规定的事项，援用与它相类似事项的法律进行的扩张解释。按照罪刑法定原则的要求，行为之所以被认为是犯罪和处罚，必须依据事先由法律明文所作的规定。而类推解释则是对法律没有明文规定的事项创造法律，是由法官造法，容易导致法官恣意适用法律，侵害个人的自由权利，显然有悖于罪刑法定原则的初衷。

（6）禁止绝对不定期刑。绝对不定期刑是指刑法只规定什么是犯罪而不规定具体如何处罚。在这种情况下，如何处罚犯罪人完全由司法人员自由决定。这无疑会对公民生命、自由和财产安全构成极大威胁。因此，罪刑法定原则要求刑法条文不仅规定犯罪，而且要求对每一种犯罪的处罚种类及幅度、执行方式作出明确规定。

【典型案例】

被告人许某传授犯罪方法案

被告人许某在家中自行收集涉及炸药制造的信息，经整理形成一个电子文档，命名为《恐怖分子手册》，并于2009年11月26日、2010年4月19日先后两次使用“但它”的用户名，在百度网文库栏目中发布《恐怖分子手册》电子文档（一）至（十），内容包括各种炸药、燃烧剂、汽油弹、炸弹、燃烧弹等配方及制作方法，其中穿插了一些涉及恐怖组织活动的字眼和语句。文档中所涉及的各种炸药知识、制法等均具有一定的科学性、可行性，但其内容不涉密，通过正常渠道如专业图书、网络等均可进行查询。两个文档在网络上共被浏览2065次，下载116次。被告人许某于2010年5月20日被抓获归案，公安机关起获硬盘1张。

北京市朝阳区人民法院经审理认为，被告人许某法制观念淡薄，将涉及炸药制造方法的内容与涉及恐怖活动的文字相结合，以《恐怖分子手册》的名称在互联网上公然发布，向他人传授犯罪方法，其行为妨害了社会管理秩序，构成传授犯罪方法罪，依法应予惩处。被告人许某当庭自愿认罪，有悔罪表现，对其所犯罪行酌情可予从轻处罚。故依法判决被告人许某犯传授犯罪方法罪，判处拘役6个月。

【专家评析】

本案是在网络科技高度发达情况下，通过网络传播不良信息的典型案件，如何定性并处理是一个严肃的法律问题。被告人许某的行为不同于传统的传授犯罪方法罪。传统的传授犯罪方法罪主要表现为行为人通过言传身教方式向特定的对象传授特定犯罪的方法，传授的内容往往是一般人通过正常渠道不能够获悉的方法。而本案作为新的社会环境下产生的新型犯罪，需要结合网络环境治理的社会形势，坚持罪刑法定原则，对刑法分则条文进行正确的理解和解释，对涉案行为及后果进行综合的分析和评判，正确处理。

第一，许某的行为符合传授犯罪方法罪的构成要件。

传授犯罪方法罪是指故意使用各种手段将用于犯罪的方法传授给他人的行为。主观上要求行为人具有传授的故意，客观上要求行为人传授了用于犯罪的方法。本案许某的行为符合传授犯罪方法罪的特征。理由如下。

(1) 许某具有传授犯罪方法的间接故意。作为一个成年人，许某在互联网上公然传播《恐怖分子手册》，其传授的内容系统、全面，且具有科学性、可行性，且无加密、警告等抑制事态发展的手段，对他人有可能利用其传授的内容实施犯罪是有认识的，其对他人据此实施犯罪未采取任何防范措施，显然持有放任的心态，属于刑法规定的间接故意。

(2) 被告人许某传授的是犯罪方法。本案中，被告人许某所收集的主要是炸药的制造方法，从其本身看是中性的，而且是通过正常渠道能够获取的，并非犯罪方法，而是科学知识。如果纯粹把炸药制造方法通过网络传播，不会增加社会风险，不构成传授犯罪方法罪。但是，许某把涉及恐怖的言辞穿插于炸药制造方法之中，并命名为《恐怖分子手册》，将炸药制造方法与恐怖活动联系起来。公众通过正常渠道能够获得的只是一般炸药制造方法，而不是恐怖气氛笼罩下的炸药制造方法。因此，许某在网络上发布的内容应界定为“犯罪方法”。

(3) 被告人许某实施了传授犯罪方法罪中的“传授”行为。从“传授”一词的含义上看，既包括向特定人传授，也包括向公众传授，传授者并不限制传授的范围，被传授者可以自行选择接受。被告人许某将《恐怖分子手册》在网络上发布，公众（主要是网民）可以任意浏览、下载，可以选择性地成为其传授的对象。该罪系行为犯，公众是否接受其传授，不影响传授性质的认定。如果说向特定人传授可以属于传授犯罪方法罪的传授，那么向不特定人传授的危害更大，更不可控，更应该理解为传授犯罪方法罪的传授。所以，许某将犯罪方法在网络上发布的行为属于“传授”行为。

第二，许某利用网络传授犯罪方法具有严重的社会危害性，应予定罪处罚。

(1) 适应社会形势发展需要评判犯罪行为的危害性。当前，网络的高速发展为人们的生活带来了极大的方便。但网络自身存在的虚拟性、隐蔽性等特点，也成了一些不良分子滥用乃至实现自己不法意图的工具。利用网络实施诈骗，宣扬恐怖、邪教等网络不良信息的存在，容易滋生犯罪，威胁着社会的和谐安宁。如何平衡言论自由和社会防卫的关系，成为办理涉及网络犯罪案件的重要考量因素。新型犯罪的出现，必然冲击甚至颠覆传统的犯罪理论，这就需要刑事司法人员科学合理地解释刑法条文，在遵守法律的前提下，坚持罪刑法定原则，充分发挥刑法打击犯罪、保护社会的功能，从而实现法律效果和社会效果的统一。就本案而言，需要正确评判通过网络发布《恐怖分子手册》行为的社会危害性。通过网络发布信息，受众广泛，可以无限复制下载，具有“取之不尽，用之不竭”的特点，其影响范围显然大于传统的传授行为。一旦被别有用心者利用，危害后果将是非常严重的。本案中，两个文档被浏览2000余次，下载100余次，可以印证其受关注的程度。

（2）综合考虑案件的社会效果。刑罚作为一种最有力的手段，在网络环境治理中必然扮演着重要的角色。在恪守刑法谦抑性的同时，也要关注刑法的积极作用。本案中，许某发布《恐怖分子手册》的行为是网络不良信息的极端典型，对此如何评判，昭示着刑法的立场与原则。如果作为非罪处理，将会使一些潜在的不良信息发布者肆无忌惮，误认为网络上无限自由，从而恶化网络环境。而作为犯罪处理，则能够引导网民树立正确的网络观念，合理利用网络资源，从而达到净化网络环境的效果。本案考虑到许某犯罪的主观恶性不深，未造成实际危害等因素，依法对其从轻处罚，判处拘役，在体现罪刑法定原则的同时，遵循了罪刑相适应的原则。

【法条指引】

中华人民共和国刑法

第三条 法律明文规定为犯罪行为的，依照法律定罪处罚；法律没有明文规定为犯罪行为的，不得定罪处罚。

▶ 3. 适用刑法人人平等原则的基本含义是什么？如何理解和执行？

【宣讲要点】

适用刑法人人平等原则是法律面前人人平等原则在刑法领域贯彻实施的表现。该原则的基本含义是：（1）任何人犯罪，都应当受到刑法的追究；（2）任何人不得享有超越刑法规定的特权；（3）对一切犯罪行为，一律平等适用刑法，定罪量刑时不得因犯罪人的社会地位、家庭出身、职业状况、财产状况、政治面貌、才能业绩的差异而有所区别；（4）任何人受到犯罪侵害，都应受到刑法的保护；（5）不同被害人的同等权益，应受到刑法的同等保护。

当然，适用刑法人人平等原则并不否定犯罪人或被害人的特定个人情况对定罪量刑的合理影响。在刑事立法、司法领域，犯罪分子的主体情况以及被害人的个人情况，如果对犯罪的社会危害性以及犯罪人的主观恶性有影响，则要求在适用刑法上有所区别和体现。例如，对累犯，要考虑其人身危险性而从重处罚；对未成年人犯罪基于主体的个人情况可依法减免刑事责任；以未成年人、孕妇、老年人为犯罪对象的，应酌情从重处罚等。由此可见，适用刑法人人平等原则并非是孤立、机械、单一化的刑法准则，它必须与罪责刑相适应等刑法基本原则相结合，共同指导刑法适用。

关于适用刑法人人平等原则的理解，有两个方面的内容：（1）立法上的平等；（2）司法上的平等。两个方面相辅相成，缺一不可。没有立法上的平等，司法的平等就根本没有存在的前提；只有立法上的平等而没有司法的切实贯彻执行，立法的平等也只能是形同虚设。在刑事司法实践中贯彻适用刑法人人平等原则，应当注重解决以下两个问题。

一是刑事司法公正。刑事司法公正包括定罪公正、量刑公正和行刑公正。刑事司法公正是适用刑法人人平等原则的必然要求，是刑事法制基本精神的体现。

二是反对特权。在我国，受封建等级观念影响滋生的特权思想在一部分人头脑中，特别是在少数领导干部的头脑中较有市场，甚至在某些时间、某些地方、某些案件中表现较为突出。因此，坚持适用刑法人人平等原则，就必须反对形形色色的特权思想，以事实为依据，以法律为准绳，公平公正适用法律，切实做到司法公正。

【典型案例】

被告人陈某等决定并实施切除智障少女子宫故意伤害案

江苏省南通市社会福利院（以下简称福利院）普儿班两名精神发育迟滞（重度）女孩分别自2003年、2005年年初来月经后，因痴呆不能自理，给护理工作带来难度。为此，该院普儿班护理组保育员多次向该院副院长陈某汇报此事。2005年4月10日，被告人陈某向该院院长被告人缪某汇报了上述事实，建议将两名女孩的子宫切除，缪某当即表示同意。后被告人陈某打电话给被告人苏某（南通大学附属医院妇产科主治医师）称，福利院有两名痴呆女孩来了月经不能自理，要做子宫切除手术。苏某答应为此事进行联系和安排，其与被告人王某（南通医科大学妇产科副主任医师）联系并告知此事后，王某表示同意并与南通市城东医院（以下简称城东医院）有关人员就该两名女孩的子宫切除之事进行了联系，定好在城东医院做该手术。同年4月14日上午，福利院保育员严某将两名女孩送至城东医院，办理了住院的有关手续，并做了术前检查，检查结果表明该两名女孩均属正常盆腔。当天中午，被告人陈某代表福利院在城东医院关于该两名女孩的手术同意书上签字。当天下午，被告人王某、苏某在未向他们所在医院科室主任汇报且未按医院规定办理有关会诊登记手续的情况下，前往城东医院，由被告人王某主刀，被告人苏某做助手，分别对该两名女孩做了子宫切除手术。经南通市公安局、南通市中级人民法院、南通市人民检察院法医鉴定，两女孩子宫体被切除，属重伤。

该案发生后，被告人缪某、陈某于2005年4月15日向其上级主管单位南通市民政局汇报了上述子宫切除事件，被告人王某、苏某于2005年4月20日分别向所在单位医务处汇报了上述子宫切除事件，被告人缪某、陈某按民政局通知，被告人王某、苏某按所在单位通知先后于2005年4月20日、21日到南通市公安局崇川分局交代了上述对两名女孩的子宫切除的事实。

江苏省南通市崇川区人民法院经审理认为，被告人陈某、缪某、王某、苏某构成故意伤害罪，分别判处有期徒刑1年、缓刑2年、管制6个月等刑罚。宣判后，四被告人不服一审判决，提出上诉。江苏省南通市中级人民法院经审理，裁定驳回上诉，维持原判。

【专家评析】

本案中，一个争议较大的焦点问题是，被告人提出辩解，认为智障女属法律禁止结婚的人，不具有生育权利。因此，对智障女而言，作为妇女行使生育权的器官——子宫，并不具有生育作用，且施行子宫切除手术并不会对身体健康造成影响，该行为不具有社会危害性。因此，智障女的子宫是可以切除的，无须承担刑事责任。

这一辩解是不成立的。第一，任何一名公民的人身健康都受到法律保护。刑法第234条规定："故意伤害他人身体的，处三年以下有期徒刑、拘役或者管制……"任何一名公民的人身健康都受到法律保护。"身体"的含义是指人的躯体和器官，其外延包括公民的健康身体和健康器官完整。对人的身体权利，任何人都应给予尊重，不得以非正当理由加以侵害或破坏，违者则构成故意伤害，情节严重、构成犯罪的，应依法追究刑事责任。人的各个身体器官作为人身的组成部分，在维持人体存在时各司其职、共同发挥作用，不能以有用无用或作用大小作为判断标准，除非法律规定或因医疗救治需要，任何人都不得将他人的器官从身体中强行分离。第二，生育权的有无不能作为剥夺他人生育器官的理由。生育权是人类繁衍的基本保证，是人类与生俱来的权利。作为个体存在的人，生活在社会中时，其行使生育权时必须遵守一定的行为规范，但不能就此进行逆向推论。同时，智障女是否属于法律上禁止结婚的人员，我国婚姻法未作明确规定。在立法中，对特殊人群的婚姻及生育作必要的限制，是出于优生优育的考虑，但是绝不意味着健康的生育器官可以被切除。本案中被告人对智障女健康子宫实施切除手术，使他人重要器官从身体中分离，侵犯了他人的身体权，应认定为符合故意伤害罪中“故意伤害他人身体”的构成要件。

本案中，被告人陈某与缪某的另一个辩护理由是，福利院作为被害人的监护单位，享有合法的监护权，从两被害人的利益考虑，为提高两被害人的生活质量、治疗两智障女的痛经，对两智障女实施子宫切除手术是“依法履行监护责任”，其依据是民法通则第18条第2款之规定：“监护人依法履行监护的权利，受法律保护。”

该辩护理由同样不能成立。考查民法通则第二章第二节“监护”的相关规定，监护人履行监护职责并不是无节制的，而是存在合理的界限。对此，民法通则第18条第1款、第3款作出明确规定：“监护人应当履行监护职责，保护被监护人的人身、财产及其他合法权益，除为被监护人的利益外，不得处理被监护人的财产。监护人不履行监护职责或者侵害被监护人的合法权益的，应当承担责任；给被监护人造成财产损失的，应当赔偿损失。人民法院可以根据有关人员或者有关单位的申请，撤销监护人的资格。”对照该法律规定，第一，履行监护职责的是福利院这一单位，被告人虽均具有相应的职务，如缪某、陈某为福利院院长、副院长，王某、苏某为南通附属医院医生，但在实施该犯罪行为时，无论是起意切除两智障女的子宫，还是正式实施子宫切除手术，均未明确形成组织决定，因此，被告人的行为不是职务行为，而是个人行为。更何况即使是组织行为，具有责任的人员亦未必能够免责。第二，监护人为“被监护人的利益”时，处理被监护人的事务范围是“财产”，并未提及“人身”，显然法律并未授权监护人具有该处断权，因此，被告人的行为根本不构成依法履行监护职责，自亦无法适用民法通则第18条第2款规定“受法律保护”，相反，第3款所规定的“应当承担责任”应予以适用。

从本案可以看出：无论是私法上的监护人，还是公法上的监护人，在履行监护职责时都必须遵守法律的规定，不得以牺牲被监护人的某一或某些人身利益而换取监护难度的下降，否则将应当承担责任，直至追究刑事责任。

【法条指引】

中华人民共和国刑法

第四条 对任何人犯罪，在适用法律上一律平等。不允许任何人有超越法律的特权。

▶ 4. 罪刑相适应原则的基本内容是什么？

【宣讲要点】

根据刑法的规定，罪刑相适应原则是指人民法院对犯罪分子判处刑罚的轻重，应当与犯罪分子所犯罪行和承担的刑事责任相适应。犯罪严重的，就应当重判，犯罪较轻的，就应当轻判，做到罚当其罪。简言之，也称罪刑相当、罪刑均衡。

这个原则，可以分解为以下三个方面。

（1）刑罚与罪质相适应。罪质是犯罪构成主客观要件统一表现的犯罪性质。不同的罪质，标志着各种犯罪行为侵害、威胁合法权益的方向不同。这种不同，是表明犯罪具有不同的社会危害程度，决定刑事责任大小的根本所在。例如，危害国家安全犯罪就比一般的刑事犯罪罪质要重，故意杀人犯罪就比故意伤害犯罪的罪质要重，因而总体上前者的刑罚要比后者重。

（2）刑罚与犯罪情节相适应。案件的罪质定性正确解决了选择法定刑的问题，要使具体的量刑真实反映形形色色的具体案件的社会危害性，还必须注意刑罚与具体的犯罪情节相适应。我国采取相对法定刑的制度，刑种、刑度的选择余地比较大，更需要审判机关根据不同的情节分别裁量，使刑罚真正适应各自犯罪的社会危害性。

（3）刑罚与犯罪人的人身危险性相适应。犯罪人的人身危险性是直接反映犯罪人在犯罪行为本身之外的社会危害性，可以表明他对社会潜在的威胁程度，如犯罪人犯罪前的一贯表现、是否累犯、是否有前科，犯罪后有无潜逃、自首、积极退赔或隐匿赃款赃物等情节。这些对犯罪事实没有影响，但是预示其改造的难度和再次犯罪的可能性大小，从而需要在量刑上予以考虑。

综上所述，罪刑相适应原则就是以刑罚与犯罪性质、犯罪情节和犯罪人的人身危险性相适应为内容的原则。其中，最重要的是直接体现社会危害程度的罪质和情节，人身危险性只有在本人实施了犯罪之后才在量刑时作为考虑的依据。如果没有犯罪为前提，司法机关就没有必要对人身危险性进行评价，也不可能仅仅依据人身危险性而对一个人判处刑罚。

【典型案例】

姚某故意伤害案

2010 年 4 月 26 日 16 时许，被告人姚某在其住所地上海市浦东新区海桐路 68 弄 4 号 402 室内，因与妻子王某进行离婚诉讼、房产分割时和妻子的家人发生争执，遂持菜刀分别将其岳父、被害人王某龙（72 岁）及其岳父的妹妹被害人王某秀（56 岁）的头部砍伤。经法医鉴定，被害人王某龙、王某秀的伤势均已构成重伤。后被告人姚某被民警当场抓获。经上海市精神卫生中心司法鉴定所鉴定，姚某系尚未完全丧失辨认或控制能力的精神病人。

上海市浦东新区人民法院经审理认为，被告人姚某故意伤害他人身体，致二人重伤，其行为已构成故意伤害罪。因姚某系尚未完全丧失辨认或控制能力的精神病人，依法从轻处罚，鉴于其能自愿认罪、悔罪，且已向被害人赔偿经济损失，并取得被害人谅解，酌情从轻处罚。依法判决被告人姚某犯故意伤害罪，判处有期徒刑 3 年，缓刑 3 年。

【专家评析】

故意伤害罪是侵犯公民身体健康权利的严重犯罪，也是典型的情节型犯罪。在情节犯中，决定量刑基准的基本犯罪事实主要表现为犯罪行为、犯罪结果等事实，其他情节如持棍、刀、锤、斧等凶器伤害他人的，因为邻里纠纷伤人的，可以作为酌定量刑情节调节刑罚量。

刑法第234条规定：“故意伤害他人身体的，处三年以下有期徒刑、拘役或者管制。犯前款罪，致人重伤的，处三年以上十年以下有期徒刑；致人死亡或者以特别残忍手段致人重伤造成严重残疾的，处十年以上有期徒刑、无期徒刑或者死刑。本法另有规定的，依照规定。”本案中，被告人姚某故意伤害他人，致二人重伤，依照上述规定，应当在3年以上10年以下有期徒刑幅度范围内量刑。结合本案被告人姚某故意伤害致人重伤的犯罪事实，宜以有期徒刑4年为量刑起点。在此基础上，根据本案故意伤害造成的伤亡后果、伤亡人数、手段的残忍程度等犯罪事实增加刑罚量，确定基准刑。本案中，被告人姚某故意伤害致2人重伤，且同一人有2处轻伤，故宜增加刑罚量2年，确定基准刑为有期徒刑6年。在上述量刑步骤之外，还需考虑本案中特殊的法定与酌定量刑情节，综合考量后再确定宣告刑。本案中具体的量刑情节还有以下几个方面。

（1）限制行为能力的精神病人犯罪。刑事责任能力情节是指与刑事责任能力相关且根据刑法规定可以得到从宽处罚的量刑情节。根据刑法规定，这些情节主要分为四类：其一，已满14周岁不满18周岁的未成年人因其年龄因素的影响而不具备完全的刑事责任能力，刑法规定应当从轻或减轻处罚；其二，又聋又哑的人，刑法规定可以从轻、减轻或免除处罚；其三，盲人，刑法规定可以从轻、减轻或者免除处罚；其四，尚未完全丧失辨认或者控制能力的精神病人，刑法规定可以从轻或减轻处罚。刑法之所以对具备上述量刑情节的自然人予以从宽处罚，是因为上述自然人不具备刑法意义上的完全刑事责任能力。量刑时考虑犯罪行为人的刑事责任能力以区别量刑，是罪责刑相适应原则和刑罚个别化原则的内容和要求，使犯罪行为人得到应有的处罚，有利于其认罪服法、接受改造，更好地回归社会。本案中，根据上海市精神卫生中心司法鉴定所的鉴定意见，被告人姚某系尚未完全丧失辨认或控制能力的精神病人，属中度限制责任能力人，故可以对其从轻处罚。

（2）因家庭矛盾纠纷引起。《最高人民法院关于贯彻宽严相济刑事政策的若干意见》第22条规定："对于因恋爱、婚姻、家庭、邻里纠纷等民间矛盾激化引发的犯罪，因劳动纠纷、管理失当等原因引发、犯罪动机不属恶劣的犯罪，因被害方过错或者基于义愤引发的或者具有防卫因素的突发性犯罪，应酌情从宽处理。"本案中，被告人姚某系因与妻子进行离婚诉讼、房产分割时，和妻子的家人发生争执，将其岳父及岳父的妹妹砍成重伤，属于因家庭矛盾引发的故意伤害行为，故人民法院可以酌情从轻处罚。

（3）持刀砍伤他人。司法实践中，持枪支、管制刀具和斧、锤等凶器实施伤害行为，或有预谋地持其他凶器实施伤害行为的，可以作为酌情从重处罚的情节。本案被告人姚某系持菜刀将两名被害人砍成重伤，可以适当从重处罚。

（4）赔偿被害人损失并获得其谅解。积极赔偿被害人经济损失是指被告人积极赔偿被害人因其犯罪行为而遭受的各种经济损失。对于赔偿被害人经济损失能否得以从宽处罚，是否存在"以钱买刑"的问题，虽然存在争议，但综合量刑理论与司法实践，将积极赔偿被害人的经济损失作为酌定从宽量刑情节，具有积极意义：一是有利于减轻犯罪行为的社会危害性；二是有利于体现被告人的悔罪态度和人身危险性大小程度；三是有利于化解社会矛盾，增进社会和谐。案发后，本案被告人姚某及其家属积极赔偿两名被害人的全部经济损失，并取得了被害人谅解，有效地减轻了其犯罪行为所造成的社会危害性，有利于纠纷解除、矛盾化解，可以酌情从轻处罚。

（5）自愿认罪，简化审理。当庭自愿认罪是犯罪分子实施犯罪行为以后的表现。能当庭认罪的犯罪行为人，主观恶性和人身危险性往往较小，量刑时将其与拒不认罪的犯罪分子进行区分，十分必要。同时，当庭认罪能使法庭选择采用普通程序简化审理或者简易程序审理案件，在保证诉讼公正的前提下，提高了诉讼效率，节约了司法资源，故应当在量刑时予以考虑，以鼓励自愿认罪的犯罪分子。本案被告人姚某当庭自愿认罪、悔罪态度较好，使普通程序案件得以简化审理，人民法院可以酌情适当从轻处罚。

在具有上述多种量刑情节的前提下，鉴于被告人姚某系尚未完全丧失辨认或控制能力的精神病人犯罪，且认罪、悔罪表现良好，其住所地的司法所亦出具书面材料表示愿意对其进行帮教，经综合考虑，人民法院判决被告人姚某有期徒刑3年，缓刑3年。以上刑罚适用，体现了罪责刑相一致原则，做到了法律效果和社会效果的统一。

【法条指引】

中华人民共和国刑法

第五条 刑罚的轻重，应当与犯罪分子所犯罪行和承担的刑事责任相适应。

第二章
犯罪的主观方面

▶ 1. 怎样理解犯罪构成的“罪过”？

【宣讲要点】

“罪过”是指犯罪构成的主观方面，即我国刑法规定的、犯罪主体对自己行为及危害社会的结果所具有的心理态度。犯罪主观方面作为犯罪构成必须具备的要件之一，体现的是行为人在怎样的心理态度支配下实施危害社会的行为。它与犯罪主体有着密切的联系，是行为人构成犯罪并进而承担刑事责任的主观基础。行为人的罪过，即其犯罪的故意或者过失，是一切犯罪都必须具备的主观要件。

正确界定犯罪的主观方面对于正确定罪量刑具有重要意义。

（1）定罪方面。任何具体犯罪构成的罪过形式和罪过内容都是特定的。有的犯罪出于故意，有的犯罪只能出于过失。同样是故意犯罪或者过失犯罪，此罪与彼罪间故意或者过失的内容也不尽相同。查明行为人犯罪时是否具备具体犯罪构成所要求的特定罪过形式与罪过内容，有助于正确区分罪与非罪以及此罪与彼罪的界限。

（2）量刑方面。我国法律对于故意犯罪与过失犯罪规定了轻重不同的刑罚，在主观方面解决对此罪与彼罪的认定，首先保证了针对不同罪行适用不同的法定刑。同时，作为主观方面范畴的犯罪动机、犯罪时的心理态度等，反映了行为人的主观恶性和人身危险性大小，对刑事责任的大小也发挥作用，查明这些因素有助于正确量刑。

▶ 2. 犯罪故意包括哪些内容？犯罪故意有哪些类型？

【宣讲要点】

犯罪故意按照我国刑法第 14 条的规定，是指行为人明知自己的行为会发生危害社会的结果，并且希望或者放任这种结果发生的心理态度。犯罪故意是一种明知故犯的犯罪心理，相对于过失而言，具有更为严重的主观恶性。犯罪故意包括以下两项内容。

（1）认识因素。即明知自己的行为会发生危害社会的结果。“明知”是指认识因素或称意识因素，包括行为人对行为本身的认识，即对刑法规定的危害社会行为的内容及其性质的认识，也包括行为人对行为结果的认识，即对行为产生或将要产生的危害社会结果的内容与性质的认识，以及对危害行为和危害结果相联系的其他犯罪构成要件事实的认识。从现行刑法的规定和司法实践认定犯罪的需要考虑，行为人是否明知自己的行为触犯了相关的刑法规定，不影响我们判断某种故意犯罪中的“明知”内容。

（2）意志因素。包括“希望”和“放任”两种形式，这是人在意志倾向上的两种基本表现形式，它们共同构成犯罪故意的意志因素。“希望”是指行为人对危害结果抱着积极追求的心理态度，该危害结果的发生，正是行为人通过一系列犯罪活动所欲达到的犯罪的目的；“放任”是指行为人虽然不希望、不积极追求危害结果的发生，但也不反对和不设法阻止这种结果的发生，是对危害结果的发生采取听之任之的心理态度。根据行为人对危害结果所持的心理态度即故意的意志因素的不同，刑法理论上将犯罪故意区分为直接故意与间接故意两种类型。

所谓直接故意，是指行为人明知自己的行为必然或可能发生危害社会的结果，并且希望这种结果发生的心理态度。希望危害结果的发生，是直接故意的必要特征，行为人在认识因素上已经认识到了自己的行为所具有的危害社会的性质，同时又积极追求这一危害结果的发生。它是认识因素和意志因素的结合和统一。我国刑法所规定的绝大多数故意犯罪，都是由直接故意的心理态度构成的，有一些犯罪甚至只能由直接故意构成。

所谓间接故意，是指行为人明知自己的行为可能发生危害社会的结果，并且放任这种结果发生的心理态度。在认识特征上，间接故意表现为行为人认识到自己的行为“可能”发生危害社会的结果，即认识到行为导致危害结果的发生具有或然性、可能性，而不是具有必然性。在意志特征上，间接故意表现为行为人放任危害结果发生的心理态度。放任当然不是希望，不是积极地追求，但也没有阻止危害结果的发生，而是听之任之。危害结果不发生，在行为人意料之中；结果发生了，也不在行为人意料之外。在司法实践中，犯罪的间接故意大致有以下三种情况。

一是行为人追求某一个犯罪的目的而放任另一个危害结果的发生。

二是行为人追求一个非犯罪的目的而放任某种危害结果的发生。

三是在突发性事件中实施危害行为，不计后果地放任危害结果的发生。

【典型案例一】

被告人马某故意杀人案

被告人马某，男，汉族，1981年5月4日出生，案发时系云南大学生命科学学院生物技术专业2000级学生。被告人马某与同学唐某、邵某、杨某等人因琐事积怨，认为邵某、杨某等人说自己为人差、性格古怪等，并认为自己在学校的名声受到了他们的诋毁，原因都是邵某、杨某、龚某等人所致，感到绝望，于是决意杀人，因担心同宿舍的唐某妨碍其作案，所以决定将4人一起杀害。犯意确定后，被告人马某到昆明市张官营旧货市场购买了铁锤，并制作了假身份证，到昆明火车站购买了火车票，以便作案后逃跑。被告人马某还特意对宿舍进行了布置，以便作案。2004年2月13日23时许至2月15日19时许，被告人马某连续3天在317宿舍内，采用铁锤打击受害人头部的同一犯罪手段，先后将唐某、邵某、杨某、龚某杀害，并将尸体分别藏匿于317宿舍柜子内，清洗、打扫现场后潜逃。经公安部通缉，被告人马某于2004年3月15日19时许在海南省三亚市被抓获。案件审理过程中，司法机关对被告人马某委托进行了司法精神病鉴定。云南省精神疾病司法鉴定委员会于2004年4月17日对被告人马某进行了司法精神病鉴定，鉴定意见为：(1) 被鉴定人马某无精神病。(2) 被鉴定人马某在作案过程中精神状态正常，有完全责任能力。本案经人民法院一审、二审和死刑复核程序，被告人马某因犯故意杀人罪被判处死刑并已经执行死刑。

【专家评析】

马某故意杀人案是当年一起震惊全国的恶性案件。马某不能正确处理与同学间的人际关系，因琐事与被害人积怨，即产生报复杀人的恶念。为实施犯罪，被告人购买了作案凶器；为逃避罪责，被告人制作了假身份证并购买了作案后逃往异地的火车票，经周密策划和准备，先后将4名同学杀害。被告人马某为了报复杀人而有预谋地进行了一系列准备活动，之后积极实施犯罪，残忍地致4人死亡。其主观上具有非法剥夺他人生命的故意，客观上实施了非法剥夺他人生命的行为，已触犯国家法律，构成故意杀人罪，且罪行极其严重。

公民的生命权利是一切权利的基础，刑法将公民生命权利的保护置于重要位置。刑法第232条规定对“故意杀人的，处死刑、无期徒刑或者十年以上有期徒刑……”，体现了法律对公民生命权利的珍视和重点保护。任何无视他人生命权利的犯罪行为，必将受到法律的严厉制裁。在本案中，基于自身学习、成长、生活环境所形成的现实基础和个体特征，马某是个严重迷失方向、缺乏自信、性格封闭的人。他仅因与同学之间的琐事发生纠纷，即产生了“要毁灭自己也要毁灭他们”的极端思想，并积极准备、实施、完成了整个犯罪过程，凶残地杀害了与其共同生活、学习、住宿3年有余的4名同学。从实施作案计划到接受法庭审判，马某的思维、对答和希望法庭对其严惩的陈述都十分清晰、明确，其当庭也未否认曾经供述的犯罪动机。经司法精神病鉴定，本案存疑的法定因素也已经得以排除。马某在整个犯罪过程中动机明确、计划周密、步骤清晰、犯意坚决，手段之残忍、后果之严重令人发指。这种凶残的罪行和严重危害社会及他人生命财产安全的暴力犯罪是法律所不容的，理应受到法律最严厉的制裁。

【典型案例二】

王某以危险方法危害公共安全案

2004年3月4日晚8时许，王某酒后骑自行车途经沪宁高速公路上的一座高架桥时，不慎被桥上的一块大石头绊倒，擦伤了手。王某恼羞成怒，借着酒劲儿将石块搬至桥面护栏上，在没有观察高速公路的情况下就将石头扔了下去。当时王某就听到“咣当”一声巨响，但没有理会，骑车回了家。事后查明，王某扔下的石头正好击中在高速公路上行驶的一辆轿车，致使司机陈某当场死亡。王某的行为被人民法院判决构成以危险方法危害公共安全罪。

【专家评析】

王某的行为符合以危险方法危害公共安全罪的构成要件，其主观上是间接故意。

本案中，王某的行为侵犯的是不特定多数人的生命财产安全。众所周知，高速公路是公共场所，每时每刻均有汽车在公路上行驶。王某站在高架桥上向高速公路扔石头，既有可能当时就砸到桥下经过的汽车，也有可能石头落在路面上，导致高速行驶中的汽车倾覆。虽然本案中王某的行为只造成了陈某一人死亡，但这种危害结果的对象却是无法预料和不特定的。因此，王某的行为危害的是公共安全，而并不仅仅是某一个人的生命安全。

王某主观上是间接故意，而非过失。本案中，王某作为一个身心健全的成年人，对向高速公路扔石头的危害性是有预见能力的。可实际情况是，王某酒后被石头绊倒，为了泄愤而不计后果地将石头扔向高速公路，其对可能发生的危害结果既不是疏忽大意，也不是过于自信，而完全是一种放任态度，听任危害结果的发生。此外，王某没有观察高速公路上的情况就将石头扔下高架桥，听到石头砸到汽车的“咣当”声后置之不理，也间接证明了其对危害结果的放任态度。

综上，王某主观上对站在高架桥上向高速公路扔石头的危害结果持放任态度，客观上危害了公共安全，且造成一人死亡的严重后果，其行为已构成以危险方法危害公共安全罪。

【法条指引】

中华人民共和国刑法

第十四条 明知自己的行为会发生危害社会的结果，并且希望或者放任这种结果发生，因而构成犯罪的，是故意犯罪。

故意犯罪，应当负刑事责任。

▶ 3. 什么是犯罪过失？犯罪过失有哪些类型？

【宣讲要点】

犯罪过失是指行为人应当预见自己的行为可能发生危害社会的结果，因为疏忽大意而没有预见，或者已经预见而轻信能够避免的心理态度。我国刑法第 15 条第 1 款有关过失犯罪的规定，即包含了过失犯罪的全部内容。它表明，犯罪过失是一种对危害社会的结果持否定态度的犯罪心理，与犯罪故意相比，其主观恶性相对较小。过失犯罪，法律有规定的才负刑事责任。关于犯罪过失的类型，按照犯罪过失心理态度的不同内容，刑法理论上把犯罪的过失区分为过于自信的过失与疏忽大意的过失。

（1）过于自信的过失。这是指行为人预见到自己的行为可能发生危害社会的结果，但轻信能够避免，以致发生这种结果的心理态度。其构成特征分别包括行为人对危害结果的“已经预见”和“轻信能够避免”。它是一种有认识的过失，区别于疏忽大意的过失（无认识的过失）；也区别于直接故意的心理态度（预见到自己的行为必然发生危害社会的结果）。“轻信能够避免”是这种过失的意志本质，体现了在对危害结果“可能发生”的不确定认识基础上的一种肯定性判断。

（2）疏忽大意的过失。这是指行为人应当预见到自己的行为可能发生危害社会的结果，因为疏忽大意而没有预见，以致发生这种结果的心理态度。其构成特征分别包括行为人对危害结果的“应当预见”和“没有预见”。

【典型案例一】

周某过失致人死亡案

周某在某旅游区开办了一家旅店。2002 年冬，江先生等 10 余人到旅游区旅游。在周某的旅店住宿时，江先生要求住在有火炕的房间。周某考虑到有火炕的房间可能存在不安全因素，本不想租，但又想到只要开着窗户，不至于发生危险。于是，便将有火炕但长期没有使用的储藏室租给江先生住宿，并提醒江先生睡觉时不要关窗。储藏室不在周某依法核准的旅店经营范围内，不属于可出租房屋。周某一直没有在旅店内巡查。次日早晨，他发现江先生因一氧化碳中毒死亡。

【专家评析】

周某将有火炕的房屋出租给江先生时，已意识到在此房内住宿可能会有危险，但却轻信其采取的开窗措施能避免危险的发生，最终导致江先生中毒死亡，其行为已构成过失致人死亡罪。

根据我国刑法 233 条的规定，过失致人死亡罪是指由于行为人的过失而导致他人死亡的行为。它侵犯的客体是他人的生命权，在客观方面表现为因过失致他人死亡的行为。构成本罪，要求行为人主观上出于过失，客观上实施了过失致人死亡的行为，且发生了致他人死亡的实际后果。本罪的主体为一般主体，凡达到法定责任年龄且具备刑事责任能力的自然人都能构成本罪。本案中，周某属于完全行为能力人，他将有火炕的房屋出租给江先生，致其死亡，侵害了江先生的生命权。他在出租房屋时已意识到在此房住宿可能会发生危险，却轻信可以避免，主观上存在过于自信的过失，而这种过失与江先生的死亡具有明显的因果关系。因此，周某的行为已构成过失致人死亡罪。

【典型案例二】

被告人马某过失致人死亡案

2003年3月15日凌晨，被告人马某驾驶其“豫F—51685”“解放”牌大货车在位于河南省荥阳市乔楼镇的郑州宝丰农化有限公司院内卸货。因当天下雨，车陷入淤泥中，同车的人即找该公司的保管员陈某等人帮忙推车。被告人马某在倒车时，不慎将帮忙推车的陈某挤在墙上，致陈某当场死亡。经荥阳市公安局刑事技术鉴定，陈某系因质量大、接触面大的物体挤压致颅脑损伤；心脏、肝胰破裂引起失血性休克死亡。案发后，被告人马某家属已赔偿被害人陈某家属经济损失63000元。

荥阳市人民法院经审理认为，被告人马某应当预见自己的倒车行为可能造成他人死亡的结果，因疏忽大意而没有预见，以致造成他人死亡的结果，其行为已构成过失致人死亡罪。该院依法判处被告人马某有期徒刑2年，缓刑2年。

【专家评析】

刑法规定的构成犯罪的行为，行为人主观上必须存在故意或者过失。本案中，被告人开的车陷入了淤泥中，而车子离后面的墙很近，要想把车从淤泥中开出来，在无其他车辆帮助牵引，仅靠车的自身发动和少数人力推动的情况下，一般是驾驶员控制车辆小幅度反复进进退退，最后把握住最佳情况冲出淤泥。在通常情况下，车子向前进对帮忙推车的人危险不大，若往后退时，因车子离墙很近，人在车的后面推车，由于车的惯性作用，往往难以及时刹住车，况且又是泥泞的路面，这样就很容易将车后面的人挤在墙与车中间，将人挤伤或挤死。若要防止此事故的发生，被告人应当告知推车的人站在车后面两边的位置去推，一旦出现车猛往后退时，推车的人能够本能地及时躲闪开，不致发生这种危险；或者再找一辆车子将该车从淤泥中拉出。但被告人却未予告知，倒车时也没有采取其他防范措施，因而将被害人挤在后面的墙上死亡。这种损害结果不属于不能抗拒。本案的被告人应当能够预见倒车的惯性作用会将车后面的人挤在车后的墙上，将人挤伤或挤死，只是由于被告人的疏忽大意而没有预见这种危害结果。因此，被告人的行为构成过失致人死亡罪。

【法条指引】

中华人民共和国刑法

第十五条　应当预见自己的行为可能发生危害社会的结果，因为疏忽大意而没有预见，或者已经预见而轻信能够避免，以致发生这种结果的，是过失犯罪。

过失犯罪，法律有规定的才负刑事责任。

▶ 4. 有些行为在特定条件下是不构成犯罪的，不必承担刑事责任，对此在刑法上是如何规定的？

【宣讲要点】

根据我国刑法第 16 条的规定，行为虽然在客观上造成了损害的结果，但不是出于行为人的故意或者过失，而是由于不能抗拒或者不能预见的原因所引起的，不认为是犯罪。前者称为不可抗力，后者称为意外事件。不可抗力和意外事件具有三个特征：（1）行为人的行为在客观上造成了损害结果。（2）行为人对该损害结果没有故意也没有过失。也正是由于这个原因，不能对行为人进行主观上的归责。（3）损害结果是由于不可抗拒或者不能预见的原因引起的。所谓不可抗拒，是指行为人虽然认识到自己的行为会发生损害后果，但由于当时主客观条件的限制，行为人不可能排除或阻止损害结果的发生。所谓不能预见，是指行为发生时，行为人客观上不可能预见，或者根据行为人当时本身的状况，不可能对损害结果有所预见。

意外事件容易与疏忽大意的过失出现混淆，需要注意区分。二者的共同之处都是对损害结果没有预见。但是二者存在本质上的差别。在意外事件的场合，行为人对损害结果根本不可能预见，而在疏忽大意过失的场合，行为人是能够预见而没有预见。由于两者的区分关系到罪与非罪的界限，必须严格依法认定和掌握。要根据行为人的实际能力和当时的情况，结合法律、职业等要求来认真考察其有没有预见的能力，进而正确界定其主观上有无过错。

【典型案例一】

赵某某被伤害案

王某某，男，21 岁，汉族，某市摊贩。杨某某，男，23 岁，汉族，某市摊贩。某日下午5 时许，王某某在自由市场卖猪肉，见邻摊有一卖菜的妇女与两名顾客争吵，便右手拿着剔骨刀走过去看热闹。往回走时，杨某某与王某某闹着玩，将王某某抱住。王某某对杨某某说："别闹，我手里有刀，别扎着你。"王某某边说边把右手的剔骨刀尖由原来的向下转为向后，以防刺伤杨某某。但杨某某仍用双手搂住王某某的双肩向后推；王某某站立不稳向后倒去，恰好被害人赵某某站在王某某身旁，王某某手中的剔骨刀刺入赵某某的腹部，造成赵某某腰部开放性外伤，脾刺伤。

【专家评析】

本案中，王某某的行为属于不可抗力事件，杨某某则构成过失致人重伤罪。第一，王某某在杨某某和他开玩笑时，已预见到了自己手中拿的刀可能会伤及他人，便多次警告杨某某不要如此开玩笑，客观上也采取了一定的措施，防止刀将人刺伤。但是由于杨某某将其搂住，向后推动，王某某因站立不稳向后倒去时将身后的赵某某刺伤，对王某某来讲属于不能抗拒的原因所致，是刑法上的不可抗力事件，不应负刑事责任。第二，杨某某明知王某某手拿剔骨刀可能会伤及他人，且在王某某一再提醒下，仍然搂住王某某向后推，在主观上符合已经预见到自己的行为可能会发生危害社会的结果，因轻信能够避免而实际却发生了危害社会结果的过于自信的过失的特征，应当以过失致人重伤罪追究其刑事责任。

【典型案例二】

温某燃放他人制造的劣质爆竹致人死亡案

1999年2月2日，河北省尚义县炕塄乡牛家村村民张革去世，死者家人向本村村民刘某购买了490支“二踢脚”大红爆竹（制炮者为李某），按照当地习俗在办理丧事期间燃放。在燃放中，人们感到这些爆竹的声音响，劲大，且第一响升空不高，第二响大部分在下落中或落在地面后爆炸。2月9日晚，按当地风俗“孝子”们上街“报庙”。走了一段，温某见无人放炮，便向持爆竹袋的张某要炮燃放，先后放了3支。当行至张某的东院墙底时，村里有很多人围着看“鼓匠”，温某又向张某要了第4支爆竹，点燃后爆竹的第二响落在了正在围观“鼓匠”的赵某（女，11岁）头顶爆炸，致赵某当场倒地，后在送往医院途中死亡。案发后尚义县公安局前往抓捕制炮者李某，但李某已外逃。经法医鉴定，赵某系被爆竹爆炸震破脑内血管出血而死亡。

1999年6月25日，尚义县人民检察院以温某犯过失以危险方法危害公共安全罪向尚义县人民法院提起公诉，后撤回起诉。

【专家评析】

燃放烟花爆竹是我国千百年来婚丧嫁娶的风俗习惯。目前我国还没有法律、法规明文禁止，只是在一些大中城市和一些特定的环境下被禁止燃放，而温某燃放爆竹的环境是在农村，他共放了4支爆竹，前3支爆竹正常放响，燃放的方法也正确，燃放前被告人不知爆竹有质量问题，按“二踢脚”的特性及本身所具能量，不会发生炸死人的后果。至于温某所燃放的爆竹质量是否合格，是否符合安全标准，他在当时情况下是不能预见的，不能因产品质量不合格造成了损害而归罪于消费者。第4支爆竹的第二响正好落在了被害人赵某的头顶爆炸，致其死亡，是一种意外的巧合。温某的行为虽然在客观上造成了被害人死亡的后果，但主观上并无罪过，而是由于不能预见的原因引起的，在刑法上属意外事件。因此，温某不应承担刑事责任。

【法条指引】

中华人民共和国刑法

第十六条 行为在客观上虽然造成了损害结果，但是不是出于故意或者过失，而是由于不能抗拒或者不能预见的原因所引起的，不是犯罪。

第三章
犯罪主体

▶ 1. 我国刑法规定的刑事责任年龄是如何划分的?

【宣讲要点】

刑事责任年龄是指法律所规定的行为人对自己实施的刑法所禁止的危害社会行为负刑事责任必须达到的年龄。达到刑事责任年龄，是自然人具备责任能力且可以作为犯罪主体的前提条件。我国刑法将刑事责任年龄划分为完全无责任、相对负责任、完全负责任、从宽责任四个时期。

(1) 完全不负刑事责任年龄阶段。按照刑法第 17 条的规定，不满 14 周岁，是完全不负刑事责任年龄的阶段。一般来说，不满 14 周岁的人尚处于幼年阶段，还不具备辨认和控制自己行为的能力，因此，法律规定不满 14 周岁的人所实施的危害社会行为，一概不追究刑事责任，但可依法责令其家长或监护人严加管教，必要时可由政府收容教养。

(2) 相对负刑事责任年龄阶段。我国刑法第 17 条第 2 款规定，已满 14 周岁不满 16 周岁，是相对负刑事责任年龄阶段，也称相对无刑事责任年龄阶段。对犯故意杀人、故意伤害致人重伤或者死亡、强奸、抢劫、贩卖毒品、放火、爆炸、投毒罪的，应当负刑事责任。

(3) 完全负刑事责任年龄阶段。按照我国刑法第 17 条第 1 款的明文规定，已满 16 周岁的人进入完全负刑事责任年龄阶段，要求他们对自己实施的刑法所禁止的一切危害行为承担刑事责任。

（4）从宽责任年龄阶段。这是依法应当予以从轻或者减轻处罚的年龄时期。按照刑法第 17 条第 3 款的规定，对于实施了犯罪需要负刑事责任的已满 14 周岁不满 18 周岁的人，应当一律从轻或者减轻处罚。刑法第 49 条规定，犯罪时候不满 18 周岁的人不适用死刑。同时，刑法对于老年人犯罪也作了规定，刑法第 17 条之一规定，已满 75 周岁的人故意犯罪的，可以从轻或者减轻处罚；过失犯罪的，应当从轻或者减轻处罚。

关于刑事责任年龄的计算，是一个十分重要的问题。刑法规定的刑事责任年龄是法定的年龄标准，必须严格依照法定的界限执行，不能突破。根据司法实践的一贯做法，同时以相关的司法解释作为依据，“已满”是指实足年龄，应当按公历的年、月、日计算，并且应当以过了周岁生日那天开始计算。例如行为人于 1988 年 10 月 1 日出生，至 2012 年 10 月 2 日为已满 14 周岁，至 2014 年 10 月 2 日为已满 16 周岁，至 2016 年 10 月 2 日为已满 18 周岁。

【典型案例】

“蓝极速”网吧纵火案

2002 年 6 月 16 日凌晨，北京市海淀区“蓝极速”网吧发生严重火灾。经查，4 名纵火者均是北京的中学生，分别是刘某某（男，14 岁）、宋某某（男，14 岁）、张某某（女，17 岁）及张某（男，13 岁）。张某和宋某某因父母离异后缺少家庭管教，经常逃学，一逃学就去网吧玩。有一次 4 人去“蓝极速”网吧，与管理人员发生了摩擦，在刘某某的提议下，决定对“蓝极速”实施报复。2002 年 6 月 15 日 23 时许，4 人准备了一个“雪碧”饮料瓶，刘某某提供了 5 元钱，宋某某和张某出面到附近加油站购买了 1.8 升汽油。然后，4 人一起来到作案现场。16 日凌晨 2 时许，宋某某、张某经刘某某同意后，携带汽油、打火机等作案工具，来到网吧楼梯中间平台至一楼入口处，由宋某某将汽油点燃。

北京市第一中级人民法院经审理此案，于2002年8月27日依法作出一审判决。法院认定，刘某某等3名被告人构成放火罪，判决被告人刘某某犯放火罪，判处无期徒刑，剥夺政治权利终身；被告人宋某某犯放火罪，判处无期徒刑，剥夺政治权利终身；被告人张某某犯放火罪，判处有期徒刑12年。另外，参与实施放火的张某，因不满14周岁，未被追究刑事责任，已于2002年6月28日被北京市公安局收容教养。

【专家评析】

发生于2002年的北京“蓝极速”网吧纵火案，造成25人死亡、12人受伤、26万余元直接财产损失和极为恶劣的社会影响，引起社会各界的广泛关注。这起我国近年来影响较大的危害公共安全犯罪案件，被媒体称为互联网的世纪之痛。

从刑事责任年龄的角度讲，本案4名作案人均未成年，分别是刘某某（男，14岁）、宋某某（男，14岁）、张某某（女，17岁）及张某（男，13岁）。按照我国刑法第17条第2款的规定，已满14周岁不满16周岁的人，犯故意杀人、故意伤害致人重伤或者死亡、强奸、抢劫、贩卖毒品、放火、爆炸、投毒罪的，应当负刑事责任。刘某某（男，14岁）、宋某某（男，14岁）、张某某（女，17岁）共同实施了放火行为，致使25人死亡，多人受伤，并使公私财产遭受重大损失，造成了极其严重的后果，构成了放火罪，应当承担刑事责任。在案件发生过程中，刘某某提议放火，并出资购买汽油，在共同犯罪中起指挥、策划、决定作用；宋某某积极参与预谋，负责购买汽油并直接实施放火，在共同犯罪中起主要作用；张某某参与预谋放火犯罪，并在作案后订立攻守同盟，在放火犯罪中起一定作用。法院依据他们在共同犯罪的地位和作用，区分情况，认定了主犯和帮助犯，并考虑他们属于未成年人的事实，依法定罪并分别从轻处罚。另外，参与实施放火的张某，因不满14周岁，未达到刑事责任年龄，未被追究刑事责任。

【法条指引】

中华人民共和国刑法

第十七条 已满十六周岁的人犯罪，应当负刑事责任。

已满十四周岁不满十六周岁的人，犯故意杀人、故意伤害致人重伤或者死亡、强奸、抢劫、贩卖毒品、放火、爆炸、投毒罪的，应当负刑事责任。

已满十四周岁不满十八周岁的人犯罪，应当从轻或者减轻处罚。

因不满十六周岁不予刑事处罚的，责令他的家长或者监护人加以管教；在必要的时候，也可以由政府收容教养。

第十七条之一 已满七十五周岁的人故意犯罪的，可以从轻或者减轻处罚；过失犯罪的，应当从轻或者减轻处罚。

全国人大常委会法制工作委员会关于已满十四周岁不满十六周岁的人承担刑事责任范围问题的答复意见

刑法第十七条第二款规定的八种犯罪，是指具体犯罪行为而不是具体罪名。对于刑法第十七条中规定的“犯故意杀人、故意伤害致人重伤或者死亡”，是指只要故意实施了杀人、伤害行为并且造成了致人重伤、死亡后果的，都应负刑事责任。而不是指只有犯故意杀人罪、故意伤害罪的，才负刑事责任，绑架撕票的，不负刑事责任。对司法实践中出现的已满十四周岁不满十六周岁的人绑架人质后杀害被绑架人、拐卖妇女、儿童而故意造成被拐卖妇女、儿童重伤或死亡的行为，依据刑法是应当追究其刑事责任的。

最高人民检察院法律政策研究室作出关于相对刑事责任年龄的人承担刑事责任范围有关问题的答复

相对刑事责任年龄的人实施了刑法第十七条第二款规定的行为，应当追究刑事责任的，其罪名应当根据所触犯的刑法分则具体条文认定。对于绑架后杀害被绑架人的，其罪名应认定为绑架罪。

▶ 2. 刑法规定的特殊犯罪主体是指什么?

【宣讲要点】

在社会生活中，有以下几类“特殊主体”的刑事责任能力，需要特别注意。

（1）精神病人。我国刑法第 18 条第 1 款规定：“精神病人在不能辨认或者不能控制自己行为的时候造成危害结果，经法定程序鉴定确认的，不负刑事责任……”这是我国对精神障碍者无刑事责任能力确认的法律依据。该条第 2 款明确规定：“间歇性的精神病人在精神正常的时候犯罪，应当负刑事责任。”该条第 3 款中进一步规定：“尚未完全丧失辨认或者控制自己行为能力的精神病人犯罪的，应当负刑事责任，但是可以从轻或者减轻处罚。”

（2）醉酒的人。我国刑法第 18 条第 4 款规定：“醉酒的人犯罪，应当负刑事责任。”这是我国对醉酒状态者有刑事责任能力确认的法律依据。急性酒精中毒可以分为生理性醉酒和病理性醉酒。刑法第 18 条第 4 款规定要负刑事责任的醉酒状态，通常被认为仅指生理性醉酒。它是一种非精神病性精神障碍，不属于完全不能辨认和控制自己行为的精神病人。而病理性醉酒则不同，它是一种由于少量饮酒即可引起的严重精神障碍。它发病突然，持续时间短，并常常以昏睡告终，其意识已发生重大障碍，已完全丧失辨认和控制自己行为的能力，故应认定其为无刑事责任能力的人。

（3）又聋又哑的人和盲人。我国刑法第 19 条规定：“又聋又哑的人或者盲人犯罪，可以从轻、减轻或者免除处罚。”这是我国对生理功能丧失者作限制刑事责任能力确认的法律依据。立法之所以把这些人纳入限制刑事责任者的范围，是因为他们重要生理功能的丧失直接影响其学习、接受教育、社会实践及智力开发，从而导致其认识、控制能力会有所减弱。正因为刑法意义上的生理功能如何与刑事责任能力的大小有关，我们必须对其范围加以限定。首先，又聋又哑的人，必须是聋哑兼具的人；盲人，必须是双目失明的人。其次，又聋又哑的人一般是先天性的或者至少在幼年时代形成的。

【典型案例一】

樊某某因患精神分裂症而杀人不负刑事责任案

被告人樊某某外出打工回家后，认为其妻卫某某和以前不一样，对他冷淡不关心，便怀疑其妻与堂兄有不正当的男女关系，产生了轻生念头。某日晚，樊某某两次自杀未死后，又产生了杀害其妻与堂兄的恶念，遂于次日凌晨1时许拿起自家的铁锅盖，将同炕熟睡的卫某某砸死，后樊某某又杀害了其堂兄。作案后，樊某某又去跳沟自杀，摔伤了脚，被公安人员抓获。经法医鉴定：卫某某系被他人所致颈静脉破裂失血性休克死亡。本案在二审过程中，办案人员发现樊某某在其前妻病故后精神受到较大刺激，作案前后言行表现异常，有时表情发呆，有时坐立不安，审讯中有时答非所问，对其自杀和杀人的原委说法不一。根据樊某某的种种异常表现，二审法院经过研究决定对樊某某进行精神病司法鉴定。经某省精神疾病司法鉴定委员会技术鉴定，樊某某为精神分裂症，发病期无责任能力。二审法院认定樊某某故意杀人的行为，是在其患精神分裂症发病期间，丧失了辨认和控制能力的情况下所为，依法不负刑事责任。同时责令樊某某的家属对樊某某严加看管和医疗。

【专家评析】

刑法第18条第1款规定："精神病人在不能辨认或者不能控制自己行为的时候造成危害结果，经法定程度鉴定确认的，不负刑事责任，但是应当责令他的家属或者监护人严加看管和医疗……"本案被告人樊某某无端怀疑其妻与人私通，两次自杀未成，后杀死其妻和堂兄，其行为异于常人。在一审法院审理期间，辩护人曾对被告人的精神状态有过怀疑，建议对被告人进行精神病司法鉴定，但未能引起足够的重视，法院以故意杀人罪判处被告人死刑，剥夺政治权利终身。宣判后，虽然被告人仅以"事实不清”为理由提出上诉，其亲属也未提出对被告人进行鉴定的要求，但二审法院的审判人员仍然认真审查案卷和提审被告人，并且深入实地进行调查。在发现被告人有精神疾病的疑点之后，二审法院又指令一审法院转请有关部门对被告人进行精神病司法鉴定，结果证实被告人的杀人行为确实是在精神病发病期间所为，依法不负刑事责任，从而纠正了一审判决，避免了一起错案的发生。

【典型案例二】

罗某在刑事责任能力受到限制时杀母焚尸案

被告人罗某系家中的幼子，与寡母徐某共同生活，从小娇生惯养。罗某成人后，因对其同母异父的哥哥、大姐有时向母亲徐某借钱未还而不满，向母亲提出将家中的3万元存款改存到自己名下，其母未允。2000年10月，罗某去青海找对象未成回来后，总以为母亲偏心，对自己和以前不一样，由此怀疑徐某不是自己的亲生母亲。2001年1月23日6时许，罗某因上述原因睡不着觉，喝了少许酒后，在火炉上焚烧其母的衣物，并逼问其母“你是不是我的亲生母亲”？其母见房内满是烟火，高喊“救命”，并爬后窗欲往外跑。罗某持铁炉钩将其母头打破，血流不止。其母因恐惧蜷缩在自己的床上，罗某又开始焚烧被褥、房子，其母趁机跑出房门呼救。罗某发现后，拿起一根顶门的木棍追至院门外将其母击倒后，又猛击其头部数下。罗某认为其母已死，返回厨房拿出匕首剖开其母的腹部，掏出内脏看后又放回，然后从家中找出葵花渣、塑料桶、胶皮铝线等点燃焚烧尸体，作案用的木棍也被烧尽。9时40分许，罗某在逃离现场的途中被群众抓获送交公安机关。

另查明：新疆生产建设兵团人民检察院农十师分院于2001年7月4日委托北京市精神病司法鉴定委员会北京安定医院对罗某进行精神病司法鉴定，该医院鉴定后认为，罗某的作案动机是混合性的，既有现实性的，也有病理性的，而且是在病理性的基础上发生了现实性的冲突，从而直接引发了暴力事件。罗某当时处于盛怒之中，控制能力不完全，行为冲动，手段残忍，不计后果。这些特点常见于精神病人作案。结论为：被鉴定人罗某临床诊断精神分裂症，杀死母亲的动机是混合性的，当时控制能力不完全，应评定限制刑事责任能力。建议对其予以治疗，严加监护，以免再次发生意外。

新疆生产建设兵团农十师中级人民法院经公开审理，判决被告人罗某犯故意杀人罪，判处死刑，剥夺政治权利终身。在法定核准程序中，新疆维吾尔自治区高级人民法院经复核，考虑到被告人罗某作案时系限制刑事责任能力人，依法改判其无期徒刑，剥夺政治权利终身。

【专家评析】

刑事责任能力，是行为人承担刑事责任的前提。所谓刑事责任能力，是指行为人辨认和控制自己行为的能力。在正常的情况下，行为人辨认和控制自己的能力是一致的。但是，在出现精神疾病的情况下，行为人辨认自己行为的性质、后果的能力与自我控制的能力也有可能分离。只有辨认和控制自己行为的能力都具备，才属于有刑事责任能力。限制刑事责任能力，是介于无刑事责任能力和完全刑事责任能力之间的一种刑事责任能力状态，刑法第 18 条第 3 款明确规定了对限制刑事责任能力的精神病患者实施危害社会行为达到犯罪严重程度的，在量刑时可以从轻或者减轻处罚。

本案被告人罗某犯罪时患有精神分裂症，控制能力不完全，属限制刑事责任能力者，对其处罚应适用刑法第 18 条第 3 款的规定。罗某所实施的犯罪，无论是从其侵害对象看，还是从其犯罪手段、情节、后果看，都应认为是罪行极为严重，如果其是正常人犯罪，肯定应当判处其死刑立即执行。但罗某作案时正值患精神分裂症之际，其辨认能力受损，控制能力也受损，以致对自己杀母焚尸的恶劣行为无力控制，对其处刑应当侧重考虑可以从轻，而不应当侧重考虑不可以从轻而对其判处死刑立即执行。刑法第 18 条第 3 款规定的对限制刑事责任能力的精神病患者犯罪“可以从轻或者减轻处罚”，虽然这里的“可以”不是强制性的规范要求，允许法官量刑时可以不从轻或者减轻，但根据立法本意和司法实践经验，在“可以”的取向上，法官应当侧重考虑选取“可以”从轻或者减轻，而不应当侧重考虑选取“不可以”从轻或者减轻。否则，刑法第18条第3款的“但书”规定就形同虚设，没有实际意义了。农十师中级人民法院对被告人罗某判处死刑立即执行，而新疆维吾尔自治区高级人民法院经复核改判其无期徒刑，出现这种量刑的差异，原因就在于两级法院对“可以从轻或者减轻”中的“可以”的取向侧重点不同，前者侧重选取了“不可以”从轻或者减轻，而后者则侧重选取了“可以”从轻或者减轻。综合考虑，新疆维吾尔自治区高级人民法院经复核，对被告人罗某从轻处罚，改判其无期徒刑，与本案事实和刑法第18条第3款规定的精神是相符的。

【典型案例三】

朴某妨害公务案

被告人朴某于2010年10月9日22时许，在北京市海淀区四季青乡西冉村148号酒后无故滋事。民警孔建某接警后，带领一保安员赶往现场欲将朴某带回派出所了解情况，但被告人朴某拒不配合民警工作，将民警右手背咬伤，将其右眼打伤；并将保安员的前胸抓伤。经鉴定，民警孔建某身体所受损伤系轻微伤。检察机关以被告人朴某构成妨害公务罪提起公诉。经查，本案被告人曾因犯盗窃罪于1995年4月26日被北京市中级人民法院判处有期徒刑2年6个月，属于前科。其曾因吸毒，于2003年10月22日被行政拘留10日，于2003年10月28日被强制戒毒6个月，属于劣迹。北京市海淀区人民法院经审理认为，被告人朴某构成妨害公务罪，综合考虑其量刑情节，依法判处其有期徒刑10个月。

【专家评析】

妨害公务罪是指以暴力、威胁方法阻碍国家机关工作人员依法执行职务，阻碍全国人民代表大会和地方各级人民代表大会代表依法执行代表职务，在自然灾害突发事件中阻碍红十字会工作人员依法履行职责的行为，或者故意阻碍国家安全机关、公安机关依法执行国家安全工作任务，造成严重后果的行为。

本案被告人酒后滋事，公安民警介入处置，被告人在公安民警处置之时抓咬和殴打民警，将民警孔建某右手背咬伤，将其右眼打伤，造成轻微伤后果。我国刑法第18条第4款规定，醉酒的人犯罪，应当负刑事责任。但醉酒确实对于行为人的认识能力和意志能力有所影响，让行为能力有所降低。因此，在对醉酒人员犯罪案件处罚时，应该注意到行为人在醉酒前有无犯罪预谋，行为人对醉酒有无故意、过失的心理态度，醉酒犯罪与行为人一贯品行的关系，以及醉酒犯罪是否发生在职务或职业活动中等不同情况，予以轻重不同的处罚，以使刑罚与犯罪的醉酒人的责任能力程度及其犯罪的危害程度相适应。本案中，被告人清醒之后一直自愿认罪，对其行为的错误性质有明确的认知，这说明其在妨害公务之时，认识能力和意志能力确实有很大程度的下降，其阻挠民警履行公务的故意虽然存在，但确实较弱，犯罪的主观恶性不大。基于此，人民法院根据本案的情节、后果，认定被告人朴某构成妨害公务罪，并综合考虑其量刑情节，依法判处其有期徒刑10个月。

【法条指引】

中华人民共和国刑法

第十八条　精神病人在不能辨认或者不能控制自己行为的时候造成危害结果，经法定程序鉴定确认的，不负刑事责任，但是应当责令他的家属或者监护人严加看管和医疗；在必要的时候，由政府强制医疗。

间歇性的精神病人在精神正常的时候犯罪，应当负刑事责任。

尚未完全丧失辨认或者控制自己行为能力的精神病人犯罪的，应当负刑事责任，但是可以从轻或者减轻处罚。

醉酒的人犯罪，应当负刑事责任。

第十九条　又聋又哑的人或者盲人犯罪，可以从轻、减轻或者免除处罚。

▶ 3. 如何理解国家工作人员“从事公务”？

【宣讲要点】

按照我国刑法的规定，国家工作人员是特定“身份犯罪”的主体，主要包括刑法分则第八章规定的“贪污贿赂罪”和第九章规定的“渎职罪”等。“贪污贿赂罪”的主体是国家工作人员，按照刑法第93条的规定，国家工作人员包括四类人员：（1）国家机关中从事公务的人员；（2）国有单位中从事公务的人员，即国有公司、企业、事业单位、人民团体中从事公务的人员；（3）受委派从事公务的人员，即国家机关、国有公司、企业、事业单位委派到非国有公司、企业、事业单位、社会团体从事公务的人员；（4）其他依照法律从事公务的人员。“渎职罪”的主体是国家机关工作人员，其中包括司法工作人员。司法工作人员，按照刑法第94条的规定，是指有侦查、检察、审判、监管职责的工作人员。

我国刑法所规定的各类国家工作人员都具有一个共同的特征，即他们都是依照法律从事公务的人员。

第一，什么是“从事公务”？

“从事公务”是指国家机关、国有公司、企业、事业单位、人民团体中从事组织、领导、监督和履行经济职能等具有社会管理性质的公共事务活动或者受上述国有单位的委派，代表上述国有单位在非国有单位中从事上述公共事务活动。一般来说，公务活动具有以下特点。

（1）依属性。公务活动的依属性是指公务活动是依据一定的基础而产生、存在的。国家机关、国有公司、企业、事业单位、人民团体既是公务活动产生的基础，也是公务活动存在的基础，公务活动的产生与存在只能以国家机关、国有公司、企业、事业单位、人民团体的存在为前提。

（2）职能性。一方面，公务活动是国家机关、国有公司、企业、事业单位、人民团体的职能部门，管理国家、社会或集体事务的职能活动或履行经济职能的活动。这种管理性质的职能活动是通过具体的行为人来加以实现的。如果行为人所实施的不是对公共事务的管理活动，就不能认为是从事公务活动。另一方面，具体的行为人是代表职能部门来实现管理活动或履行经济职能的，所以行为人都是有一定职务身份的。行为人这种职务身份又是通过选举、任命、聘用或受合法委托而取得的，公务活动总是与行为人的一定职务身份相联系的，如果不具有一定的职务身份，行为人所从事的活动就不能认为是公务活动。

（3）限度性。在我国，公务活动的范围相对广泛，包括政治、经济、军事、科技、思想教育、文化、卫生、体育以及与社会秩序、经济发展有关的各个方面公共事务的管理。管理的内容虽然广泛，但概括起来不外乎以下四种：（1）管钱；（2）管物；（3）管事；（4）管人。

第二，怎样区分“劳务活动”与“公务活动”？

“劳务活动”是指直接从事具体的物质生产或社会服务性的勤杂工作，包括直接从事物质生产的活动，如工人生产、农民种田、渔民捕鱼、牧民放牧、个体户经营等；也包括本身不直接参加物质资料的生产，也不从事公共事务的管理，而是提供社会服务性劳动的活动，即以自己的体力或者技能为集体、个人提供某种服务，如环卫工、锅炉工、搬运工、勤杂工、宾馆服务员等。劳务活动具有以下特点。

（1）它同所有制的性质没有直接关系。无论是在国有单位，还是在集体单位，抑或在个体经营中，都存在劳务活动；

（2）它与管理公共事务没有直接关系。从事劳务活动的人员有的也可能有一定的岗位、职责，如部队战士、机关单位的工人、司机、门卫、保洁员、电梯工、锅炉工等，但其岗位、职责或者是直接从事生产活动，或者是从事服务性劳动，而并不具有公务活动的性质。虽然他们也可能经手公共财物，如工人生产要使用原材料、汽车司机要拉运货物等，但是这些并不是从事管理性的职务活动。

【典型案例一】

王某受贿罪、巨额财产来源不明案

1994年9月，被告人王某利用担任中共安徽省阜阳地委副书记、阜阳地区行政公署专员的职务便利，指使原阜阳市长王汉卿等人，为涉嫌偷税犯罪的阜阳飞龙皮革有限公司副董事长杨某办理取保候审手续。同年12月，王某收受杨某人民币6万元。

1995年至1997年，被告人王某先后利用担任阜阳地区行政公署专员、中共阜阳市委书记的职务便利，多次主持召开阜阳行署、阜阳市有关部门负责人参加的协调会，为安徽国银阜阳国际工业园开发有限公司在阜阳市开发的国际工业园、银海花园等项目，解决建设用地、减免银海花园二期工程城市建设配套费等。1997年7月底，王某收受该公司董事长相某1万澳元（折合人民币6.1万元）。

1997年至2000年，被告人王某利用担任中共阜阳市委书记的职务便利，多次主持召开阜阳市有关部门负责人参加的协调会，为安徽省阜阳汇鑫发展有限公司解决阜阳商贸城和敬贤山庄的开发用地、拆迁、安置等问题，先后4次收受该公司负责人人民币共计40万元。

1998年10月，被告人王某利用担任中共阜阳市委书记的职务便利，要求阜阳市有关部门解决安徽省阜阳市龙腾实业有限公司（以下简称龙腾公司）在开发静馨山庄过程中所遇到的拆迁问题，收受龙腾公司董事长马某、总经理卢某（马某之夫）人民币30万元；1999年1月，王某利用担任中共阜阳市委书记的职务便利，要求阜阳市公安机关不追究龙腾大酒店员工砸坏白金汉宫大酒店玻璃橱窗及车辆的责任，事后收受马某、卢某人民币40万元；同年2月，王某在龙腾公司《关于建设龙腾购物中心的报告》上签署要求阜阳市有关部门给予支持的意见，事后收受马某、卢某人民币20万元；同年5月，王某给阜阳市颍州区有关领导打招呼，为龙腾公司办理龙腾加油站的土地使用证手续，收受马某、卢某人民币20万元。

1998年8月至1999年8月，被告人王某利用担任中共阜阳市委书记的职务便利，先后7次在阜阳市东方宾馆董事长周某关于买断东方宾馆和申请流动资金贷款的报告上签署意见，帮助周某买断东方宾馆和协调解决贷款人民币1496.3万元，先后4次收受周某人民币共计50万元。

1997年4月，被告人王某利用担任中共阜阳市委书记的职务便利，主持召开阜阳市有关部门负责人参加的协调会，要求对安徽省天力房地产开发有限公司开发汽运大厦的城市建设配套费、土地出让金以及汽运税收等予以减免。1999年8月，王某收受该公司董事长人民币10万元。

1996年下半年至1999年1月，被告人王某利用担任中共阜阳市委书记的职务便利，主持召开阜阳市有关部门负责人参加的协调会，为阜阳市白金汉宫大酒店有限公司解决扩建白金汉宫大酒店过程中遇到的拆迁问题，并先后2次要求安徽省信托投资公司阜阳办事处为白金汉宫大酒店解决建设资金共计人民币320万元。1999年8月，王某收受该公司董事长人民币20万元。

1996年2月至1998年11月，被告人王某利用担任中共阜阳市委书记的职务便利，通过召开协调会、签批文件等方式，为倪某所在的阜阳市绿洲房地产开发有限责任公司减免土地出让金、城市建设配套费等费用共计人民币149.29万元。2000年5月，王某在天津市开会期间，向倪某索要人民币5万元。

1996年7月至1999年，被告人王某利用担任中共阜阳市委书记的职务便利，通过签批文件、召开协调会等方式，为李某任法定代表人的安徽省阜阳国贸商城有限公司、安徽国立房地产开发有限公司和安徽亚杰国贸集团股份有限公司减免城市建设配套费、固定资产投资调节税等费用共计人民币587.448万元。2000年12月，已升任安徽省人民政府副省长的王某得知有关部门正在对其涉嫌经济犯罪问题进行调查，向李某索要人民币200万元，并将其中的120万元作为“活动经费”交给侯某（已因犯诈骗罪被判刑），企图阻止有关部门对其经济犯罪问题的查处，另80万元让杨某代为保管。

2000年12月和2001年2月，被告人王某利用担任安徽省人民政府副省长、分管农业工作的职务便利，先后向拟在安徽亳州建农业基地的安徽牛王皮业服饰（集团）公司董事长王某索要人民币20万元，向正在筹建常青镇农业高科技园项目的安徽云鹏置业有限公司负责人索要人民币50万元，并安排于某将其中的30万元交给北京新世纪四环投资有限公司副经理余某，20万元交给个体户苏某，用于寻找关系，试图阻止有关部门对其涉嫌经济犯罪问题的查处。

山东省济南市中级人民法院经审理，于2003年12月29日作出一审判决，认定被告人王某犯受贿罪，判处死刑，剥夺政治权利终身，并处没收个人全部财产；犯巨额财产来源不明罪，判处有期徒刑四年，决定执行死刑，剥夺政治权利终身，并处没收个人全部财产。宣判后，王某不服，提出上诉。山东省高级人民法院于2004年1月15日以（2004）鲁刑二终字第6号刑事裁定，驳回上诉，维持原判，并依法报送最高人民法院核准。最高人民法院依法组成合议庭，对本案进行了复核，裁定核准山东省高级人民法院（2004）鲁刑二终字第6号刑事裁定。被告人王某已被依法执行死刑。

【专家评析】

被告人王某身为国家工作人员，利用职务上的便利，索取他人人民币275万元，非法收受他人人民币230万元、澳币1万元，共计折合人民币517.1万元，为有关单位和个人谋取利益，其行为已构成受贿罪；王某的财产和支出明显超过合法收入，差额巨大，本人对价值人民币480.581103万元的巨额财产不能说明合法来源，其行为已构成巨额财产来源不明罪。王某受贿数额特别巨大，并具有多次索贿的法定从重处罚情节。更为恶劣的是，王某为逃避法律制裁，在有关部门查处其涉嫌经济犯罪期间，仍继续向他人索贿，且将索取的巨额贿赂用于企图阻止有关部门对其经济犯罪问题的查处，受贿犯罪情节特别恶劣，社会危害性极大，罪行极其严重。在法院审理期间，王某检举他人犯罪，经有关部门查证，其检举或者无时间、地点等具体情节，不具备立案查证条件，或者所涉人员在王某检举之前已经被举报、查处，或者不构成犯罪，王某的行为不符合刑法第68条第1款关于立功的规定，不具有法定的从轻处罚情节。在一审期间，王某拒不认罪；二审期间，王某对其所犯大部分罪行予以供认，但对有确凿证据证明的其他犯罪事实仍予以否认，不足以从轻处罚。因此，最高人民法院经复核，认定本案一审判决、二审裁定认定的事实清楚，证据确实、充分，定罪准确，量刑适当，审判程序合法，裁定核准山东省高级人民法院（2004）鲁刑二终字第6号维持一审对被告人王某以受贿罪判处死刑，剥夺政治权利终身，并处没收个人全部财产；以巨额财产来源不明罪，判处有期徒刑4年，决定执行死刑，剥夺政治权利终身，并处没收个人全部财产的刑事裁定。

【典型案例二】

李某、唐某受贿案

经济日报社是国有事业单位，该社广西记者站是该报社的派出机构。2005年9月至11月间，被告人李某、唐某在分别担任该社报社广西记者站副站长、工作人员期间，利用职务之便，在采访全区“对农民直接补贴与储备粮订单挂钩试点工作”过程中，利用各粮食系统因粮食直补工作中存在一些问题害怕上报、曝光的心理，共同索取来宾市象州县、兴宾区粮食局各1万元、贵港市覃塘区粮食局6万元、桂平市粮食局6万元和河池市环江县粮食局8万元，以上共计现金22万元，得款后两人均分，各分得11万元。

广西贵港市港南区人民法院经审理，作出一审判决，认定被告人李某犯受贿罪，判处有期徒刑3年，并处没收个人财产人民币5万元；被告人唐某犯受贿罪，判处有期徒刑3年，并处没收个人财产人民币5万元。一审宣判后，被告人李某、唐某提出上诉。贵港市中级人民法院经审理，裁定驳回上诉，维持原判。

【专家评析】

本案的被告人作为国有事业单位从事公务的人员，属于国家工作人员，其利用职务上的便利索取贿赂的行为构成受贿罪。具体理由如下。

第一，记者从事的新闻报道等业务活动属于职务行为，利用采访等实现舆论监督的手段索要财物的，属于“利用职务上的便利”。

在我国，记者并不是“独立人士”，而是以所属新闻媒体等单位的名义从事业务活动。记者从事的采访报道等活动属于职务行为，在相关法律法规中有明确的规定。本案中，广西壮族自治区粮食局为将粮食直补工作政策落到实处，决定邀请新闻媒体进行新闻采访报道，其目的就是要通过媒体监督的形式检查该工作的落实情况。2005 年 8 月 25 日，广西壮族自治区粮食局邀请《广西日报》、新华社广西分社、经济日报社广西记者站等新闻单位参加在来宾市象州县等地的粮食直补工作现场会，并为相关新闻单位记者的具体采访活动提供各种帮助。被告人李某和唐某正是作为经济日报社广西记者站的工作人员受邀进行采访，李某在采访过程中出示给粮食部门的名片也是“经济日报社广西记者站李某站长、首席记者”。二被告人之所以能够介入粮食直补工作和发现被采访的粮食部门所存在的问题，并且以在采访中所发现的问题相要挟，向 5 家粮食局成功勒索钱财，正是基于其经济日报社的记者身份而拥有的采访权和报道权，而不是基于其记者身份之外的其他个人因素和影响。在案证据证实，二被告人曾多次向粮食部门施加压力，称如果不按要求提供“赞助费”，他们所撰写的文章将要登报并上内参，甚至上报国务院，不仅可能取消当地的粮食直补资格，甚至地方党政领导的职位也会受到影响。有关粮食部门迫于压力，不得不给予所谓“赞助费”以满足二被告人的要求。显然，不具有记者身份的普通人，是难以做到这一点的。换句话说，二被告人正是利用了记者的身份及具有的采访报道职务之便实现了勒索钱财的非法目的。

第二，国有报社记者对公共事务行使舆论监督权，属于从事公务活动，其利用舆论监督权索取他人财物的，符合受贿罪权钱交易的本质特征。

按照我国的新闻体制，新闻媒介的定位是党、政府和人民的喉舌，党的思想和文化阵地；新闻传播被称为新闻宣传工作，具有舆论导向的功能。新闻媒体尤其是国有媒体的新闻宣传工作与国家利益和公共利益息息相关，新闻记者必须严格遵循国家法律和有关宣传规定，按照所在新闻单位提出的新闻报道和宣传要求从事采访报道活动。可以说，这一切正是由新闻工作的公务性质决定的。诚然，舆论监督无权对报道、曝光的事情进行处理，但是否报道、曝光，舆论监督者是有权决定的，这种决定权就是一种节制关系，其实际效果丝毫不亚于权力监督和上下级监督关系。记者之所以被称作“无冕之王”，也正是舆论监督权的重要地位和作用的反映。当然，要将有关舆论监督界定为公务活动，应该具备两个条件：一是定位在国有媒体的舆论监督权。非国有媒体的权利义务不同于国有媒体，因此，只有国有媒体的舆论监督才具备行使公务的形式条件。二是定位在对公共事务行使的舆论监督。

本案中，被告人李某和唐某是国有媒体经济日报社派出机构广西记者站的工作人员，符合从事公务的身份条件。同时，二人采访的广西壮族自治区的粮食直补工作，是落实中央“三农”政策的重要措施，也是广西政府掌握粮源情况、确保粮食安全工作的重要组成部分，涉及面广，意义重大，属于公共事务。二被告人受所在单位委派进行的相关采访报道工作完全符合从事公务的实质特征，因此，二被告人属于在从事公务活动中索取钱财。

综上，被告人李某、唐某身为经济日报社广西记者站的副站长和工作人员，利用作为国有报社工作人员的采访、组稿及通联的职务便利，在受邀检查、监督广西壮族自治区粮食直补工作的过程中，以曝光被采访单位所存在的问题进行要挟，索取被采访单位人民币22万元的行为，构成受贿罪。

【典型案例三】

钱某受贿案

被告人钱某（男，1956年5月1日生，原系上海市北外滩地区动迁工作指挥部项目管理部副部长）以工人身份，受上海市虹口区人民政府聘用，先后担任上海市轨道交通三号线工程虹口区指挥部、上海市轨道交通明珠线工程虹口区指挥部、上海市轨道交通杨浦线工程虹口区指挥部工作人员及上海市北外滩地区动迁工作指挥部项目管理部副部长，主要负责房屋建筑拆除、垃圾清运等工程项目的处理、管理等工作。

2000年11月至2004年1月，上海市虹口区市容建设公司总经理王某为了获得各工程中的垃圾清运等业务，先后3次送给被告人钱某共计人民币33万元。钱某利用职务上的便利，通过协调操作，帮助王某承揽了一些工程中的垃圾清运业务。案发后，被告人钱某已退出全部赃款。

上海市虹口区人民法院认为，被告人钱某构成受贿罪，判处其有期徒刑6年，并处没收财产人民币3万元。

【专家评析】

第一，地方人民政府设立的行使特定管理职能的非常设性机构，是地方人民政府的组成部分，亦属于国家行政机关。

《中华人民共和国地方各级人民代表大会和地方各级人民政府组织法》第64条规定“地方各级人民政府根据工作需要和精干的原则，设立必要的工作部门”。地方人民政府作为地方各级国家行政机关，在依法行使行政管理职权过程中，根据工作需要，既可以设立局、处等常设性工作部门，也可以设立其他非常设性工作部门，都是地方人民政府的组成部分。本案中的上海市轨道交通3号线工程虹口区指挥部、上海市轨道交通明珠线工程虹口区指挥部、上海市轨道交通杨浦线工程虹口区指挥部及上海市北外滩地区动迁工作指挥部，均是上海市虹口区人民政府为相关重大市政工程的建设而成立的非常设性机构，其职能主要是负责协调、管理相关工程中的具体事项，并受国有建设单位的委托签订部分合同。虽然这些指挥部均是在一定期限内行使特定专属职权的非常设性机构，但其性质仍然属于国家行政机关。

第二，在国家机关中从事公务，即使是非正式在编人员，亦属于刑法第93条第1款规定的“国家工作人员”。

“从事公务”是国家工作人员的本质特征。2002年6月4日召开的全国法院审理经济犯罪座谈会形成的《全国法院审理经济犯罪案件工作座谈会纪要》明确规定：“从事公务，是指国家机关、国有机关、企业、事业单位、人民团体等履行组织、领导、监督、管理等职责。公务主要表现为与职权相联系的公共事务以及监督、管理国有财产的职务活动。如国家机关工作人员依法履行职责，国有公司的董事、经理、监事、会计、出纳人员等管理、监督国有财产等活动，属于从事公务。”被告人钱某作为上海市轨道交通3号线工程虹口区指挥部、上海市轨道交通明珠线工程虹口区指挥部、上海市轨道交通杨浦线工程虹口区指挥部及上海市北外滩地区动迁工作指挥部负责人，代表指挥部负责各重大市政工程中的房屋建筑拆除、垃圾清运等工程项目的管理工作，并被授权代表指挥部签订相关的合同。从其工作内容和性质可以看出，显然属于“在国家机关中从事公务”，而不是民商事行为。

被告人钱某虽是以工人身份借调、聘用至指挥部工作，不是国家机关的正式在编人员，但根据《全国人民代表大会常务委员会关于〈中华人民共和国刑法〉第九章渎职罪主体适用问题的解释》“虽未列入国家机关人员编制但在国家机关中从事公务的人员，在代表国家机关行使职权时，有渎职行为，构成犯罪的，依照刑法关于渎职罪的规定追究刑事责任”的规定，认定是否属于“在国家机关中从事公务的人员”，并不要求行为人具有国家机关在编人员的身份，而是重点强调是否在国家机关中从事公务。只要在国家机关中从事公务，即使是工人、农民身份，亦应认定为刑法第93条第1款规定的“国家工作人员”。

第三，被告人钱某收受请托人人民币33万元，为请托人谋取利益的行为，不属于朋友之间的正常馈赠，而是一种权钱交易行为，应当认定为受贿。

亲朋好友之间的交往，经常伴有财物的往来馈赠，这是人际交往中的正当行为。接受亲友物品馈赠与受贿罪中的接受他人财物在表面上颇为相似，但在法律性质上存在着本质不同。亲友物品馈赠是一种单方民事法律行为，是行为人自愿将自己的财物无偿地给予他人的合法行为；而受贿则是一种以权谋私、权钱交易的犯罪行为。在司法实践中，区分受贿与正当馈赠，通常可以从以下几个方面把握：一是双方关系。根据亲友之间有无礼尚往来的情况，判断其是否具有馈赠的友谊和感情基础。二是财物价值。结合当时当地的礼节习俗和亲友双方的友谊、感情状况，根据礼品价值的大小，判断国家工作人员是否收受了不合常规的巨额的所谓馈赠。三是请托事项。如果馈赠者对国家工作人员提出了明确的请托事项，或者国家工作人员在接受亲友馈赠前后有利用职务便利为亲友谋取利益的行为的，一般应认定为受贿。当然，以上因素都不是绝对的，其中孤立的一个因素一般不能单独认定受贿行为是否成立，需要与其他因素结合起来考虑，才能确定其行为性质。

本案中，王某作为上海市虹口区市容建设公司的总经理，送给被告人钱某33万元巨款，是为了获得钱某所管理的市政动迁相关的垃圾清运、挖掘土方等业务，而钱某通过具体协调操作，帮助王某获得了相应的业务。即使双方系朋友，平时有较多的、财物价值较大的礼尚往来关系，但由于王某有具体的请托事项，其送钱的目的就是使钱某利用所掌握的权力帮助自己获取市政工程中的垃圾清运业务，而钱某亦利用职务上的便利为王某谋取了利益。钱某的行为完全符合刑法第385条第1款关于“国家工作人员利用职务上的便利……非法收受他人财物，为他人谋取利益的，是受贿罪”的规定，应当以受贿罪定罪处罚。

▶ 4. 对于渎职犯罪的司法工作人员主体如何认定？

【宣讲要点】

为了预防和惩治司法工作人员利用手中的司法权力谋取私利，破坏法治，我国刑法专门规定了司法工作人员的渎职犯罪，主要包括刑法第九章规定的相关渎职犯罪以及刑讯逼供、暴力取证等犯罪。

按照刑法第94条的规定，司法工作人员是指有侦查、检察、审判、监管职责的工作人员。具体分类如下。

（1）负有侦查职责的人员。包括各级公安、国家安全、检察等依法行使侦查权的机关中负责对犯罪嫌疑人的犯罪行为进行侦查取证职责的人员。

（2）负有检察职责的人员。包括最高人民检察院、地方各级人民检察院和军事检察院等专门人民检察院中担任审查逮捕、审查起诉、出庭支持公诉以及其他依法履行法律监督职责的人员。

（3）负有审判职责的人员。包括最高人民法院、地方各级人民法院和军事法院等专门人民法院中担任刑事、民事、行政等各类案件审判工作的人员，包括院长、庭长、审判委员会委员、审判员、书记员。

（4）负有监管职责的人员。包括各级公安机关、国家安全机关以及司法行政机关监狱劳教和社区矫正部门中担任监管犯罪嫌疑人、被告人、罪犯和劳教人员职责的工作人员。

【典型案例一】

孔某帮助犯罪分子逃避处罚案

被告人孔某，原系江苏省东台市看守所民警。2005 年 6 月 21 日，犯罪嫌疑人张启宗涉嫌犯罪被刑拘后不久，张启宗的叔叔张某林找到孔某请其帮忙取保候审，孔某答应帮忙，后孔某打电话将张启宗的妻子陈德英叫来家中，询问张启宗的基本案情。7 月 27 日下午孔某在押解张启宗回监室的途中，张启宗就其贪污 11000 元一节请孔某帮助串供，同时张启宗担心孔某记不清串供内容，提出再写张字条请孔某带给陈德英，孔某让其届时以寄存衣服的名义将字条交给自己。7 月 28 日，孔某打电话将陈德英叫至家中，告知串供信息，同时提醒陈德英要“注意细节”“不能有漏洞”，陈德英请其再问“细节”，并留下 100 元。次日上午，孔某到张启宗所在的 14 监室门口问张启宗细节如何说，张启宗讲：“6000 元一次，5000 元一次，都是晚上在万爱俊家给他的。”孔某当日中午再次将相关信息告知陈德英。8 月 1 日，孔某经过张启宗被羁押的监室时，张启宗将一张写有串供内容的字条放于衣服口袋内以寄存衣服为名递给孔，孔某下班回家后即打电话让陈德英到其家中取走字条。数日后，孔某再次帮助张启宗传递字条一张，转交给陈德英。陈德英收到孔某传递的口信和字条后，多次与张启宗案的关系人王桂生和证人万爱俊联系，要求万爱俊承认收到这笔钱，以达到司法机关不能认定张启宗贪污该笔款项的目的。万爱俊在已经向检察机关如实作证的情况下，应陈德英的要求翻证，谎称收到张启宗给的11000元。后经人民法院一审、二审，认定被告人孔某犯帮助犯罪分子逃避处罚罪，免予刑事处罚。

【专家评析】

人民警察是法定的执法主体，查禁违法犯罪活动是他们法定的职责。看守所民警负有查禁犯罪活动职责，可以成为帮助犯罪分子逃避处罚罪的主体。由于看守所民警特定的工作性质和工作环境决定了他们接触犯罪分子及其家属的机会较多，通过多种渠道了解和掌握犯罪线索也相应较多，如：一些犯罪分子为争取立功和其他目的检举揭发的案件线索，共同犯罪中犯罪分子相互揭发的材料，一些在押犯同外面通信时涉及的案件线索等。这些均为看守所民警查获违法犯罪和协助其他机关查获犯罪提供了可能。如果看守所民警不认真履行职责，被犯罪分子及其家属利用和收买，无疑将会导致犯罪分子逃避处罚、重罪轻判或者妨碍刑事诉讼活动顺利进行等后果。赋予看守所民警查禁犯罪的职责，其目的就在于利用自身所处工作性质和工作环境的便利，把看守所建设成严密羁押在押人员的安全场所，确保刑罚活动和刑事诉讼活动顺利、正常进行。

本案中，被告人孔某作为负有查禁犯罪活动职责的国家机关工作人员，为在押犯罪嫌疑人传递口信和字条，进行串供，帮助在押人员逃避处罚，其行为已构成帮助犯罪分子逃避处罚罪。一审、二审法院对被告人孔某的定性均是正确的。

【典型案例二】

周某暴力取证案

1998年12月11日中午，河南省淅川县公安局滔河镇派出所接到一群众报案称被他人抢劫。当晚22时许，该所民警周某等人在副所长贾晓某的带领下，前往滔河乡孔家峪村传讯涉案嫌疑人许国亭。许国亭不在家，即传唤许国亭的妻子鲁楠到滔河镇派出所，由被告人周某、协理员赵峰将鲁楠带到周某的办公室由周某进行询问。在询问过程中，鲁楠以制作的笔录中一句话与其叙述不一致为理由拒绝捺指印，被告人周某经解释无效，即朝鲁楠的腹部踢了一脚，并辱骂鲁楠。

当时鲁楠已怀孕近2个月，被踢后称下腹疼痛，被告人周某即喊在其床上睡觉的赵峰把鲁楠带到协理员住室。次日上午8时许，鲁楠被允许回家，出派出所大门，即遇到婆母范条芝，鲁楠向她诉说自己被踢后引起腹疼。当日下午，鲁楠因腹部疼痛不止，即请邻居毕春焕帮忙，雇车将她拉到滔河镇派出所，又转到滔河乡卫生院治疗。后鲁楠经保胎治疗无效，引起难免流产，于1998年12月23日做了清宫手术。经南阳市中心医院刑事医学鉴定，鲁楠系早孕期，外伤后致先兆流产，治疗无效发展为难免流产。又经淅川县人民检察院检察技术鉴定，鲁楠的伤构成轻伤。

1999年7月6日，淅川县人民检察院以被告人周某犯暴力取证罪向淅川县人民法院提起公诉。淅川县人民法院经公开审理后认为，被告人周某身为公安干警，在执行职务中，使用暴力逼取证人证言，其行为已构成暴力取证罪，判处其有期徒刑2年，缓刑2年。宣判后，被告人周某提出上诉。南阳市中级人民法院经过二审审理后驳回上诉，维持原判。

【专家评析】

暴力取证罪是指司法工作人员使用暴力逼取证人证言的行为。其构成要件是：（1）犯罪的主体是司法工作人员，即指有侦查、检察、审判、监管职责的工作人员，不限于在公安、检察、法院、监狱等机关工作的国家机关工作人员。（2）在主观方面是直接故意，且具有逼取证人证言的目的。（3）犯罪的对象为证人，即司法工作人员和案件当事人以外的了解案件情况的人。侵犯的客体是公民的人身权利和国家司法机关的正常活动。（4）在客观方面表现为司法工作人员对证人实施殴打、捆绑等危害证人身体健康和人身自由的行为。

《中华人民共和国刑事诉讼法》规定，“凡是知道案件情况的人，都有作证的义务”。同时又规定，“人民法院、人民检察院和公安机关应当保障证人及其亲属的安全”。“严禁刑讯逼供和以威胁、引诱、欺骗以及其他非法的方法收集证据。必须保证一切与案件有关或者了解案情的公民，有客观地充分地提供证据的条件”。本案被告人周某身为司法工作人员，采取殴打的方式逼取证人证言，造成被害人鲁楠轻伤，其行为已构成暴力取证罪，人民法院以此罪对其定罪判刑是正确的。

▶ 5. 农村基层组织的人员是否属于“国家工作人员”？

【宣讲要点】

2002年全国人大常委会颁布立法解释，即《全国人民代表大会常务委员会关于〈中华人民共和国刑法〉第九十三条第二款的解释》，明确了村委会等村基层组织的人员在特定情况下可以依照刑法第93条第2款的规定，以国家工作人员论，即在特定情形下，农村基层组织的人员属于刑法规定的“国家工作人员”。

（1）村委会等村基层组织人员的含义。根据宪法和村民委员会组织法的规定，村民委员会是村民自我管理、自我教育、自我服务的基层群众性自治组织。村民委员会办理本村的公共事务和公益事业，调解民间纠纷，协助维护社会治安，向人民政府反映村民的意见、要求和提出建议。我国农村的基层组织比较多，除村委会外，还有村党支部、村经联社、经济合作社、农工商联合企业、治保会、妇联、团支部、民兵排、村民小组和各种协会等。从目前出现的情况看，发生在村党支部、村委会和村经联社、经济合作社、农工商联合企业等掌管村经济活动的人身上的问题比较多。所谓“村委会等村基层组织人员”，主要是指村党支部、村委会和村经联社、经济合作社、农工商联合企业等掌管村经济活动的组织的人员。因为他们是农村中最主要的可能协助政府从事行政管理工作的人员。

（2）应当以行为人是否从事公务作为区分认定的标准。从村委会等村基层组织人员的产生、任命、管理和实际承担的职责来看，均与一般国家工作人员有所不同，因此确实不能简单地说村委会等农村基层组织的人员全都可以以国家工作人员论。那么，究竟应当以什么标准来确定呢？根据刑法第93条的规定，“国家工作人员”的共同特征都是“从事公务”，则应当以是否从事公务作为能否将其以国家工作人员论的标准，而不能随意扩大范围。根据村委会组织法的规定，乡镇基层人民政府对村民委员会的工作给予指导、支持和帮助，村委会协助基层人民政府开展工作。从实践中的情况来看，村委会与乡镇基层人民政府之间的关系是非常密切的，村委会的很多工作需要乡镇基层人民政府的指导与支持，乡镇基层人民政府的很多工作也离不开村委会等村基层组织的支持和协助，有一些具体工作也常常委托村委会等村基层组织来开展。因此村委会等村基层组织的人员依法协助基层人民政府开展工作或者受基层人民政府委托办理一些行政管理事项时，就属于刑法第93条第2款规定的“其他依照法律从事公务的人员”之一，应当以国家工作人员论。

（3）应当注意准确理解“依照法律从事公务”的含义。“公务”按照一般理解是指公共事务，按照其性质可以分为国家事务和集体事务。国家事务是指为了实现国家的政治、军事、经济、文化等职能而进行的组织、领导、监督、管理活动。集体事务是指集体组织内部的事务的组织、领导、监督、管理活动。刑法第93条规定的公务显然是指国家事务，而不包括集体事务。村委会等村基层组织担负着从事大量的村集体事务的职责，同时又要协助乡镇基层人民政府的工作，这些基层组织的人员在从事国家事务或者本集体内部事务的过程中，都存在利用职务之便实施违法犯罪活动的可能性，但是其所构成犯罪的性质又可能完全不同，因此在认定其所从事公务的性质时，要注意具体问题具体分析，防止任意扩大公务范围的倾向。

【典型案例】

被告人刘某、王某挪用公款案

2006年12月初，被告人刘某在担任河南省确山县三里河乡秀山村村民委员会治安主任兼肖庄村民小组组长期间，指使该村二王村民小组组长王某将其负责保管的新阳高速公路二王村民小组征地补偿费用 5 万元给他做贩羊生意使用。案发后挪用的 5 万元赃款被确山县人民检察院追缴后退还给三里河乡政府。

河南省确山县人民法院判决认定被告人刘某犯挪用公款罪，判处有期徒刑 1 年，缓刑 2 年；被告人王某犯挪用公款罪，判处有期徒刑 1 年，缓刑 2 年。宣判后，二被告人没有提出上诉，公诉机关也没有提起抗诉，判决已经发生法律效力。

【专家评析】

王某利用其担任村民小组组长的职务之便，将自己保管的征地补偿费用 5 万元挪给他人使用，其行为符合《全国人民代表大会常务委员会关于〈中华人民共和国刑法〉第九十三条第二款的解释》的规定，构成挪用公款罪，刘某则构成挪用公款罪的共犯。具体分析如下。

第一，从被告人的主体身份看，村民小组是村民委员会的组成部分，村民小组组长应当属于村基层组织人员。

按照村民委员会组织法的规定，村民委员会是村民自我管理、自我教育、自我服务的基层群众性自治组织，是以一定的空间为范围、由全体村民组成的村民自治共同体，是实现村民自治的途径。村民委员会根据需要可以设下属的人民调解、治安保卫、公共卫生等委员会，办理村民自治的公共事务和公益事业中的专门的事项。村民委员会按照村民居住状况还可以分设若干村民小组，作为村民自治共同体内部的一个层次。同时，按照《中国共产党章程》《中国共产党农村基层组织工作条例》规定，村设党支部，作为村各种组织和各项工作的领导核心。所谓“村委会等村基层组织人员”，主要指可能协助政府从事行政管理工作，掌握权力的村党支部、村委会组成人员和村经联社、经济合作社、农工商联合企业等集体经济的组织的人员，但并非仅限于这些组织的人员。村民小组是依据村民委员会组织法第 10 条的规定分设的，属于村民自治共同体内部的组织形式和自治层次，这说明村民小组是村民委员会的派生机构，属于村民委员会的一个组成部分，目的是便于村民自治，有利于生产、方便生活。在实际工作中，为了方便管理和服务，村民委员会往往将自己负责的事务分配给各村民小组，由小组长负责落实。此时，村民小组长承担了村民委员会的部分责任，村民小组自然不能被排除在村基层组织之外，那么，村民小组组长当然也就属于“村基层组织人员”。

第二，从被告人的犯罪客观行为特征看，村民小组组长在协助基层人民政府从事行政管理工作时，属于“其他依照法律从事公务的人员”，具有国家工作人员的本质特征。

村民委员会等村基层组织人员协助人民政府从事有关行政管理工作时，属于刑法第93条第2款规定的“其他依照法律从事公务的人员”。根据相关规定，认定村基层组织人员为“其他依照法律从事公务的人员”应当满足以下三个条件。

一是身份条件。村基层组织人员应当是指在村民委员会等村基层组织中管理集体公共事务的人员，而不是泛指一般村民。至于农村基层组织的形式，立法解释虽然没有明确指出，但是从“村民委员会等村基层组织”的文字表述上分析，应当不限于村民委员会，从实际情况看，还包括村党支部、村经联社、经济合作社、农工商联合企业等集体经济组织。村民小组长也属于村基层组织人员。

二是法律依据条件。村民委员会组织法第4条第2款规定，村民委员会协助乡、民族乡、镇的人民政府开展工作，这说明村民委员会等村基层组织人员有协助人民政府从事公务的权力。

三是从事公务条件。“从事公务”是“其他依照法律从事公务的人员”的本质特征。“从事公务”应当是指依照法律规定的职责和权能，按照法定的程序，代表国家进行的计划、组织、指挥、监督、管理国家事务和社会公共事务的活动。其本质是行使国家对国家事务、社会公共事务的管理权力，实现国家对国家事务、社会公共事务的管理职能。

具体到本案而言，王某是村民小组组长，其身份属于村基层组织人员，他在履行协助政府从事土地征用补偿费用的管理工作时，属于“其他依照法律从事公务的人员”，应当以国家工作人员论。他在刘某的唆使下，利用职务之便，将国家拨给村民小组的土地征用补偿费用中的5万元挪给刘某用于做贩羊生意，其行为构成挪用公款罪。刘某身为村民委员会成员兼村民小组组长，唆使王某将村民小组的征地补偿费用5万元挪给他使用，其行为构成挪用公款罪的共犯。

【法条指引】

中华人民共和国刑法

第九十三条　本法所称国家工作人员，是指国家机关中从事公务的人员。

国有公司、企业、事业单位、人民团体中从事公务的人员和国家机关、国有公司、企业、事业单位委派到非国有公司、企业、事业单位、社会团体从事公务的人员，以及其他依照法律从事公务的人员，以国家工作人员论。

第九十四条　本法所称司法工作人员，是指有侦查、检察、审判、监管职责的工作人员。

全国人民代表大会常务委员会关于《中华人民共和国刑法》第九十三条第二款的解释

全国人民代表大会常务委员会讨论了村民委员会等村基层组织人员在从事哪些工作时属于刑法第九十三条第二款规定的“其他依照法律从事公务的人员”，解释如下：

村民委员会等村基层组织人员协助人民政府从事下列行政管理工作，属于刑法第九十三条第二款规定的“其他依照法律从事公务的人员”：

（一）救灾、抢险、防汛、优抚、扶贫、移民、救济款物的管理；

（二）社会捐助公益事业款物的管理；

（三）国有土地的经营和管理；

（四）土地征收、征用补偿费用的管理；

（五）代征、代缴税款；

（六）有关计划生育、户籍、征兵工作；

（七）协助人民政府从事的其他行政管理工作。

村民委员会等村基层组织人员从事前款规定的公务，利用职务上的便利，非法占有公共财物、挪用公款、索取他人财物或者非法收受他人财物，构成犯罪的，适用刑法第三百八十二条和第三百八十三条贪污罪、第三百八十四条挪用公款罪、第三百八十五条和第三百八十六条受贿罪的规定。

全国法院审理经济犯罪案件工作座谈会纪要

一、关于贪污贿赂犯罪和渎职犯罪的主体

（一）国家机关工作人员的认定

刑法中所称的国家机关工作人员，是指在国家机关中从事公务的人员，包括在各级国家权力机关、行政机关、司法机关和军事机关中从事公务的人员。

根据有关立法解释的规定，在依照法律、法规规定行使国家行政管理职权的组织中从事公务的人员，或者在受国家机关委托代表国家行使职权的组织中从事公务的人员，或者虽未列入国家机关人员编制但在国家机关中从事公务的人员，视为国家机关工作人员。在乡（镇）以上中国共产党机关、人民政协机关中从事公务的人员，司法实践中也应当视为国家机关工作人员。

（二）国家机关、国有公司、企业、事业单位委派到非国有公司、企业、事业单位、社会团体从事公务的人员的认定

所谓委派，即委任、派遣，其形式多种多样，如任命、指派、提名、批准等。不论被委派的人身份如何，只要是接受国家机关、国有公司、企业、事业单位委派，代表国家机关、国有公司、企业、事业单位在非国有公司、企业、事业单位、社会团体中从事组织、领导、监督、管理等工作，都可以认定为国家机关、国有公司、企业、事业单位委派到非国有公司、企业、事业单位、社会团体从事公务的人员。如国家机关、国有公司、企业、事业单位委派在国有控股或者参股的股份有限公司从事组织、领导、监督、管理等工作的人员，应当以国家工作人员论。国有公司、企业改制为股份有限公司后，原国有公司、企

业的工作人员和股份有限公司新任命的人员中，除代表国有投资主体行使监督、管理职权的人外，不以国家工作人员论。

（三）“其他依照法律从事公务的人员”的认定

刑法第九十三条第二款规定的“其他依照法律从事公务的人员”应当具有两个特征：一是在特定条件下行使国家管理职能；二是依照法律规定从事公务。具体包括：(1) 依法履行职责的各级人民代表大会代表；(2) 依法履行审判职责的人民陪审员；(3) 协助乡镇人民政府、街道办事处从事行政管理工作的村民委员会、居民委员会等农村和城市基层组织人员；(4) 其他由法律授权从事公务的人员。

第四章

犯罪客体

▶ 1. 如何理解犯罪客体?

【宣讲要点】

按照我国刑法学理论界的通说，犯罪客体是我国刑法所保护的，而为犯罪行为所侵害的社会关系。理解犯罪客体的概念，需要把握以下几个方面。

（1）犯罪客体是一种社会关系。社会关系是人们在共同生产、生活中形成的人与人之间的相互关系。这种关系是人类社会存在的必要条件，包括物质关系和思想关系，构成社会关系的整体。某一社会形态下的社会关系决定了社会的政治、经济、思想、道德、文化的基本形态和人们之间的基本关系。犯罪行为由于危害某一社会形态下人们的生命安全、社会秩序，动摇和危害社会的基本形态和人们之间的基本关系，从而使该社会的社会关系受到危害，因此犯罪客体首先就表现为一种社会关系。

（2）犯罪客体是刑法所保护的社会关系。社会关系涉及社会生活的方方面面，其内容十分丰富，范围也极其广泛，是由人与人之间的交往、联系形式的多样性特点所决定的。有政治、经济、文化、思想、民族、宗教、伦理等方面的关系，有财产、婚姻、家庭等方面的关系，有在一般社会交往中形成的邻里、师生、同事关系，等等。但是，并非所有这一切社会关系都能作为犯罪客体来对待。作为犯罪客体的社会关系，是为刑法所保护的那一部分最重要的社会关系，而一般的社会关系，则只由民事、经济、行政等法律去予以调整，保护其中的合法利益。在我国，刑法第 2 条和第 13 条所规定的国家主权、领土完整和安全、人民民主专政的政权和社会主义制度、社会秩序和经济秩序，公私财产所有权、公民的人身权利、民主权利、劳动权利等，以及刑法分则规范规定予以保护的具体社会关系，都可能成为我国刑法中犯罪客体的范围。

（3）犯罪客体是被犯罪行为侵犯的社会关系。刑法所保护的社会关系，无论是物质关系还是思想关系，都是客观存在的，当它们受到危害行为的侵犯时，才能成为犯罪客体。

▶ 2. 如何区分犯罪客体的种类？

【宣讲要点】

根据犯罪客体侵犯的社会关系范围或性质的不同，可以对犯罪客体进行不同层次与类型的划分。按照犯罪侵犯社会关系范围大小的不同，可以把犯罪划分为三种基本类型，即一般客体、同类客体和直接客体。三类客体是三个不同的层次，它们之间是一般与特殊、共性与个性、抽象与具体、整体与部分的关系。同类客体是在直接客体的基础上分类和概括，而一般客体又是对一切犯罪客体的抽象和概括。三者之间构成了两个层次的一般和个别的关系。

（1）犯罪的一般客体。又称犯罪的共同客体，是指一切犯罪共同侵犯的客体，即我国刑法所保护的社会主义社会制度下社会关系的整体，而不是某些具体犯罪侵犯的社会关系的某一部分。在我国，无论是何种形式的犯罪行为，都从不同侧面和在不同程度上对我国和人民利益构成了危害，都侵害了我国现行的法律制度和社会秩序。我国刑法第 2 条和第 13 条对我国刑法所保护的社会关系的规定，就是犯罪一般客体的主要内容。犯罪一般客体是否存在，是罪与非罪的原则界限。犯罪的一般客体还说明犯罪不单纯是犯罪者与被害人个人之间的矛盾，也不是局部性的问题，而是犯罪与国家、人民利益之间的强烈冲突，是与整个现存法律秩序和社会整体利益相对抗的问题。

（2）犯罪的同类客体。这是指某一类犯罪行为所共同侵害的我国刑法所保护的社会关系的某一部分或某一方面。我们知道刑法所保护的社会关系的范围是非常广泛的，各种具体行为所侵犯的社会关系的性质也不尽相同，不过有些犯罪的客体内容又有某些相似之处，作为同一类客体的社会关系，具有相同或相近似的性质。人们就根据这些客体内容的共同性，将犯罪客体归纳为若干类，从而形成不同的犯罪同类客体类别。我国刑法将其所规定的全部犯罪划分为十类，并在分则中规定了十个罪章，主要就是依据了同类客体的基本原理。

（3）犯罪的直接客体。这是指某一种犯罪所直接侵犯的客体，也就是某一种犯罪行为所直接侵害的我国刑法所保护的某种具体的社会关系。犯罪客体是决定犯罪性质的最重要的因素。一种行为之所以被认定为这种犯罪或那种犯罪，归根到底是由犯罪的直接客体所决定的。它直接揭示了具体犯罪所侵害社会关系的性质以及该犯罪的社会危害程度。犯罪的直接客体是研究犯罪客体的重点。可以根据客体的单复性把直接客体分为简单客体和复杂客体。

▶ 3. 如何区分犯罪客体与犯罪对象？

【宣讲要点】

区分犯罪对象与犯罪客体，一般依照以下标准进行。

（1）是否决定犯罪的性质。犯罪客体决定犯罪性质，犯罪对象则未必。犯罪对象本身不是社会关系，而是具体物或者具体人。犯罪对象只有通过其所体现的犯罪客体才能确定某种行为构成什么罪。比如，同样是盗窃枕木，某甲盗窃的是备用的枕木，某乙盗窃的是正在使用中的枕木，那么前者只构成盗窃罪，后者则构成破坏交通设备罪，两者的区别就在于犯罪对象所体现的社会关系不同。

（2）是否为犯罪构成的必备要件。犯罪客体是任何犯罪的必要构成要件，而犯罪对象则仅仅是某些犯罪的必要构成要件。比如，伪造证件罪，必须有伪造出来的证件，否则就不可能构成此罪。但是，偷越国（边）境罪，就没有具体的犯罪对象可言。

（3）是否受到实际的损害。任何犯罪行为都具有严重的社会危害性，这表明，每一种犯罪行为都必然侵犯一定的客体，都使刑法所保护的社会关系受到了实际的损害；而作为犯罪对象的具体的人或物，则并不一定毫无例外地遭受实际的损害。例如，某家电视机被盗，所侵犯的是主人对电视机的所有权关系，而电视机本身则未必受到损害。

（4）是否为犯罪分类的基础。犯罪客体是犯罪分类的基础，犯罪对象则不是。刑法分则规定的十类犯罪是根据犯罪客体来划分的，如果按犯罪对象则无法分类。因为同样的对象可能分属于不同类别的犯罪。例如，同是公共财产，盗窃、诈骗的，属于侵犯财产罪；如果贪污、受贿的，属于贪污、受贿罪。因为后者不仅侵犯了公共财产所有权，而且侵犯了国家工作人员职务行为的廉洁性。由此可见，犯罪对象不能成为犯罪分类的根据与标准。当然，在同一类犯罪中，犯罪对象有时可以起到划分各种犯罪之间界限的作用。例如，破坏交通工具罪和破坏交通设施罪的区别，就在于对象不同。前者破坏的是飞机、火车、船舶等；后者破坏的是桥梁、隧道、铁轨之类。

【典型案例】

被告人于某贪污案

被告人于某，女，50岁，汉族，原系吉林省白山市房地产管理局八道江房管所房管科副科长。1992年年底，白山市建设银行房地产综合开发公司（以下简称开发公司）归还因开发建银小区而占用八道江房产管理所（以下简称房管所）商企房面积321.52平方米（五户），被告人于某利用负责房管所还迁工作之机，于1993年12月18日在给财务科填报经租房产增加、减少通知单时，将建行开发公司归还的面积填报为305.75平方米，并将其中四户面积加大，从中套取商企房一户，面积为52.03平方米，价值人民币93133.70元，用于个人出租牟利。同年，白山市建设银行房地产综合开发公司开发建银小区时，被告人于某利用负责因开发建银小区拆迁房产管理所管理的房屋工作之机，在其母亲孙秀香购买拆迁户房屋面积时，虚添拆迁面积17平方米，价值人民币16320元，并将建行开发公司还房管所面积顶交其母所购买房屋取暖费、热水费2669.55元。综上，被告人于某利用职务上的便利，非法占有公共财物共计价值人民币112123.25元。

吉林省白山市中级人民法院判决认定被告人于某犯贪污罪，判处有期徒刑10年，并处没收个人财产人民币3万元，追缴52.03平方米商企房一户，赃款18989.55元（含17平方米面积折价）。一审宣判后，被告人于某上诉。吉林省高级人民法院经审理，裁定驳回上诉，维持原判。

【专家评析】

本案被告人于某系房管所房管科副科长，具有国家干部身份，在采用欺骗手段套取公房行为过程中，明显利用了其负责拆迁、还迁房屋职务上的便利，故认定其构成贪污罪，在主体身份、行为方式方面均不成问题。本案的特殊之处在于，被告人于某所侵占的对象系公有房屋，且至案发时一直未办理私有产权证，作为不动产的公有房屋，能否构成贪污罪的犯罪对象？回答是肯定的。

第一，贪污罪的对象不以动产为限，国家工作人员利用职务上的便利，采用欺骗手段非法占有公有房屋的行为，应以贪污罪定罪处罚。

公有房屋可以成为贪污犯罪的对象。首先，根据刑法第382条规定，贪污罪的对象为公共财物。根据刑法第391条第1款、第2款关于公共财产的解释规定，“公共财物”是指以下四类财物：即国有财物、劳动群众集体所有的财物、用于扶贫和其他公益事业的社会捐助或者专项基金以及在国家机关、国有公司、企业、事业单位和人民团体管理、使用或者运输中的私人财物。由上述规定可知，内含于公共财产、财物之内的不动产，在贪污罪的立法规定上，并未被排除在公共财产或者公共财物之外。其次，利用职务便利非法侵占公有不动产，具有现实可能性，运用刑法对公有不动产进行保护是必要的。在实际生活中，财产犯罪中的抢劫罪、抢夺罪因以“当场”为要件，盗窃罪、聚众哄抢罪因一般须以对象物的物理移动方可完成，挪用类犯罪因立法上明确规定其对象为资金或者公款而不可能以不动产作为犯罪对象，除此之外，诈骗罪、（职务）侵占罪、敲诈勒索罪、故意毁坏财物罪等均可以不动产作为其侵害的对象。比如，一个人完全可以通过诈骗手段，达成对他人所有的不动产的事实上的占有，甚至是以产权变更登记的形式实现“法律上”的占有。作为职务性的财产犯罪，就实施及完成犯罪行为方面而言，贪污罪与诈骗罪、侵占罪等一般财产犯罪并无两样，而且，较之于后者，贪污行为人因其有着职务上的便利可资利用，更易于得逞。本案中，被告人于某利用负责还迁、拆迁工作之机，采取不下账、少下账、虚添拆迁面积和虚添住户的手段，从中套取商企房、住宅房各一户，加上用面积顶交的取暖费、热水费，总价值112123.25元，一审、二审法院认定其行为构成贪污罪是正确的。

第二，对于非法侵占公有房产的贪污行为，即使客观上尚未办理产权变更登记，也可以通过其所采取的欺骗手段等行为事实，认定其具有非法占有的目的。

作为侵占类财产犯罪，贪污罪的构成须以行为人主观上具有非法占有目的为其要件，这也是区分贪污罪与挪用类犯罪的一个重要方面。本案被告人于某贪污的主要对象为公有房屋，公有房屋属于不动产，不动产所有权的取得以办理产权登记为标志。被告人于某侵占的公有房屋尚未办理产权变更登记，那么，如何认定被告人于某具有非法占有的目的，对于本案的定性具有关键意义。对于侵害对象为不动产的，办理产权变更登记是行为人非法占有目的的客观实现，但在很多情况下，行为人对于侵占的不动产往往由于取得方式的非法性而不敢去办理产权变更登记，因此，不能以没有办理产权变更登记来证明行为人主观上不具有非法占有的目的。在通常情况下，非法占有目的形成于产权变更登记之前，根据行为人客观上所采取的欺骗手段等行为事实，是可以认定其主观上具有非法占有目的的。在本案中，一方面，被告人于某利用负责还迁房屋职务上的便利，通过少下台账、虚增面积等行为，将其他公司归还房管所的商企房予以截留，而且该被截留的商企房在房管所的相关文件中不再有任何体现，证明被告人于某主观上具有将该商企房脱离房管所管理非法据为已有的故意；另一方面，被告人于某将该截留的商企房用于个人出租牟利，说明被告人于某已经在事实上将该房产视同为个人财产行使使用权、收益权。在本案中，被告人于某虽未就其所截留的公有房屋进行私有产权登记，但因该截留行为系在房屋移交过程中、房屋的所有权人不知情的情况下实施的，房屋所有权的代表人——房管所在一般情况下是不可能对该房屋主张权利的，被告人于某弄虚作假、欺瞒所在单位截留公房的行为本身即意味着被告人于某实现了对该公房事实上的占有。由于该公房已经实际脱离了房管所的控制，因此，被告人于某将来是否进行私有产权登记，并不影响对其已经将该公房据为已有事实的认定。

【法条指引】

中华人民共和国刑法

第九十一条 本法所称公共财产，是指下列财产：

（一）国有财产；

（二）劳动群众集体所有的财产；

（三）用于扶贫和其他公益事业的社会捐助或者专项基金的财产。

在国家机关、国有公司、企业、集体企业和人民团体管理、使用或者运输中的私人财产，以公共财产论。

第九十二条 本法所称公民私人所有的财产，是指下列财产：

（一）公民的合法收入、储蓄、房屋和其他生活资料；

（二）依法归个人、家庭所有的生产资料；

（三）个体户和私营企业的合法财产；

（四）依法归个人所有的股份、股票、债券和其他财产。

第五章

犯罪的客观方面

▶ 1. 什么是犯罪的客观方面?

【宣讲要点】

犯罪客观方面是指刑法所规定的、说明侵害行为对刑法所保护的社会关系造成侵害的客观外在事实特征，是犯罪活动的客观外在表现，是构成犯罪所必须具备的要件。它具有以下主要特征。

（1）犯罪客观方面为刑法规定而具有法定性。犯罪事实发生之后，表现于客观外在的事实特征常常千姿百态。但并不是所有事实特征都能成为犯罪客观方面的事实进入犯罪的构成要件。只有根据刑法的明文规定，才能确定犯罪构成的客观方面，对于刑法中没有明文规定的客观事实，绝对不能以犯罪客观方面认定，亦不是犯罪客观方面的内容。

（2）犯罪客观方面以客观事实特征为内容，因而具有客观性。作为犯罪构成要件之一的犯罪客观方面，是犯罪人主观心理的客观外化，是从“客观事实”这样一个侧面对犯罪所作的说明。因此，关于犯罪构成要件涉及犯罪客观方面的研究中，就必须具体研究危害行为、危害结果，以及行为的时间、地点和方法。

（3）犯罪客观方面是成立犯罪所必须具备的客观因素，即必要性。在犯罪构成的四个要件中，犯罪客观方面属于核心地位，因为犯罪毕竟是一种危害社会的行为，危害行为这个客观方面的要件，是犯罪其他要件所依附的本体性要件，犯罪客体是危害行为侵犯的而为刑法所保护的社会关系，犯罪主体和犯罪主观方面说明危害行为性质及程度。

（4）犯罪客观方面是构成犯罪在客观上需要具备的诸种要件的总称，即多样性。犯罪客观方面由诸多的下位要件构成，包括危害行为、危害结果，以及行为的时间、地点、方法（手段）、对象。危害行为（必要要件）是一切犯罪在客观方面都必须具备的要素，也是犯罪客观方面唯一的一个为一切犯罪所必须具备的要件；危害结果（选择要件）是大多数犯罪构成在客观方面必须具备的要件；特定的时间、地点、方法以及对象（选择要件）是某些犯罪构成而在客观方面必须具备的要件。

► 2. 如何正确认定和把握犯罪构成要件的危害行为?

【宣讲要点】

我国刑法所惩处的犯罪，首先是人的一种危害社会的行为。危害行为虽然只是犯罪构成客观要件的内容之一，但却是整个犯罪构成的核心。任何种类、任何形态的犯罪构成中，均有危害行为这一要素。没有危害行为，任何犯罪构成都不存在。

刑法所规定的危害行为，其表现形式多种多样，刑法理论上将危害行为归纳为两种基本形式，即作为与不作为。

（1）作为。这是行为人以其积极的身体活动进行刑法上所禁止实施的行为。“作为”是相对于“不作为”而言的，即“不当为而为”。在客观上呈现出“积极”的形态，但既可是故意实施的，也可能是过失构成的。我国刑法中规定的绝大多数的犯罪，都是作为形式的犯罪。“作为”是危害行为的基本形式之一，违反的是禁止性规范，即法律禁止做而去做。“作为”的实施方式主要是利用自己的身体或者他人实施的行为、利用物质性工具或者自然力等实施的作为。

（2）不作为。这是与作为相对应的危害行为的另一种表现形式，在客观上呈现出“消极”的形态，是“当为而不为”，可由故意或过失构成。不作为是指行为人负有实施某种行为的特定的法律义务，能够履行而不履行的危害行为。成立刑法上的不作为，在客观方面应具备如下三个条件：一是行为人负有实施某种作为的特定法律义务，没有特定法律义务，也就没有不作为的行为形式；二是行为人有能力履行特定法律义务，因为只有对于有能力履行这种义务的人，法律上才会提出必须履行的要求，这是成立不作为的重要条件；三是行为人因没有履行作为的特定法律义务从而产生了相应的危害，这是不作为社会危害性的重要体现，也是不作为成立的关键条件。

【典型案例一】

被告人邹某过失致人死亡案

被告人邹某，女，某县幼儿教师。2005 年 5 月 25 日上午 10 时，被告人邹某带领 4 名幼儿外出游玩。走在最后面的一个幼儿李某（男，5 岁半）失足掉入路旁粪池。邹见状惊慌失措，但不肯跳入粪池中救人，只向行人大声呼救。此时，有一中学生田某（男，16 岁）路过此处，闻声后立刻跑到粪池边观看，并同邹在附近找到一根小竹竿，探测粪池深浅，测得粪水深约 75 厘米（半人深），但邹某、田某二人均未跳入粪池内救幼儿，只是一起高呼求救。最后，农民范某闻声赶来跳下粪池抢救，但为时已晚，幼儿被救上来时，已经停止呼吸。

【专家评析】

邹某因其作为幼儿教师，具有负责看管其所带领的几名幼儿人身安全的职责，即负有法定的义务，在一名幼儿失足掉入路旁粪池的情况下，其应当积极采取有效措施进行救助，但其不肯跳入粪池中救人，只向行人大声呼救。待农民范某闻声赶来将该幼儿救上时，为时已晚，幼儿已经死亡。关于邹某行为是否构成犯罪，可结合犯罪概念的特征加以分析。首先，邹某在负有法定义务的前提下，不积极有效救助掉入路旁粪池的幼儿，导致出现幼儿死亡的后果，严重侵害了幼儿的生命权，已具备严重的社会危害性；其次，我国刑法分则第233条明文规定了过失致人死亡罪并规定了刑事责任，邹某的行为完全符合该罪的规定，属于过失致人死亡犯罪，应当承担相应的刑事责任，即具备了刑事违法性和刑罚处罚性。

此外，本案中，中学生田某参与了呼救，作为路人其并无法定的救助义务，其对幼儿死亡的后果不承担刑事责任。

【典型案例二】

被告人许某交通肇事后故意杀人案

1985年10月15日下午6时许，被告人许某（男，30岁，工人）驾驶一辆机动三轮车，从重庆市沙坪坝运货至市中区菜元坝。当晚7时许返回途中，在天下雨路滑、刮水器损坏、视线不良的情况下，超速行驶，至市劳动人民文化宫附近，车头右边将行人赵某（男，65岁）撞倒在地。许某撞人后欲逃离，因群众呼喊才被迫停车，将伤者赵某抬上三轮车。当车开至江水区某地段时，被告人为了掩盖罪行，逃避救护义务，掉转车头，把身负重伤、生命垂危的被害人抬下车，弃于路边草丛中，然后驾车离去。沿途又将赵某的雨伞、电筒等物甩入路边陡坡下，以销毁罪证。次日，被告人冲洗了车内赵留下的呕吐物，换了被撞坏的车头右角灯，妄图逃脱惩罚。被害人赵某因身负重伤，加之被弃于野外，得不到及时抢救，于16日晨死亡。对于行为人交通肇事后能否构成不作为的故意杀人罪，存在不同认识。

【专家评析】

故意杀人罪在绝大多数情况下是以作为形式出现的，但生活中以不作为方式构成的故意杀人罪也不鲜见。根据我国刑法理论界的通行观点，构成不作为犯罪的前提是行为人具有作为的义务，而产生作为义务的根据（来源）大致有四种，即：（1）法律明文规定的作为义务；（2）职务或业务要求的作为义务；（3）法律行为引起的作为义务；（4）先行行为引起的作为义务。尤其是先行行为引起的作为义务构成不作为犯罪问题颇为复杂，先行行为产生的作为义务源于法律的禁止规范，如果行为人由于自己的行为给法律保护的利益造成了一定的危险，他就产生了采取积极行动防止结果发生的义务，而有责任保证这一危险不会转变为损害结果发生的现实。就故意杀人罪而言，如果行为人因其先前的行为，给他人的生命安全造成危险，而行为人对此具有认识，在有能力、有条件采取积极措施防止他人死亡结果发生时却放任不管，则行为人就构成了基于先行行为的不作为故意杀人罪。同时，行为人构成犯罪还须具备其他条件，比如行为人有能力履行作为义务；行为人没有履行义务与危害结果之间具有因果关系；行为人在主观上一般是间接故意，少数情况下可以是直接故意等条件。

司法实践中，由先行行为引起作为义务而构成不作为故意杀人案件中，比较常见、多发的一类案件就是行为人交通肇事后逃逸致人死亡的案件。在具体认定上不仅要考虑行为人的心理状态，而且要考虑被害人受伤的程度、肇事的时间、场所、气候条件等具体的客观环境。在本案中，综合全部案情来看，行为人许某的行为已构成不作为的故意杀人罪。理由如下。

(1) 行为人肇事后，产生了防止被撞成重伤者死亡发生的义务，即应当立即抢救被害人。许某撞伤赵某被迫停车后，本该将身负重伤、生命垂危的赵某送往医院抢救，但其置受害人的死活于不顾，行车途中将赵某抬下车，弃于路边草丛而逃走。其交通肇事的行为已经具有使受害者死亡的现实危害性。进一步分析，在当时的情况下，被害人负伤严重，生命垂危，如果行为人在将赵某撞倒在地后不顾群众呼喊仓皇逃走，受害人还有可能得到周围群众的及时救治，但行为人在佯装将伤者抬上车送往医院过程中，又将伤者抛弃，且当时天色已黑，天下大雨，路滑，路上少有人行走，伤者的生命安全完全依赖于行为人的保护，但行为人却将其扔到路边草丛中，即使是路上偶有行人也很难发现伤者，这样伤者就基本上丧失了获得他人救助的可能性，行为人也因此对危险发展的进程形成了排他性的支配关系，因而其不作为便具有了故意杀人罪的实行行为性质，应当构成故意杀人罪。

（2）行为人在当时的情况下完全有条件、有能力将伤者送往医院救治，行为人将伤者抬上车后，不送往医院，而是在中途掉转车头，将伤者抬下车，弃于路边，真正是“能为而不为”，因此完全符合不作为故意杀人罪的第二个条件。

（3）行为人的不作为与受害者的死亡之间具有因果关系。正是由于伤者得不到及时抢救而死亡，如果伤者能够得到及时抢救，即行为人肇事后立即将伤者送往医院，就可以近乎肯定地避免其死亡。

（4）关于行为人的心理态度。本案中，受伤者被撞伤后，行为人将之抬上车又抬下车，且伤者是个年迈的老者，其对伤害的承受能力肯定大大削弱，且当时天下大雨，伤者躺在路边草丛中，行为人作为一个精神健全的成年人对其行为的后果不可能预料不到，受伤者被撞伤之后，能否被他人救助，对行为人来说是个未知数。虽然行为人也可能寄希望于别人的及时发现而将伤者抢救，但其并不符合轻信能够避免的过于自信过失的心理特征，相反，这种情况下其采取了不闻不问、漠然置之的态度，其主观上完全符合间接故意杀人的心理特征。

综上，许某交通肇事致他人重伤后又将伤者抛弃而逃跑的行为完全符合不作为的故意杀人罪的特征，因此，应当认定为故意杀人罪。

▶ 3. 如何理解和把握犯罪的危害结果？

【宣讲要点】

任何危害行为都会给刑法所保护的社会关系造成损害，但只有危害行为已经造成的实际损害事实才是真正的“危害结果”。当刑法分则条文对其作出明文规定时，该种特定的危害结果便成为这些犯罪在客观上的必备条件了。因此，它也是犯罪客观方面的特殊条件。危害结果的主要特征如下。

（1）危害结果的客观性，即危害结果是客观存在的。危害结果是一种不以人们的意志为转移的客观事实，是实际存在的损害事实，这种损害事实是由行为直接造成的，其性质和程度虽然需要人们去认识、发现与判断，但却不能随意进行解释或者擅自予以改变。

（2）危害结果的因果性。危害结果由危害行为造成，危害行为是原因，危害结果是原因引起的后果；不是危害行为造成的结果，就不是危害结果。危害结果固然是危害行为造成的，但不能认为任何危害行为都必然造成危害结果。行为与结果不统一的现象大量存在，行为人实施一定的危害行为总是期望达到一定的结果或者按照因果法则会发生一定危害结果，但可能由于主客观条件的限制而导致行为没有实施终了或者危害结果没有发生。

（3）危害结果的侵害性。危害结果是表明刑法所保护的法益遭受侵害的事实，或者说是反映行为的社会危害性的事实。当危害结果是犯罪构成的要件时，它对犯罪的社会危害性起决定性作用；当危害结果不是犯罪构成的要件时，它对犯罪的社会危害性大小也起影响作用。如果某种事实现象并不反映行为对法益的侵害，即使它是危害行为引起的，也不能认为是危害结果。当然，危害结果不等于社会危害性、法益侵害性，前者是危害行为造成的一种具体事实；后者是犯罪行为的本质特征；危害结果作为犯罪客观方面的一个因素，只是从一个方面反映行为的社会危害性，而不能将其视为决定社会危害性有无与大小的唯一因素。

（4）危害结果的现实性。危害结果是危害行为已经实际造成的侵害事实。那种危害行为可能造成而还没有实际造成的所谓侵害“事实”，不是危害结果，只是人们根据因果法则与实践经验判断认为行为成功就会出现的“结果”；它不是客观存在的，而是人们推测可能出现的；这种推测虽有一定依据，但毕竟不是现实的、客观存在的；如果将这种推测的、可能发生的现象当作危害结果，就可能混淆主观与客观的区别，在直接故意犯罪中，则可能混淆犯罪目的与危害结果的区别。

（5）危害结果的多样性。危害结果形形色色、多种多样，即具有多样性。危害结果的多样性是由危害行为的多样性、法益的多样性、行为对象的多样性等决定的。但不论表现形式如何，只要已经出现的事实是由危害行为造成的，并且说明危害行为对法益的侵害性，该事实就是危害结果。

所以，危害结果并不限于物质性结果。

（6）危害结果的法定性。作为犯罪客观方面的一个特殊条件，危害结果本身具有“法定性”，即只有当刑法对它们作出明文规定以后，它们才具有犯罪构成要件上的意义，才能够成为某些特定犯罪在客观上的必备条件。例如我国刑法中所规定的过失犯罪，都必须是已经造成了严重危害结果的，才构成犯罪。如果刑法分则条文没有对危害结果作出明文规定，它们就不可能成为这些犯罪的构成要件。例如刑法第232条规定的“故意杀人罪”，就没有危害结果的要求，无论故意杀人行为是否在客观上造成他人死亡，对故意杀人罪的成立都不产生影响。从这个意义上说“危害结果并不是构成所有的犯罪在客观上的必备构成要件”。

【典型案例】

曲某等人过失致人死亡案

2008年4月3日，被告人曲某、刘某代表北京长丰康盛房地产经纪有限公司朝阳第十五分公司与郭德海签订了房屋出租代理合同。同年4月18日该公司又与北京紫松琳房地产经纪有限公司的销售经理即被告人刘某某签订了房屋租赁合同。后被告人曲某、刘某明知所代理出租的郭德海所有的建国门外光辉南里5号楼2单元209室安装的燃气热水器存在安全隐患，并向郭德海承诺在出租该房屋前予以修理排除，但却在房屋未排除安全隐患的情况下将该室出租给北京紫松琳房地产经纪有限公司。被告人刘某某作为该公司房屋租赁的负责人，在对所租赁房屋内的设备是否安全产生质疑时未坚持进行检查，且轻信被告人刘某所讲租赁房屋内的设备安全完好，并违反所签协议居住3人至5人的约定，即于同年4月21日安排了10名公司员工入住，24日凌晨，居住在该室的公司员工田甜（女，22岁，河北省人）等9人因长时间持续使用燃气热水器而致一氧化碳中毒死亡，只有单独居住在该室小间卧室内的被害人王俊幸免。

北京市朝阳区人民法院经审理后认为，被告人曲某、刘某、刘某某的行为已触犯了刑法，构成过失致人死亡罪，根据三被告人犯罪的事实、犯罪的性质、情节和对社会的危害程度，依法判决被告人曲某犯过失致人死亡罪，判处有期徒刑5年；被告人刘某犯过失致人死亡罪，判处有期徒刑5年；被告人刘某某犯过失致人死亡罪，判处有期徒刑3年。一审宣判后，三被告人提出上诉，二审法院经审理裁定驳回上诉，维持原判。

【专家评析】

我国刑法总则第15条规定：应当预见自己的行为可能发生危害社会的结果，因为疏忽大意而没有预见，或者已经预见而轻信能够避免，以致发生这种结果的，是过失犯罪。刑法分则第233条规定：过失致人死亡的，处3年以上7年以下有期徒刑；情节较轻的，处3年以下有期徒刑。本法另有规定的，依照规定。

过失犯罪的行为人在法律上承担责任，主要原因在于行为人主观上对自己的过失行为可能发生危害社会的结果没有预见或没有认识，而这种预见或认识在特定情形下是因为行为人违反了法律和道德、常理所要求的注意义务，即具有注意能力的人对注意义务的违反，从而导致了危害社会的结果。注意义务根据程度不同，可分为一般程度之注意义务，即一般人的注意义务；密切注意之义务，这是一种注意程度较高的注意义务，它通常是业务上的注意义务；最密切之注意义务是最高程度的注意义务，其外延较窄，极少数高度危险行业中的注意义务属此类范畴。同时，业务过失比普通过失的注意义务程度高，重过失比轻过失的注意义务程度高。正是由于注意义务有程度的差别，普通公民只履行一般注意义务；特殊主体不仅要履行一般注意义务，还须履行特别注意义务。研究注意义务程度，主要是为了确定行为人的刑事责任，实现刑法适用的个别化，达到刑罚的公正。

本案中，被告人曲某、刘某身为房屋出租公司的员工，基于业务上的要求，应对其出租房屋的安全性负责，及时发现和排除安全隐患，其负有避免危害结果发生的注意义务不言而喻；刘某某身为承租人，其明知所承租的房屋是为公司员工使用，按照常理，亦应对房屋的安全性负责，负有避免危害结果发生的注意义务。此外，基于出租房屋属于曲某、刘某的业务行为，其所负的业务上的密切注意义务程度高于刘某某所负的一般程度之注意义务。本案中，三被告人的行为实质上均是在具有注意能力的前提下违反了注意义务，且造成严重后果，致9人死亡，均构成过失致人死亡罪。此外，鉴于曲某、刘某属于业务行为，其违反的是业务上的注意义务，程度较高，根据罪责刑相适应原则，判处其有期徒刑5年。刘某某作为社会一般人，违反一般注意义务，程度较低，判处其有期徒刑3年。

▶ 4. 如何认识危害行为与危害结果之间的因果关系？

【宣讲要点】

在通常情况下，危害行为与危害结果之间的因果关系是清晰可辨的，并不会发生认定上的困难，但是在多因一果、一果多因等情况下，因果关系将表现得错综复杂，常常会给行为人刑事责任的正确认定带来一定困难。理解刑法规定的因果关系，需要把握以下几点。

（1）作为因果关系的结果，是指法律所要求的已经造成的有形的、可被具体认识、测量、计算的危害结果。因此犯罪构成中不包含、不要求物质性危害结果的犯罪，一般不存在解决因果关系的问题。

（2）刑法因果关系中的原因，是指危害社会的行为。如果查明某人的行为是正当的、合法的行为而不具有危害社会的性质，那么即使其行为与危害结果之间有着某种联系，也不能认为具有刑法意义上的因果关系。在有些案件中，案件事实十分复杂，存在着“一果多因”和“一因多果”的情形。前者是指某一危害结果是由多个原因造成的，主要体现在责任事故类过失犯罪案件中以及共同犯罪案件中。后者是指一个危害行为可以同时引起多种结果的情况。

因果关系的确认，只是解决了追究行为人刑事责任前提条件的问题，并不意味着就应当追究行为人刑事责任。换言之，即危害行为与危害结果之间存在因果关系，是追究行为人刑事责任的必要条件而不是充分条件。

【典型案例一】

被告人徐某抢劫案

被告人徐某事先购置了水果刀和墨镜等作案工具，以乘车为名，于2011年4月29日晚7时30分许乘坐被害人朱金芳驾驶的车牌号为苏L28243的吉利牌出租轿车。当车行至沪宁高速公路河阳段由东向西约220公里处时，被告人徐某让被害人朱金芳在应急车道上停车，随即在车内持水果刀顶住被害人朱金芳胸部，对朱金芳实施抢劫，并致被害人朱金芳的右侧肩部受伤，创腔5厘米，深达骨质。被害人朱金芳下车呼救，被车牌号为沪EV0824的大众途观轿车撞倒，经抢救无效于当日死亡。徐某趁被害人朱金芳慌乱逃生之际，攀爬护栏逃离现场。徐某劫得钱包一个，内有人民币700余元，后于2011年11月24日被抓获归案。

2011年5月31日，江苏省镇江市公安局交通巡逻警察支队高速公路一大队出具道路交通事故证明：朱金芳系苏L28243的吉利牌轿车的驾驶人，因被人抢劫，在应急车道内停车后离开车辆。现有证据已无法查实、查清交通事故原因。

江苏省丹阳市人民法院经审理作出判决，认定被告人徐某构成抢劫罪，判处其有期徒刑14年6个月，剥夺政治权利4年。

【专家评析】

本案的焦点问题之一是被告人徐某的抢劫行为与被害人朱金芳的死亡之间是否具有刑法上的因果关系？现分析如下。

第一，被告人徐某主观上对被害人朱金芳死亡结果的发生具有现实预见性。

根据罪责刑相适应的刑法原则，对于“抢劫致人死亡”这一结果加重犯的认定，首先必须要求行为人对该死亡结果的发生存在主观过错，即要求行为人对被害人的死亡结果具有预见可能性，以行为人“应当和可能预见被害人死亡的结果”为限，对于没有预见可能性而发生被害人死亡的加重结果的，不能将加重结果的罪责归于行为人，只能将其作为一种量刑情节加以考虑。本案中，被告人徐某选择在夜晚的全封闭高速公路这一特定时间、特定地点持刀抢劫，并且已经用事先准备的水果刀刺伤了被害人朱金芳，被告人徐某应当预见到被害人朱金芳极有可能会下车呼救，对被害人下车呼救时可能因慌不择路不遵守交通规则，而被高速公路上高速行驶的来往车辆撞死存在预见可能性。

第二，被告人徐某的抢劫行为是被害人朱金芳下车呼救最终被车撞死的直接原因。

本案中，被告人徐某采用刀具威胁、掐脖子等手段实施抢劫行为，不仅实际造成了被害人右侧肩部一处5厘米的创口，且对被害人的精神形成了巨大的威胁。也就是说，暴力抢劫行为已经对被害人造成实际的身体伤害和精神威胁，在这一特定的时空环境下，被告人徐某的暴力抢劫行为是迫使被害人朱金芳出于本能而选择仓皇逃生并积极呼救的唯一外在因素。被告人徐某与被害人朱金芳几乎同时下车，被害人下车呼救时不法侵害并未结束，被害人尚未脱离被告人的控制领域，此时被害人由于被告人的抢劫行为而慌乱无措，被害人跑上快车道呼救实属别无选择。法律不能过分苛求被害人朱金芳在面临重大而紧迫的生命威胁面前仍保持足够的理性与镇定，以谨慎选择其他更好的处置方案。没有徐某的暴力劫取财物行为，被害人就不会慌不择路地逃向快车道。所以，被告人徐某的抢劫行为与朱金芳仓皇逃离行为之间具有直接的因果关系。

第三，被害人被路过车辆撞击致死不能中断徐某抢劫行为与该死亡结果之间的因果关系。

刑法上的因果关系是考察犯罪构成的重要内容之一，只有行为和结果之间具备了刑法上的因果关系，行为才具备被认定为刑事犯罪的可能性。如果行为和结果之间没有引起与被引起的关系，只是时间或者其他情形下的巧合偶遇，则不能将该行为评价为引起该危害结果的原因，进而认定为犯罪。抢劫致人死亡，包括故意杀死被害人，也包括因过失致被害人死亡。无论是故意致人死亡，还是过失致人死亡，抢劫行为与死亡结果之间都必须具有这种引起与被引起的关系，如果二者间不具有引起与被引起的关系，就不能将该结果评价为抢劫的加重结果，否则就是客观归责。

虽然本案中被害人朱金芳的死亡是由路过的其他车辆撞击所致，但是，根据刑法因果关系中断的理论，其他车辆撞死被害人这一外在因素的介入，并不能中断徐某抢劫行为与发生被害人死亡结果之间的因果关系。判断因果关系是否中断，关键是要认定介入的原因是否属于异常原因，如果介入的原因属于通常的介入因素，则不能中断因果关系的发展。本案中，被害人朱金芳在夜深人静的高速公路上突然遭受暴力抢劫受伤，且被告人的暴力威胁还在继续，尽快脱离危险境地是人的本能反应，其本身并无过错；虽是夜晚，但高速路上车流量仍很大，过往车辆司机也无法预料会突然有人闯入快车道；司机本身无过错，其驾车行为属于通常的介入因素。如果没有被告人徐某的抢劫行为，被害人的死亡结果便不可能发生。所以，被告人徐某的抢劫行为与被害人朱金芳的死亡结果之间具有引起与被引起的关系，即过路车辆撞死被害人并不能中断被告人徐某抢劫与死亡结果之间的因果关系，被害人死亡应认定系抢劫的结果。

第六章

正当防卫与紧急避险

▶ 1. 如何理解正当防卫?

【宣讲要点】

根据我国刑法第 20 条的规定，正当防卫是指为了使国家、公共利益、本人或者他人的人身、财产和其他权利免受正在进行的不法侵害，采取对不法侵害人造成损害的方法、制止不法侵害且未明显超过必要限度的损害行为。理解我国刑法中正当防卫的概念应注意把握以下几点。

（1）防卫目的的正义性。实行正当防卫必须是为了使国家、公共利益、本人或者他人的人身、财产和其他权利免受正在进行的不法侵害。这是正当防卫的主观条件。

（2）防卫行为的针对性。实行正当防卫必须是针对正在进行的不法侵害行为，这种不法侵害行为既包括暴力行为，也包括非暴力行为，同时，须具有社会危害性、违法性、现实性、紧迫性，但并不要求已达到犯罪的程度，对违反治安管理等违法行为，也可以实施正当防卫。这是正当防卫的起因条件。实行正当防卫必须是对不法侵害者本人，也包括共同进行不法侵害的参与人，但不能损害第三者。

（3）防卫行为的适时性。实行正当防卫必须是针对正在进行的不法侵害行为，即不法侵害的行为已经开始且尚未终结，不能实行提前防卫或者事后防卫。

【典型案例】

吴某故意杀人案

北京市海淀区北安河乡北安河村农民孙某、李某曾是某饭店职工。孙某于2003年8月离开饭店，李某于同年9月9日被饭店开除。9月9日晚9时许，李某、张某（同系海淀区北安河村农民）将孙某叫到张某家，称尹某向饭店经理告发其三人在饭店吃饭、拿烟、洗桑拿没有付钱，致使李某被开除；并说孙某追求尹某，尹某却骂孙某傻。孙某听后很气恼，于是通过电话威胁尹某，扬言要在尹某身上留记号。三人当即密谋强行将尹某带到山下旅馆关押两天。当晚11时许，三人上山在饭店外伺机等候。次日凌晨3时许，三人强行破女工宿舍门而入。孙某直接走到尹某床头，李某站在被告人吴某床边，张某站在宿舍门口。孙某进屋后，掀开尹某的被子欲强行带走尹某，遭拒绝后，便殴打尹某并撕扯尹某的睡衣，致尹某胸部裸露。吴某见状，下床劝阻。孙某转身殴打吴某，一把扯开吴某的睡衣致吴某胸部裸露，后又踢打吴某。吴某顺手从床头柜上摸起一把刃长14.5厘米、宽2厘米的水果刀将孙某的左上臂划伤。李某从桌上拿起一把长11厘米、宽6.5厘米、重550克的铁挂锁欲砸吴某，吴某即持刀刺向李某，李某当即倒地。吴某见李某倒地，惊悚片刻后，跑出宿舍给饭店经理拨打电话。公安机关于当日凌晨4时30分在案发地点将吴某抓获归案。经鉴定，李某左胸部有2.7厘米的刺创口，因急性失血性休克死亡。

北京市海淀区人民法院认为：涉案女工宿舍是单位向女服务员提供的休息和处理个人隐私事务的住所。未经许可闯入女工宿舍，严重侵犯住宿人的合法权利。本案中，孙某、李某、张某事前曾预谋将尹某带下山关押两天，要在尹某身上留下记号；继而三人上山，强行进入女工宿舍，图谋不轨。被告人吴某于夜深人静之时和孤立无援之地遭受了殴打和欺辱，身心处于极大的屈辱和恐慌中。此时，李某又举起铁挂锁向其砸来。面对这种情况，吴某使用手中的刀子进行防卫，没有超过必要的限度。其行为属于正当防卫，不负刑事责任，判决被告人吴某无罪，且不承担民事赔偿责任。

【专家评析】

正当防卫是指为了使国家、公共利益、本人或者他人的人身、财产和其他权利免受正在进行的不法侵害，而对不法侵害者实施的制止其不法侵害，且未明显超过必要限度的损害行为。结合正当防卫及特别防卫的构成要件分析，本案被告人吴某的伤害致人死亡的行为确属正当防卫，且属于特别防卫。具体分析如下。

（1）被告人吴某的行为防卫意图明显，防卫对象正确，且防卫适时。孙某等人在凌晨3时左右闯入女工宿舍后，殴打女服务员、撕扯女服务员的衣衫，这种行为足以使宿舍内的三名女服务员因感到孤立无援而产生极大的心理恐慌。在自己和他人的人身安全受到严重侵害的情况下，被告人吴某顺手摸到一把水果刀指向孙某，将孙某的左上臂划伤并逼退孙某。此时，防卫者是受到侵害的吴某，防卫对象是闯入宿舍并实施侵害的孙某，防卫时间是侵害行为正在实施时，该防卫行为显系正当防卫。

当孙某被被告人吴某持刀逼退后，李某又举起长11厘米、宽6.5厘米、重550克的铁挂锁欲砸吴某。对李某的行为，不应解释为是为了制止孙某与吴某之间的争斗。在进入女工宿舍后，李某虽然未对尹某、吴某实施揪扯、殴打，但李某是遵照事前的密谋，与孙某一起于夜深人静之时闯入女工宿舍的。李某既不是一名旁观者，更不是一名劝架人，而是参与不法侵害的共同侵害人。李某举起铁挂锁欲砸吴某，是对吴某的继续加害。吴某在面临李某的继续加害威胁时，持刀刺向李某，其目的显然仍是为避免遭受更为严重的暴力侵害。面对这种情况，吴某使用手中的刀子进行防卫，没有超过必要的限度。吴某面对这种危急状况，并没有时间和机会选择其他防卫方式，其持刀刺向李某，完全系不得已而为之的本能防卫反应，吴某对于李某的侵害行为可以进行特别防卫。此时还要求其选择其他的求助方式或依赖、等待外援，过于严格。

（2）李某等人的侵害行为属于行凶，且已经达到严重危及人身安全的程度，吴某对此可以进行特别防卫。刑法第20条第1款规定：“为了使国家、公共利益、本人或者他人的人身、财产和其他权利免受正在进行的不法侵害，而采取的制止不法侵害的行为，对不法侵害人造成损害的，属于正当防卫，不负刑事责任。”刑法第20条第3款规定：“对正在进行行凶、杀人、抢劫、强奸、绑架以及其他严重危及人身安全的暴力犯罪，采取防卫行为，造成不法侵害人伤亡的，不属于防卫过当，不负刑事责任。”特别防卫只能针对“严重危及人身安全的暴力犯罪”。

具体到本案，对于李某等人的侵害行为是否达到足以危及人身安全的程度，应该结合侵害行为暴力程度的严重性、紧迫性和受害人的性别、侵害行为发生的时间、地点、环境等因素综合考虑。首先，从侵害人和被侵害人双方的性别对比来看，孙某等人是三名年轻力壮的当地男子，受威胁、侵害的是三名外地打工的年轻女子，而其中只有一名女子敢于防卫，另外两名女子在受到侵害、惊吓的情况下无任何反抗之举，且实际上在高度恐慌的情况下也无任何抵抗之力。一名年轻女子面对三名年轻男子，如果不寻求其他非正常手段，也是没有足够的力量能够对抗侵害的。其次，从侵害行为发生时的具体时空环境来看，当时已是凌晨3点，正是夜深人静，人们睡意正浓之时，饭店的客人和厨师早已熟睡；从现场环境来看，饭店大院里，客人住所离女工宿舍尚远，厨师也住在二楼，房门紧闭。在这种时间和地点下，三名女子被围困在空间狭小的宿舍里，实际已经处于孤立无援的境地。正是在双方这种力量对比悬殊以及特殊的时空状态下，李某举起长11厘米、宽6.5厘米、重550克的铁挂锁欲砸吴某。可能有人认为：李某的这一单个侵害行为可能不会危及吴某的生命安全。但是，必须考虑到这一侵害行为的强度也有可能危及吴某的生命安全，至少是身体健康。同时，也必须结合李某等人的先行侵害行为的性质、所造成的危急程度和受侵害人的性别以及当时的具体环境，来综合评价李某这一单个侵害行为的强度、给吴某造成危害的紧迫程度。特别是这种紧迫程度，还必须考虑吴某在深夜被三名破门而入的男子殴打、侮辱后，女性受侵害人心理产生的恐慌程度。综合考虑上述因素，可以判断，本案无论从防卫人、防卫目的还是从防卫对象、防卫时间看，吴某的防卫行为都是正当的。由于吴某是对严重危及人身安全的暴力行为实施防卫，故虽然造成李某死亡，也在刑法第20条第3款法律许可的幅度内，不属于防卫过当，依法不负刑事责任。

▶ 2. 如何认定不法侵害？

【宣讲要点】

正当防卫只能针对不法侵害实施，这是正当防卫的本质所在，也是正当防卫可以不负刑事责任的关键所在。认定不法侵害应注意以下两个方面。

（1）必须有不法侵害存在。目前的理论通说认为，正当防卫要求的只是不法侵害存在，并没有将其起因条件局限于犯罪行为，不法侵害的外延要比犯罪宽泛得多。只要是不法侵害行为，并不要求它已经达到或将要达到犯罪程度。

（2）不法侵害的存在具有现实性。即不法侵害须客观真实地存在，而不是行为人所臆想的。正当防卫必须在不法侵害正处于已经开始并且尚未结束的时间阶段进行。“正在进行的”，首先是客观存在的，而不是主观想象的或者推测的；其次是已经着手实施或直接面临的，而不是尚未开始或者已经结束了的侵害。

【典型案例】

谢某假想防卫过失致人重伤案

1999年12月6日晚11时许，被告人谢某起身入厕，见陌生人史某（男，16岁，送奶员）骑自行车从其居住的江苏省无锡市新市场后1号门口经过，认为其形迹可疑，遂尾随其后查看。见史某向前骑至一拐角处，将自行车停靠在该处路灯下，右向拐进小弄，至新市场后7号门口，用手开门旁的窗户。谢某跟至史某身后五六米处停下，查问史某是干什么的，史某答：“你管我是干什么的？”谢某听后未作声，返身至一邻居家，对邻居讲："有贼，快跟我去捉贼！"并从门后拿了一根晾衣用的铁叉返回现场，见史某正欲推自行车离开，遂用铁叉向史某头部打去，正击中史某的嘴部，致史某7颗牙齿脱落。随后赶至的邻居认出史某系送奶员，谢某也发现了自行车倒下后从篓筐中散落在地的牛奶瓶，才知史某身份。经法医鉴定，史某的损伤已构成重伤。案发后，谢某已赔偿史某经济损失1万元。

该案一审判决被告人谢某犯过失致人重伤罪，判处有期徒刑1年。在二审程序，无锡市中级人民法院经审理认为，鉴于被告人谢某出于正当动机，过失造成他人重伤，且在案发后已赔偿被害人的经济损失，根据其犯罪情节对其适用缓刑确实不致再危害社会，故依法改判被告人谢某犯过失致人重伤罪，判处有期徒刑1年，缓刑1年。

【专家评析】

第一，谢某的行为构成假想防卫。

（1）谢某存在对事实的认识错误。所谓假想防卫，是指客观上并不存在正在进行的不法侵害，但由于行为人主观上发生认识错误，误以为存在不法侵害而对想象的不法侵害人实施"防卫"的行为。基于认识错误而实施防卫行为，是假想防卫的本质特征。从本案的情况看，首先，案件的发生有特定的时间和环境，在冬天的深夜，被害人在这个时间段送牛奶，不合常理；其次，被害人本身的行为也误导了被告人，一般送牛奶是投放于订户的奶桶中，而被害人却开窗投放；最后，尽管双方有过对话，但双方对话的内容并不足以让谢某澄清被害人的身份。而且从现场勘查的情况看，路灯装在拐角的另一侧，无法照到被害人所在位置，谢某在被害人身后约四五米，处在背光的位置，也不可能清楚地看到被害人所有动作的细节及手中的奶瓶。从当时特定的时间、环境条件并结合普通人在这种条件下的一般反应，谢某产生认识错误具有可能性，能够得到合理的解释。从谢某其后对邻居讲"有贼，快跟我去抓贼"的言行看，足以证明当时谢某的确将被害人认作小偷，存在着认识错误。

（2）谢某主观上存在防卫意识和防卫目的，针对假想的不法侵害人实施了防卫行为。谢某主观上具有抓小偷的意识，其目的具有正义性，即是为保护他人的财产权利免受不法侵害而采取了制止假想中的“不法侵害行为”的措施。

(3) 谢某的行为侵害了无辜者的合法权益，具有社会危害性。假想防卫是基于认识错误而采取的防卫行为，大多数情况下行为人对认识错误的产生在主观上有过错，因而在刑法上具有可责性。假想防卫本来就不属于正当防卫，正当防卫是在对事实有正确认识的基础上实施的，而假想防卫则须运用刑法上认识错误的理论来处理，两者的立足点根本不同，刑法的评价也截然不同。

第二，谢某的主观心理状态是过失。

关于谢某主观心理状态的认定问题，假想防卫阻却故意，这是由其本身的特点决定的，行为人出于正当的防卫意识和防卫目的，误认为他追求的结果有益于社会，从而没有认识危害社会的结果。在这种情况下，行为人的主观认识与客观事实产生了不一致，客观事实明显超出了行为人主观认识范围，根据“主客观一致”的原则，行为人只可能存在有过失。如果行为人无法避免认识错误，则属于意外事件。

在本案中，谢某在主观上明显存在过失。从当时的情况看，被害人史某将自行车停放在拐角处路灯下，自行车前篓中装有牛奶；两人有过对话；谢某看到被害人在开窗户，但并无证据证明被害人实施了盗窃行为；在谢某查问后，被害人也并没有惊慌失措地逃跑。据此，谢某应当能预见被害人不是小偷从而避免最终损害结果的产生，但尽管现场提供了可预见的条件，谢某仍未能预见到，属疏忽大意的过失。故法院以过失致人重伤罪对谢某定罪处刑是正确的。

▶ 3. 如何认定防卫过当?

【宣讲要点】

正当防卫不能超过必要的限度。在认定必要限度标准的时候，主要应当考虑下列因素。

（1）不法侵害的强度。正当防卫是为制止不法侵害所采取的行为，而必要限度应当以足以有效地制止不法侵害行为为限度。在一般情况下，不法侵害的强度决定了正当防卫的强度进而决定了必要限度，但不能要求两种强度绝对相等。所谓不法侵害的强度，是一个综合性的指标，它包括行为的性质、这一行为对客体所造成损害结果的轻重以及造成这种损害结果的手段、工具的性质和打击部位等因素的统一。在分析具体案件时，要把以上几个强度构成因素综合起来考虑。在防卫强度小于或相当于侵害强度的情况下，不存在超过正当防卫的必要限度的问题。

（2）不法侵害的缓急。不法侵害的强度虽然是考虑正当防卫是否超过必要限度的重要因素，但不能把侵害强度在考虑正当防卫必要限度中的作用绝对化。应当同时考虑不法侵害的缓急，即不法侵害的紧迫性。

（3）不法侵害的权益。不法侵害的权益，正是正当防卫所保护的权益。不法侵害的权益决定了不法侵害的性质，也在一定程度上决定了不法侵害的强度和缓急。就不法侵害的缓急而言，杀人显然比盗窃等不法侵害更加紧迫。炸毁重要国防设施的急迫程度显然要大于盗窃国防设施的急迫程度。

在现实生活中，不法侵害的强度、缓急和权益诸因素是互相联系、互相渗透、融为一体的，不可分割，只有把它们结合起来全面分析，才能正确地确定正当防卫的必要限度。

一个人在受到他人的不法殴打时，有权进行正当防卫。但是，正当防卫超过了必要限度的，应当承担相应的刑事责任。如果一个人在受到他人的不法殴打时，一时激怒将其杀死，杀死他人的行为显然超过了必要限度，应当认定为防卫过当，承担相应的刑事责任。防卫过当是指防卫明显超过必要限度造成重大损害应当负刑事责任的行为。防卫过当的成立条件如下。

（1）有不法侵害的存在。不法侵害的存在即存在现实的不法侵害，是正当防卫的基础条件，也是构成防卫过当的前提条件。我国刑法第 20 条第 3 款规定，对正在进行行凶、杀人、抢劫、强奸、绑架以及其他严重危及人身安全的暴力犯罪，采取防卫行为，造成不法侵害人伤亡的，不属于防卫过当，不负刑事责任。也就是说，构成防卫过当的基础条件的不法侵害不能是行凶、杀人、抢劫、强奸、绑架以及其他严重危及人身安全的暴力犯罪，而只能是危害社会的其他犯罪行为，并还要有攻击性、破坏性、紧迫性这样的特征犯罪及其他严重危及人身安全的犯罪行为。在意识上，防卫人必须认识到自己的行为是在情况紧迫下，为了保护国家公共利益、他人和自己的合法权益不受非法侵害，不得已而采取的防卫行为。

（2）不法侵害正在进行时实施防卫。不法侵害正在进行时所实施的防卫才有可能构成防卫过当，这种防卫行为是针对实施不法侵害的人。

（3）防卫行为明显超过必要限度而造成重大损害。防卫人出于疏忽大意的过失或者过于自信的过失以及间接故意，超过必要限度而造成严重的危害结果，应当根据防卫人主观上的罪过形式及客观上造成的具体危害结果来确定罪名。我国刑法规定对于防卫过当应当减轻或者免除处罚。

【典型案例】

刘某故意伤害案

2004年11月4日晚上8时15分，被告人刘某与女同事姜某从单位下班，途经“万福楼”超市门口时，姜某因遭李某和吴某的无故骚扰而惊叫，正在前方不远处行走的被告人刘某听到喊声回头询问时，与吴某、李某同行的被害人薛某即上前对被告人刘某进行殴打，李某和吴某则在其身后对其围殴。后被告人刘某用随身携带的弹簧刀刺向被害人薛某，刺中薛某的左胸口部后即逃离现场。被害人薛某与李某、吴某追赶被告人刘某时，因失血过多、体力不支倒地，被送至医院后经抢救无效死亡。经鉴定，被害人薛某系被利器刺破心、肺，引起大出血，致急性心包填塞伴失血性休克死亡。次日，被告人刘某向公安机关投案。在法院审理期间，被告人刘某委托其家属赔偿了被害人家属的部分经济损失。

法院经审理认为，被告人刘某的加害行为是在被被害人薛某等人无故殴打后实施的，符合正当防卫的起因条件和时间条件；被告人刘某持刀伤人的目的是保护自己的人身安全，对象是对其实施殴打的被害人薛某。因此也具备了正当防卫的目的条件和对象条件。但是，被告人刘某的防卫行为明显超过必要限度，并且造成被害人薛某死亡的严重后果，故不具备正当防卫的限度条件，构成防卫过当，其行为已构成故意伤害罪，应承担刑事责任，依法予以减轻处罚。被告人刘某有自首情节，依法予以从轻处罚。考虑被告人刘某赔偿被害人部分经济损失，适当酌情从轻处罚。因此，依法以被告人刘某犯故意伤害罪，判处有期徒刑5年，作案工具没收。

【专家评析】

本案是一起因防卫过当引发的故意伤害致人死亡案，被告人刘某的行为已构成故意伤害罪。本案被告人刘某在夜晚行路时，见女同事被他人无故骚扰惊叫时，即回头询问，以制止女同事面临的不法侵害。但遭到对方三人的围攻和殴打，为了制止这种针对自己的不法侵害，也为了防止对方针对女同事进一步侵害的可能性，刘某采取了防卫措施，用随身携带的弹簧刀刺向其中一人的胸口，最后造成其死亡。在现代社会高度注重保护人权的趋势下，公民的人权，特别是公民的生命权利，其价值是第一位的，应当得到最重要的保护。本案中虽然被害人有不法侵害在先，但其生命权仍然要得到平等的保护，被告人侵害其生命权，理应受到否定的评价，依法予以追究。刘某采取的防卫措施超过了必要的限度，因防卫过当而构成故意伤害罪。

依照刑法第234条规定，被告人刘某故意伤害他人身体并致人死亡，其法定刑幅度为10年以上有期徒刑、无期徒刑或者死刑。综观整个案件，也有其针对不法侵害见义勇为积极的一面，法律对此应予肯定评价。而作为被害人一方，因为其骚扰单身行走女性的不法行为在先，又围攻和殴打制止其不法行为的被告人，最后引发案件，法律对不法侵害者的行为也应当体现否定评价。对刘某防卫过当的法定量刑要素，法律规定应当减轻或者免除处罚。又考虑到被告人防卫过当本身的情节，毕竟造成了被害人死亡的后果，同时，被告人刘某犯罪以后主动投案，如实供述自己的罪行，构成自首，依法予以从轻处罚。另外，被告人刘某赔偿被害人部分经济损失，也应适当酌情从轻处罚。因此，法院经综合考量全案情节、后果，依法判处被告人有期徒刑5年。

【法条指引】

中华人民共和国刑法

第二十条 为了使国家、公共利益、本人或者他人的人身、财产和其他权利免受正在进行的不法侵害，而采取的制止不法侵害的行为，对不法侵害人造成损害的，属于正当防卫，不负刑事责任。

正当防卫明显超过必要限度造成重大损害的，应当负刑事责任，但是应当减轻或者免除处罚。

对正在进行行凶、杀人、抢劫、强奸、绑架以及其他严重危及人身安全的暴力犯罪，采取防卫行为，造成不法侵害人伤亡的，不属于防卫过当，不负刑事责任。

▶ 4. 紧急避险的构成要件是什么?

【宣讲要点】

紧急避险是指为了使国家、公共利益、本人或他人的人身、财产和其他权利免受正在发生的侵害，不得已而采取的损害另一较小合法权益的行为。紧急避险的本质在于，当两个合法权益相冲突，又只能保全其中之一的紧急状态下，法律允许为了保全较大的权益而牺牲较小的权益。构成紧急避险需要符合下列条件。

（1）正当的避险意图。行为人的主观条件即行为人必须有正当的避险意图，即避险人对正在发生的危险有明确的认识，并希望以避险手段保护较大的合法权益的心理状态。包括避险认识和避险目的两部分内容。

其一，避险认识。主要是对正在发生的危险的认识。包括：一是认识到正在发生的危险存在；二是认识到这种危险只能以紧急避险的方法来排除；三是认识到损害一个较小的合法权益可以达到避险的目的。

其二，避险目的。即行为人实施避险行为所希望达到的结果。行为人只能出于避免国家、公共利益、本人或他人的人身、财产或其他权利遭受正在发生的危险这一正当目的，才能进行紧急避险，不能为了保护非法利益而实施所谓的紧急避险。

（2）正当的避险起因。只有当合法权益遭受损害危险时，即对合法权益造成危害紧迫的事实状态前提下，才具备正当的避险起因。危险主要有：一是人的行为，而且必须是危害社会的违法行为。前面已经说过，对于合法行为，不能实行紧急避险。二是自然界的力量，例如火灾、洪水、狂风、大浪、山崩、地震等。三是来自动物的侵袭，例如牛马践踏、猛兽追扑等。在以上原因对国家利益、公共利益和其他合法权利造成危险的情况下，可以实行紧急避险。

如果实际并不存在着危险，由于对事实的认识错误，行为人善意地误认为存在这种危险，因而实行了所谓紧急避险，在刑法理论上称为假想避险。

（3）避险时间。紧急避险的时间条件是损害危险正在发生或迫在眉睫，对合法权益形成了紧迫的、直接的危险。紧急避险只能在危险已出现而又尚未结束这一时间条件下进行，否则就不是紧急避险。

（4）避险对象。紧急避险针对的是第三者的合法权益。其本质特征，就是为保全一个较大的合法权益，而将其面临的危险转嫁给另一个较小的合法权益。因而紧急避险行为所指向的对象不是危险的来源，而是第三者的合法权益。损害第三者的合法权益主要指财产权和住宅不可侵犯等，不包括第三人的生命权和健康权。一般情况下，不允许用损害他人生命和健康的方法保护另一种合法权益。紧急避险是通过损害一个合法权益而保全另一合法权益，所以对于紧急避险的可行性不能不加以严格限制，只有当紧急避险成为唯一可以免遭危险的方法时，才允许实行。同时我国刑法第21条第3款规定，关于避免本人危险的规定，不适用于职务上、业务上负有特定责任的人。这是因为在发生紧急危险的情况下，这些负有特定责任的人应积极参加抢险救灾，履行其特定义务，而不允许他们以紧急避险为由临阵脱逃，玩忽职守。

紧急避险同样不能超过必要限度，否则就属于避险过当，承担相应的刑事责任。一般来说，避险过当的罪过形式通常是疏忽大意的过失，在少数情况下，也可能是间接故意或过于自信的过失。对于避险过当的行为，量刑时应当减轻或者免除处罚。

【典型案例一】

孙某紧急避险案

孙某驾驶满载乘客的公共汽车以25公里的时速由东向西行驶，当行到某大街时，迎面开来一辆高速行驶的失控的汽车，孙某为避免与失控汽车相撞，急忙向右打方向盘，将车开到人行道上，造成一路人重伤。

【专家评析】

孙某的这种行为可以认定为紧急避险。刑法第21条第1款规定："为了使国家、公共利益、本人或者他人的人身、财产和其他权利免受正在发生的危险，不得已采取的紧急避险行为，造成损害的，不负刑事责任。"由于紧急避险是在特定的条件下实施的行为，因此，这一行为必须同时具备四个条件：(1) 必须有威胁国家、公共利益、本人或者他人的人身、财产和其他权利的现实危险；(2) 危险的威胁必须是当时实际存在的，而不是出于假想和推测或者是已经过去了的；(3) 必须是在没有其他方法可以避免时，即在不得已的情况下才能实行；(4) 紧急避险不能超过必需的限度而造成不应有的损害。这四个条件缺一不可，否则就不能认为是紧急避险。

本案中，孙某的行为是在两车即将相撞，车毁人亡的危险已直接威胁到孙某及满车乘客的危急关头，又没有其他更好的选择来避免这一危险的情况下实施的。这是在法律所保护的两个利益必须牺牲其中一个的情况下发生的，两个合法利益不能两全，孙某用牺牲一个较轻的合法利益的办法，保全了国家财产和全体乘客的生命安全这个较大的合法利益。这种行为符合紧急避险的要求，对社会是有利的，因而不具有社会危害性。故依据我国刑法的规定，孙某不负刑事责任。但对被撞伤者，有关单位应妥善处理。

【典型案例二】

段某避险过当案

1985 年 6 月 10 日晚 7 时许，段某（男，24 岁，学生）晚饭后走出校门，上大街遛马路，当他行走到一个胡同，突然遇一惊马拉车迎面狂奔而来，段某无法躲避，在这种紧急情况下，段某为了自己不挨撞，猛地踢开一邻街住户的门，他随房门倒下而跳进屋内。然而，此时住户家里的 3 岁小孩正在门内玩耍，倒下的门将小孩砸倒，造成小孩双腿骨折。

【专家评析】

我国刑法规定，紧急避险超过必要限度造成不应有的危害，应当负刑事责任。段某在一狭窄的胡同突然遇到惊马，猝不及防，如不紧急躲避，必然危及自己的生命或健康的安全，在这种情况下，段某可以依法实施紧急避险。但在实施紧急避险时，段某应当料到，邻街住户的门内是户主封闭的生活空间，门内可能有户主家人在正常活动，其破门而入，可能会造成他人人身伤害。其采取的紧急避险行为超过了必要的限度，造成了不应有的危害结果，属于“避险过当”，应当负刑事责任。

【法条指引】

中华人民共和国刑法

第二十一条　为了使国家、公共利益、本人或者他人的人身、财产和其他权利免受正在发生的危险，不得已采取的紧急避险行为，造成损害的，不负刑事责任。

紧急避险超过必要限度造成不应有的损害的，应当负刑事责任，但是应当减轻或者免除处罚。

第一款中关于避免本人危险的规定，不适用于职务上、业务上负有特定责任的人。

第七章
犯罪的未完成形态

▶ 1. 刑法对实施故意犯罪如何规定?

【宣讲要点】

故意犯罪的过程是指故意犯罪发生、发展和完成所要经过的程序、阶段的总和与整体，它是故意犯罪运动、发展和变化的连续性在时间和空间上的表现。故意犯罪的阶段，亦称故意犯罪的发展阶段，是故意犯罪发展过程中因主客观具体内容有所不同而划分的段落。故意犯罪过程中的犯罪发展阶段有二：一是犯罪的预备阶段，其时空范围以行为人开始实施犯罪预备行为之时为起点，以行为人完成犯罪预备行为而尚未着手犯罪实行行为之时为终点。二是犯罪的实行阶段，其时空范围以行为人着手犯罪实行行为之时为起点，以行为人完成犯罪即达到犯罪既遂为终点。刑法理论一般以犯罪行为是否实施完毕而将犯罪划分为犯罪既遂和犯罪未完成两种形态，犯罪未完成包括犯罪的预备、未遂和中止。

过失犯罪没有犯罪既遂、预备、未遂和中止。过失犯罪由于行为人主观上具备的不是故意危害社会而是过失的心理，客观上我国刑法又限定只有发生危害结果且刑法分则条文有明文规定的才构成犯罪，因而过失犯罪不可能存在犯罪的预备、未遂和中止形态。由于犯罪完成形态与犯罪未完成形态是相对而言的，过失犯罪既然无犯罪未完成形态的存在，因而也就没有犯罪完成形态即犯罪既遂存在的余地和意义。因此，过失犯罪只有是否成立即是否构成犯罪的问题，而不存在犯罪的各个形态。

间接故意犯罪也没有犯罪的既遂、预备、未遂和中止。先从主观方面分析：间接故意犯罪主观要件的特点，是表现为对自己的行为所可能造成的一定危害结果的发生与否持“放任”的心理态度，即听之任之，发生与否都可以的心理态度。这样，行为人所放任的危害结果未发生时，这种结局也就是行为人放任心理所包含的。放任心理由其所包含的客观结局的多样性和不固定性所决定，根本谈不上对完成特定犯罪的追求，也就谈不到这种追求的实现与否。而犯罪的预备、未遂和中止形态的行为人，原本都存在着实施和完成特定犯罪的犯罪意志与追求心理。之所以在未完成犯罪时停止下来，对犯罪的预备形态和未遂形态而言是因为受到了行为人意志以外原因的阻止，对犯罪的中止形态而言是因为行为人自动放弃了原先的犯罪意图。可见，间接故意犯罪主观上的放任心理是不符合犯罪未完成形态的主观特征的。再从客观方面考察：犯罪未完成形态在客观方面表现为，行为人因意志以外原因的阻止或者行为人自动放弃了犯罪意志，从而使犯罪停止在未完成的状态下。间接故意犯罪由其主观“放任”心理支配，而在客观方面不可能存在未完成特定犯罪的状态，因为客观上出现的此种状态或彼种结局都是符合其放任心理的，因而这种案件应以行为的实际结局决定定罪问题。这样在间接故意犯罪里也就没有了犯罪未完成形态存在的余地，间接故意实施的危害行为也是只有是否构成犯罪的问题。

▶ 2. 一个犯罪团伙的成员为了实施抢劫而开始踩点、跟踪活动，由于被害人警觉而未实现，这些行为在刑法上如何评价？

【宣讲要点】

如果一个犯罪团伙的成员为了实施抢劫而开始踩点、跟踪活动，由于被害人警觉而未实现，上述行为在刑法认定上属于犯罪预备。犯罪预备是指已经着手实施犯罪的预备行为，由于行为人意志以外的原因，未能着手犯罪实行行为的犯罪停止形态。犯罪预备形态具有如下特征。

（1）行为人已经开始实施犯罪的预备行为。所谓预备行为，从性质上讲，就是为犯罪的实行和完成创造便利条件的行为。一类是准备犯罪工具，一类是其他创造条件的行为。犯罪预备不同于犯意表示。

（2）行为人尚未着手犯罪的实行行为。所谓犯罪的实行行为，指刑法分则中具体犯罪构成客观方面的表现。这一特征是犯罪预备与犯罪未遂形态相区别的显著标志。犯罪预备作为一种停止的犯罪形态，表现为静止状态，只有当为犯罪准备工具及其他创造条件的行为，在预备阶段停止下来，才能构成犯罪预备。

（3）犯罪预备行为停止在犯罪预备阶段，是由于行为人意志以外的原因所引起的。所谓意志以外的原因，是指足以阻止行为人犯罪意志，迫使其不得不停止犯罪预备行为的各种主客观因素。

【典型案例】

被告人武某等人抢劫罪（预备）案

1996年年初，被告人武某在一家煤球厂打工，因怕吃苦，又嫌挣钱少，便找到被告人王某某商量“找个机会发大财”。经过一段时间密谋，二人商定对地处豫、鄂、陕三省交界的淅川县荆关镇龙泉村的信用站和储金会实施抢劫。后二人感到人数不够，又邀约被告人李某某参与作案。作案前，三人准备了望远镜、起子、刀子、手电等作案工具。同年7月27日上午，三人商定当晚到龙泉村信用站、储金会作案，如果有人发觉，就用刀子逼人或把人打昏。接着武某和李某某又察看了地形，选择了作案后的退路，并让王某某当晚8时在作案途中等候。下午，武某、李某某二人在荆关镇古街买水果刀时，因形迹、言语可疑，当地公安人员对二人进行盘问，二人供出了准备当晚抢劫的事实。当晚，王某某在等候的地点也被抓获。

河南省淅川县人民法院经审理认为，被告人武某、王某某、李某某以非法占有为目的，预谋采取暴力手段抢劫集体财产，并准备了作案工具，察看了地形，为实施抢劫行为创造了条件，只是由于意志以外的原因才使抢劫行为没有实行，其行为均已构成抢劫罪（预备）。被告人武某在本案中起组织策划作用，是主犯，应从重处罚；被告人王某某、李某某是从犯，可以减轻处罚；被告人李某某在作案时未满18周岁，应当从轻处罚。该院依法判决被告人武某犯抢劫罪（预备），判处有期徒刑3年；被告人王某某犯抢劫罪（预备），判处有期徒刑2年；被告人李某某犯抢劫罪（预备），判处有期徒刑1年，缓刑2年。

【专家评析】

这是一起典型的犯罪预备案。武某、王某某、李某某三人为了达到抢劫龙泉村信用站、储金会的目的，进行了预谋，准备了望远镜等作案工具，察看了地形，选择了作案后的退路，为实施抢劫创造了条件。后因被公安人员发觉，抢劫信用站、储金会的犯罪行为才没有着手实施。本案中武某、王某某、李某某三人在客观上虽未造成实际的社会危害后果，但他们为了犯罪准备工具，创造条件，具有明显的社会危害性。这种危害性表现在：（1）武某、王某某、李某某三人主观上具有实施抢劫的犯罪故意，他们把农村金融机构信用站、储金会作为犯罪对象，侵犯的客体是集体财产所有权。这种主观故意一旦付诸实现，集体财产将会受到重大损失。（2）武某、王某某、李某某三人客观上实施了严重威胁集体财产所有权的犯罪预备行为，表现在：纠集共同犯罪人；策划犯罪计划；准备望远镜、起子、刀子、手电等作案工具；准备在抢劫时用刀子逼人或把人打昏；察看了地形，选择了退路。他们将作案选择地点在三省接合部，若一旦作案得逞，社会影响较大。可见，武某、王某某、李某某三人主观上具有抢劫集体财产的故意，客观上又实施了抢劫的预备行为，对我国法律所保护的财产关系已构成严重威胁，完全符合抢劫罪的构成要件。

【法条指引】

中华人民共和国刑法

第二十二条 为了犯罪，准备工具、制造条件的，是犯罪预备。

对于预备犯，可以比照既遂犯从轻、减轻处罚或者免除处罚。

▶ 3. 一个人已经进入他人居所实施盗窃，由于听到被害人回家开锁的声音而逃出。上述行为在刑法上如何评价？

【宣讲要点】

上述行为属于盗窃犯罪未遂。犯罪未遂是指行为人已经着手实行具体犯罪构成的实行行为，由于其意志以外的原因而未能完成犯罪的一种犯罪停止形态。犯罪未遂具有如下特征。

（1）行为人已经着手实行犯罪。所谓已经着手实行犯罪，是指行为人已经开始实施刑法分则中具体犯罪构成要件中的犯罪行为。着手实行犯罪体现了具体犯罪构成要件的统一，它具备主观和客观两个基本特征：主观上，行为人实行具体犯罪的意志已经直接支配客观实行行为并通过后者开始充分表现出来，而不同于在此前实行犯罪的意志；客观上，行为人已开始直接实行具体犯罪构成客观方面的行为，这种行为已不再属于为犯罪实行创造便利条件的预备行为，而是实行犯罪的性质。着手实行犯罪是客观的犯罪实行行为与主观的实行犯罪意图相结合的产物和标志。行为人已着手实行犯罪，这是犯罪未遂形态必须具备的特征之一，也是犯罪未遂与犯罪预备相区别的主要标志。

（2）犯罪未完成而停止。行为人在着手实行犯罪以后，犯罪“未得逞”，即犯罪未达到既遂形态而停止下来，这是犯罪未遂形态的又一重要特征，是犯罪未遂区别于犯罪既遂的主要标志。我国刑法采用“犯罪构成要件说”作为犯罪未得逞的标准，犯罪未得逞即犯罪行为没有满足具体犯罪构成的全部要件。犯罪未得逞有三种表现形式：一是法定的犯罪结果没有发生；二是法定的犯罪行为没有完成；三是法定的危险状态没有具备。犯罪未得逞的三种表现形式，实际上是以结果犯、行为犯和危险犯的划分为依据的。

（3）犯罪停止在未完成形态是犯罪分子意志以外的原因所致。这是犯罪未遂又一重要特征，是犯罪未遂与着手犯罪后的中止相区别的关键。

犯罪分子意志以外的原因，应当是阻碍犯罪意志的原因。所谓阻碍犯罪意志的原因，是指这些原因不但是与犯罪意志不相符的、违背的，而且是对犯罪意志具有削弱的、不利的影响作用的。正是由于意志以外的原因具有这种与犯罪意志相对立、相排斥的性质，它才有可能发挥致使犯罪意志支配下的犯罪行为未能完成而停止在未遂状态的作用。

犯罪分子意志以外的原因，应当是足以阻止犯罪意志的原因，这是对“意志以外的原因”量的要求。这一量的要求就是必须达到足以阻止犯罪意志的程度。从司法实践中发生的情况来看虽然是多种多样的，但基本可归纳为以下几种：一是被害人的反抗或抵制；二是第三者的阻拦；三是犯罪行为人使用的方法不能达到预期的犯罪结果；四是犯罪行为人认识错误；五是自然力的阻碍；等等。

【典型案例一】

丁某盗窃（未遂）案

2009 年 4 月 13 日 11 时 50 分许，被告人丁某在江西省萍乡市安源区后埠街“海天情”大酒店看见有人在做结婚酒，便趁大厅摆酒席人员混杂之际，将被害人陈某放在座位上的手提包盗走。被告人丁某在酒店时，在酒席之间走来走去，旁边有参加喜宴的人发觉其形迹比较可疑，就一直注意被告人。当看到被告人盗走被害人的手提包时，就喊“捉小偷”，并在酒店出口附近将被告人抓获。被害人陈某被盗包内有价值 3267 元的松下数码相机一部、价值 943 元的三星手机一部、价值 1790 元的铂金戒指一枚、现金 5700 元，手提包价值 100 元，被盗财物总价值人民币 11800 元。

【专家评析】

被告人丁某的行为构成盗窃未遂。具体分析如下。

犯罪既遂是犯罪的完成，行为人犯罪目的的实现。盗窃罪是以非法占有为目的，秘密窃取被害人财物的行为。构成盗窃既遂，被盗物不但要脱离被害人的控制而且要为被告人实际控制，在此情况下才发生被盗物所有权的转移，被害人对被盗物的所有权受到实质上的侵害，被告人非法占有被盗物的目的才得以实现，从而完成犯罪。在被盗物脱离被害人的暂时控制，但并未归于被告人的实际控制之下时，被告人非法占有他人财物的目的并未实现，或者被盗物虽然表面已归于被害人实际控制，但被害人对被盗物的所有权并未受到实质上的侵害，属于盗窃未遂。

本案中，被告人的盗窃行为已经实施完毕，但在作案现场即被抓获，属典型的实行终了的未遂。被告人丁某在盗得手提包的时候就已被他人发现，在这种情况下，被告人对看似到手的钱财，实质上则是处于一种暂时的“控制”状态下，因其意志以外的原因尚未能使其脱离被害人的控制而置于自己的控制之下，达到非法“占有”的状态。只有当被告人逃脱了现场，脱离了他人的监视，方才对被盗财物具有支配、使用、处理的能力，即非法占有。而从本案的现场情况来看，被告人因形迹可疑已被他人注意，其盗包后即被发现，在酒店的范围内，有很多与被害人相识的人和酒店的保安均会去抓获被告人，被告人取得被盗财物的实际占有的可能性极小，且事实上被告人在酒店范围内即被抓获。

盗窃罪同敲诈勒索罪、受贿罪、故意杀人罪等一样，都是结果犯，也就是说，只有发生了法定的危害结果，才构成了犯罪既遂。本案出现了“暂时”的危害结果，即被告人将包及包内财物盗窃到手后当即被发现并被追回，这表明财物所有者陈某在此次盗窃事件中并未受损失，法定的危害结果并未发生，故应认定为犯罪未遂。

【典型案例二】

高某故意杀人（未遂）案

2000年4月高某与其前妻尤某离婚，后高某多次要求复婚遭尤某拒绝，遂生杀害尤某之念。8月29日晚，高某见尤某单独一人在房内，遂悄悄至尤某身后，乘其不备用电话线往尤某颈部迅速绕两圈，用力向后勒紧至尤某昏迷，尤某在被勒倒地瞬间大呼救命，隔壁尤某的侄子吴某（17岁）听见赶来，大声呼救并出手阻止高某。高某松开手，离开现场，后经鉴定尤某伤情为轻微伤。

【专家评析】

本案中高某因其复婚要求遭拒绝而实施剥夺他人生命之行为虽未造成重大伤亡，但已构成故意杀人罪，对此行为性质应无异议，但关于本案的犯罪形态，是犯罪中止还是犯罪未遂，存在不同认识。

犯罪未遂是指行为人已经着手实施犯罪，由于意志以外的原因而未得逞，其中包括外界阻力的原因。而犯罪中止是指在犯罪过程中行为人自动中止犯罪或者自动有效地防止犯罪结果的发生。如果犯罪行为受到了外界阻力的作用，该外界阻力是否认定为“意志以外的原因”就显得格外重要。实践中有一种误区，只要行为人是受外界阻力的影响而停止犯罪就是因犯罪分子意志以外的原因而未得逞，是犯罪未遂。事实上，对外界阻力与犯罪行为人主观上停止犯罪应持辩证的观点，即看外界的阻力是否使行为人有条件继续进行犯罪：（1）如果外界的阻力使行为人无条件继续犯罪，行为人主观上停止犯罪是被迫的，这种情况无疑属犯罪未遂；（2）如果行为人虽然受到了外界阻力，但这种阻力并不足以使犯罪继续进行丧失条件，犯罪行为人在此情况下停止犯罪，应认定为犯罪中止。首先，该情况符合犯罪中止的条件，即行为人主观上自动停止了犯罪。虽然这种停止的初始原因是行为人意志以外的阻力，但这种阻力尚不足以制止犯罪的继续进行，关键也是最终的原因是行为人经过心理斗争、权衡利弊而最终自动彻底地放弃了犯罪意图。其次，客观上任何犯罪的停止都受到外界力量的影响。在此，应当指出的是行为人放弃犯罪的动机可能各异，有的是确有悔悟、有的是经过劝说思想有转变、有的是害怕事情泄露受惩罚，甚至有的是为了其他犯罪而放弃前种犯罪。综上，要区分一个行为是犯罪未遂还是犯罪中止，关键的界限是准确认定行为人的主观心理态度，即非因主观上自动停止犯罪的，属犯罪未遂；行为人主观上自动停止犯罪的，属犯罪中止，包括事先不想停止犯罪，但经过外界的影响最终决定停止犯罪的情形。

本案中，高某的行为属杀人未遂还是杀人中止，关键就是看外界的阻力是否使高某有条件继续犯罪。高某已用电话线勒住尤某颈部至尤某倒地昏迷，到吴某出现时尤某已完全丧失反抗能力。吴某见被害人倒地昏迷，大声救助，并出手阻拦，高某没有条件继续犯罪，高某放弃了继续杀人的意图，其主观上停止犯罪是被迫的。高某松手停止杀人是在外界阻力（吴某出现）进行干预时被迫发生的，其停止犯罪是由于其意志以外的原因。故此，本案应认定为故意杀人罪（未遂）。

【法条指引】

中华人民共和国刑法

第二十三条 已经着手实行犯罪，由于犯罪分子意志以外的原因而未得逞的，是犯罪未遂。

对于未遂犯，可以比照既遂犯从轻或者减轻处罚。

▶ 4. 有的犯罪人员在实施犯罪过程中忽然良心发现自动停止了犯罪行为，或者主动救助了被害人，这在刑法上如何评价？

【宣讲要点】

犯罪人员在实施犯罪过程中停止犯罪行为，属于刑法规定的犯罪中止。犯罪中止是指在犯罪过程中，行为人自动放弃犯罪或者自动有效地防止犯罪结果发生，而未完成犯罪的一种犯罪停止形态。自动放弃犯罪的中止具有以下特征。

（1）时空性。按照法律的规定，必须是在犯罪过程中放弃犯罪，即必须是在犯罪处于运动过程中而尚未形成任何停止形态的情况下放弃犯罪。这是犯罪中止成立的客观前提特征。

（2）自动性。即行为人必须是自动停止犯罪。这是犯罪中止形态的本质特征，是犯罪中止与犯罪未遂、犯罪预备的根本区别所在。停止犯罪的自动性应当有两层含义：一是行为人自认为当时可以继续实施与完成犯罪，这可以说是成立自动性的前提条件。二是行为人出于本人意志而停止犯罪。这是自动性的关键条件。行为人最终都是在自认为可以继续实施和完成犯罪的情况下，出于其本人的主观意志，放弃了继续犯罪的意图，选择了停止与放弃犯罪的道路。

（3）彻底性。指行为人彻底放弃了原来的犯罪。彻底性表明了行为人自动停止犯罪的真诚性及其决心，它表明犯罪分子自动停止犯罪是坚决的、完全的，而不是暂时中断。

除自动放弃犯罪的犯罪中止以外，还有自动有效地防止犯罪结果发生的犯罪中止。这种犯罪中止，也需要具备上述普通类型的犯罪中止所必须具备的时空性、自动性、彻底性三个特征，同时还要求再具备“有效性”的特征，即行为人还必须有效地防止了他已实施的犯罪之法定犯罪结果的发生，使犯罪未达到既遂状态而停止下来。

【典型案例】

谢某等人绑架（中止）案

某日，谢某与洪某等4人将小学生钟某绑架，然后打电话给钟某的父亲，索要人民币30万元，存入其在银行开设的账户上。两天后他们未领取到赎金，觉得无法勒索到钱，便将钟某送至路边村庄释放，并给了他10元钱。钟某被群众发现后送回家中。

【专家评析】

本案中，被告人释放被绑架受害人的行为属于犯罪中止。理由是：(1) 从时间性来看，绑架罪是一种典型的持续性犯罪，通过绑架人质的手段达到勒索钱财的预期目的。本案被告人虽已实施绑架人质勒索财物的行为，但该行为仍处于一种持续状态之中，即被告人实现其犯罪意图的整体行为未完成，符合犯罪中止时间性的特征。(2) 从自动性来看，被告人不知道其实施的犯罪行为是否已被侦查机关监控，事实上在人质释放前侦查机关没有对他们采取侦查措施，被告人完全可以继续实施这一行为。在此情况下，不管是慑于法律的威严还是由于良心发现而释放人质，被告人完全是出于自愿，主动地放弃了继续实施犯罪行为。(3) 从有效性来看，被告人将人质送至路边村庄，留了路费，应视为被告人真诚悔悟，有效地中止了对被绑架者与被勒索者的人身和财产权利的侵害。(4) 从彻底性来看，被告人决定释放人质后，不仅将人质放回，而且未对被勒索者继续实施勒索行为。由此可见，被告人的犯罪行为完全符合刑法所规定的犯罪中止的特征，应认定为犯罪中止。

【法条指引】

中华人民共和国刑法

第二十四条 在犯罪过程中，自动放弃犯罪或者自动有效地防止犯罪结果发生的，是犯罪中止。

对于中止犯，没有造成损害的，应当免除处罚；造成损害的，应当减轻处罚。

第八章
共同犯罪

▶ 1. 对共同实施的犯罪，我国刑法是如何规定的？

【宣讲要点】

由多名人员共同实施的犯罪属于我国刑法规定的共同犯罪。共同犯罪是指二人以上共同故意实施的犯罪，我国刑法规定的共同犯罪按照不同的标准可以区分为不同的类型。

其一，事先有通谋的共同犯罪和事先无通谋的共同犯罪。这是根据通谋的时间，即共同犯罪故意形成的时间作的划分。这里的“事先”是指着手实行犯罪之前。在着手实行之前就预谋共同犯罪或形成共犯故意的，属于事先通谋；在着手实行犯罪之后才形成共犯故意的，是事先无通谋的共同犯罪。

如果先行为人已实施一部分实行行为后，后行为人以共同犯罪的意思参与实行或者提供帮助，则叫承继的共同犯罪。后行为人就其参与后的行为与先行为人构成共同犯罪。但对其加入前的基本犯罪行为也要承担责任，但对加入以前的加重行为不负责任。如张三抢劫 B 的财物而对其实施暴力，并且造成了 B 的重伤，此时李四到了现场，并且明知张三要抢劫 B 的财物，李四与张三一起共同劫取了 B 的财物。李四虽然与张三构成抢劫罪的共同犯罪，但李四不对 B 的重伤承担刑事责任，只有张三对 B 的重伤承担刑事责任。

承继的共犯成立的时间，必须是在着手后既遂前。既遂后加入不构成承继的共犯，属于窝藏、包庇类的犯罪。但是，多环节犯罪以及继续犯例外。

其二，一般共同犯罪和特殊共同犯罪（即犯罪集团或称有组织形式的共犯）。这是根据有无组织形式所作的划分。有组织的共同犯罪被称为犯罪集团，通常具有以下特征：一是人数较多。即三人以上，二人不足以成为集团。二是较为固定。表现为有明显的首要分子；主要成员固定或者基本固定；集团成员以首要分子为核心结合得比较紧密；实施一次或数次犯罪后，其组织形式往往继续存在。三是目的明确。犯罪集团的形成是为了反复多次实施一种或者数种犯罪行为。

其三，简单共同犯罪和复杂共同犯罪。这是根据共同犯罪人之间有无特定的分工所作的分类。简单共犯是指所有的共同犯罪人都是实行犯的共同犯罪，这又被称为共同正犯或者共同实行犯。复杂共犯，则是指共同犯罪人中除实行犯外，还有教唆犯或者帮助犯等分工的共同犯罪。

在客观方面上，构成共同犯罪，必须要具备以下条件。

（1）各共同犯罪人所实施的行为都必须是犯罪行为，必须具有共同的犯罪行为，即各共同犯罪人的行为都是指向同一的目标，彼此联系，互相配合；

（2）各共同犯罪人的行为形成一个有机联系的犯罪活动整体；

（3）各共同犯罪人的行为都与发生的犯罪结果有因果关系。

▶ 2. 共同犯罪中，各个犯罪人往往有不同的分工，共同组织起来实施犯罪，其具体表现如何认定？

【宣讲要点】

共同犯罪行为不同于单独犯罪行为。单独犯罪行为都是由我国刑法分则加以明文规定的。因此，对于单独犯罪，只要直接依照刑法分则的有关规定对犯罪分子定罪就可以了。而共同犯罪行为，除实行犯的行为是由刑法明文规定的以外，其他共同犯罪人的行为，例如组织行为、教唆行为和帮助行为，都是由刑法总则规定的。只有把这些行为与实行行为有机地结合起来，才能正确地认定和解决共同犯罪的定罪处罚问题。现将各种共同犯罪行为分述如下。

（1）实行行为。共同犯罪中的实行行为是指直接实行刑法分则规定的行为。如果共同犯罪中只有一个实行犯，那么该实行犯的实行行为无异于单独犯罪。而在具有两个以上的实行犯的场合，并不一定要求其中每一个人的行为都独立地完全符合犯罪构成的要件，只要其行为结合在一起而符合某一犯罪的构成要件即可。例如，二人犯杀人罪，各对被害人砍三刀。如果孤立起来看，砍三刀未必就能致人死亡。但二人的杀人行为结合起来，砍六刀就足以致人死亡。由此可见，共同犯罪中的实行行为不能完全等同于单独犯罪，具有其特殊性。

（2）组织行为。共同犯罪中的组织行为是指组织犯所实施的指挥、策划、领导犯罪的行为。这些行为不是刑法分则所规定的犯罪的实行行为，而是由刑法总则加以规定的。当然，刑法分则中有的条文把某些组织行为直接规定为犯罪，例如刑法第120条规定了组织、领导、参加恐怖组织罪。在这一犯罪中，包含组织恐怖活动的行为。这一组织行为就属于刑法分则所规定的犯罪的实行行为。而在其他犯罪中，例如抢劫集团，其中首要分子有的只在幕后起组织作用，本人不直接实施抢劫行为，其组织行为就不是刑法分则所规定的犯罪的实行行为。对这种实施组织行为的首要分子定罪的时候，必须把刑法总则关于共同犯罪的规定与刑法分则关于具体犯罪的规定有机地结合起来加以认定。

（3）教唆行为。共同犯罪中的教唆行为是指能够引起他人实行犯罪意图的行为。教唆行为不是刑法分则所规定的犯罪的实行行为，因此，只有把教唆行为和实行行为有机地结合起来，才能解决教唆犯的定罪问题。教唆行为的形式是各式各样的，例如劝说、请求、挑拨、刺激、利诱、威胁等。教唆既可以用口头表达，也可以用书面表达，还可以用打手势、使眼神等人体动作表达。

（4）帮助行为。共同犯罪中的帮助行为是指为其他共同犯罪人实行犯罪创造便利条件，在共同犯罪中起次要或辅助作用的行为。帮助行为不是刑法分则所规定的犯罪的实行行为，因此，只有把帮助行为和实行行为有机地结合起来，才能解决帮助犯的定罪问题。在共同犯罪中，帮助行为可能表现为各种不同的形式。从帮助行为的性质来分，可以分为狭义帮助和隐匿帮助。前者指通过提供犯罪工具、指示犯罪目标或清除犯罪障碍等方法帮助他人实施犯罪。后者指事前通谋，事后隐匿罪犯、罪证等帮助行为。从帮助行为的形式来分，可以分为物质性帮助和精神性帮助。前者指物质上、体力上的帮助，例如提供犯罪工具、窥测被害人行踪、排除犯罪障碍等，在刑法理论上又称为有形帮助。后者指精神上、心理上的支持，例如帮助实行犯出主意、想办法、撑腰打气、坚定其决心等，在刑法理论上又称为无形帮助。从帮助的时间来分，可以分为事前帮助、事中帮助和事后帮助。事前帮助主要指事前为实行犯实施犯罪创造便利条件的行为。例如，仓库看守与盗窃犯合谋，首先打开仓库的大门，为盗窃创造有利条件，就是事前帮助行为。事后帮助主要是指事后的隐匿行为，但它以事前通谋为前提，否则不构成共同犯罪。事中帮助是指在实施犯罪的过程中进行帮助。例如某甲把少女乙骗到家中，欲行强奸，其妻丙发现后不但不加制止，反而当场帮助按住少女乙的身体，使某甲强奸得以顺利进行。丙应视为帮助犯，是事中帮助。

▶ 3. 如何区分、认定共同犯罪中的各个主体以及其所应当承担的刑事责任？

【宣讲要点】

我国刑法对各个共同犯罪人进行了分类，具体规定了四种共同犯罪人，即主犯、从犯、胁从犯和教唆犯。

其一，主犯的特征及其刑事责任。主犯可分为两种。

（1）组织、领导犯罪集团进行犯罪活动的犯罪分子，也就是犯罪集团的首要分子。这种主犯只有在犯罪集团这种特殊的共同犯罪中才存在。组织、领导犯罪集团进行犯罪活动，是这种主犯的特征。由于这种主犯建立、领导犯罪集团，指挥集团成员进行犯罪活动，因而是犯罪集团的核心，所以这种主犯具有更大的社会危害性，是我国刑法打击的重中之重。

（2）在共同犯罪中起主要作用的犯罪分子，相对于犯罪集团的首要分子，又称其他主犯或首要分子以外的主犯。这种主犯包括：一是在犯罪集团中起主要作用的犯罪分子。主要表现为：积极参加犯罪集团，在犯罪集团中特别积极、卖力地进行犯罪活动，或者在犯罪集团中直接实行犯罪、罪行重大等。二是在一般共同犯罪中起主要作用的犯罪分子。这主要是在一般共同犯罪中起主要作用的实行犯，具体表现为：在共同犯罪中直接造成严重危害结果，积极献计献策在完成共同犯罪中起到关键作用，在共同犯罪中罪行重大或情节特别严重等。三是在聚众犯罪中起主要作用的首要分子。

主犯的刑事责任在于以下两个方面。

一是首要分子的刑事责任。对组织、领导犯罪集团的首要分子，按照集团所犯全部罪行处罚。

二是首要分子以外的主犯的刑事责任。应当按照其所参与的或者组织、指挥的全部犯罪处罚。

其二，从犯的特征及其刑事责任。从犯分为以下两种。

一是在共同犯罪中起次要作用的犯罪分子。次要作用是相对主要作用而言的。

二是在共同犯罪中起辅助作用的犯罪分子。所谓辅助作用，指为共同犯罪人实行犯罪创造方便条件，帮助实行犯罪。对传授犯罪方法的，虽然也为实行犯罪创造方便条件，但刑法第 295 条将它作为独立的犯罪即传授犯罪方法罪加以规定，所以对传授犯罪方法的，应依刑法第 295 条以传授犯罪方法罪论处，不再作为某种犯罪的从犯处理。

在共同犯罪案件中，可能共同犯罪人都是主犯，但不可能都是从犯，一般来说总是有主有从。对于从犯，刑法规定应当从轻、减轻或者免除处罚。

其三，胁从犯的特征及其刑事责任。被胁迫参加犯罪的，是胁从犯。所谓被胁迫参加犯罪活动，指受到暴力威胁或精神威胁、被迫参加犯罪活动。这时被胁迫者还是有自由意志的，他参加犯罪仍然是他自行选择的结果。如果他是在身体受到强制的情况下完全失掉了自由意志，他的身体动静就不是自己的行为，那就谈不上他参加犯罪，因而不构成胁从犯。

对于胁从犯，刑法规定应当按照他的犯罪情节减轻处罚或者免除处罚。

其四，教唆犯的特征及其刑事责任。教唆他人犯罪的，是教唆犯。构成教唆犯的条件在于以下几个方面。

从客观方面说，必须有教唆他人犯罪的行为。所谓教唆，就是唆使具有刑事责任能力没有犯罪故意的他人产生犯罪故意。构成教唆罪，只要求实施唆使他人产生犯罪故意的教唆行为就够了，不要求传授犯罪方法。根据刑法第 29 条的规定，教唆犯存在两种情况：一是该条第 1 款规定的“教唆他人犯罪的”，必须是被教唆人由于教唆犯的教唆而实施所教唆的犯罪，教唆犯才成立；二是该条第 2 款规定的“被教唆的人没有犯被教唆的罪”，只要行为人有教唆他人犯罪的行为，就能成立教唆犯，但可以从轻或者减轻处罚。

从主观方面说，必须有教唆他人犯罪的故意。其意识因素是：（1）认识到被教唆的人是达到刑事责任年龄、具有刑事责任能力的人。明知他人不具有刑事责任能力而教唆其犯罪，不构成教唆犯，而构成间接正犯。（2）认识到他人还没有犯罪故意。如果行为人不知他人已有犯罪故意仍然教唆其犯罪，不影响教唆犯的成立。（3）预见到自己的教唆行为将引起被教唆人产生某种犯罪的故意，并实施该种犯罪。（4）被教唆人实行的犯罪应与教唆人教唆实行的犯罪相一致，才成立该种犯罪的教唆犯。

对于教唆犯的刑事责任，区分以下三种情况处理。

其一，教唆他人犯罪的，应当按照他在共同犯罪中所起的作用处罚。审判实践对教唆犯一般都作为主犯处罚，但我国刑法没有规定教唆犯一律按照主犯处罚。

其二，教唆不满 18 周岁的人犯罪的，应当从重处罚。

教唆已满14周岁不满16周岁的人犯刑法第17条第2款规定以外的罪，以及教唆不满14周岁的人犯任何罪如何处理。笔者认为，由于被教唆人未达法定刑事责任年龄，缺乏成为犯罪主体的条件，他们实施的刑法规定为犯罪的行为则不构成犯罪，因而教唆者不能成为教唆犯，实际上他是把被教唆者当做犯罪工具来达到自己的犯罪目的，完全符合间接正犯的特征，应当按照间接正犯（实践上即按实行犯）处理并从重处罚。

其三，如果被教唆的人没有犯被教唆的罪，对于教唆犯，可以从轻或者减轻处罚。包括以下几种情况：（1）被教唆人拒绝了教唆犯的教唆，亦即根本没有接受教唆犯的教唆。（2）被教唆人当时接受了教唆，但随后又打消犯意，没有进行任何犯罪活动。（3）被教唆人当时接受了教唆犯关于犯某罪的教唆，但实际上他所犯的不是教唆犯所教唆的罪。（4）教唆犯对被教唆人进行教唆时，被教唆人已有实施该种犯罪的故意，即被教唆人实施犯罪不是教唆犯的教唆所引起。

【典型案例一】

张某等人抢劫案

2008年4月20日零时许，被告人张某、黎某、肖某在广东省汕头市潮南区司马浦镇新都宾馆合谋抢劫。张某携带单刃尖刀，黎某携带西瓜刀，乘坐由肖某驾驶的摩托车一同外出寻找目标。三人在司马浦镇司上居委栅内学校前路段看见被害人廖某正步行路过。肖某掉转车头并在栅内学校附近停车，张某、黎某持刀追上廖某，实施抢劫。因廖某反抗，黎某持西瓜刀向廖某砍去，张某用尖刀猛刺廖某的臀部及腹股沟附近等处，致廖某倒地，肖某也赶上前用脚踢廖某。廖某因锐器刺伤致右腹股沟下方髂外静脉破裂失血性休克死亡。三人抢走廖某的三星E488型手机（价值700元）后逃离现场。肖某将抢得的三星手机藏在新都宾馆天台上。同月26日，被告人李某虎按照肖某的吩咐拿到该手机，在明知是抢劫所得赃物的情况下，仍继续使用该手机。同月29日，李某虎将张某、肖某的衣物带到深圳。次日晚，张某、肖某、李某虎在深圳市被公安机关抓获。同年8月

8日，黎某被抓获。

广东省汕头市中级人民法院经审理认为：张某、黎某、肖某以非法占有为目的，结伙持械使用暴力手段当场劫取他人财物，并致人死亡，其行为均已构成抢劫罪。被告人李某虎明知是犯罪所得的赃物，仍予以窝藏、转移，其行为已构成掩饰、隐瞒犯罪所得罪。张某、黎某、肖某均积极参与作案，在共同犯罪中均起主要作用，均系主犯，应当按照其参与的全部犯罪处罚。张某是致使被害人死亡的直接凶手，其犯罪手段残忍，罪行极其严重，应依法惩处。该院依法判决：(1) 被告人张某犯抢劫罪，判处死刑，剥夺政治权利终身，并处没收个人全部财产。(2) 被告人黎某犯抢劫罪，判处无期徒刑，剥夺政治权利终身，并处没收个人全部财产。(3) 被告人肖某犯抢劫罪，判处有期徒刑15年，剥夺政治权利5年，并处罚金人民币1万元。(4) 被告人李某虎犯掩饰、隐瞒犯罪所得罪，判处有期徒刑1年6个月，并处罚金人民币2000元。一审宣判后，被告人张某、黎某、肖某均提出上诉。广东省高级人民法院经审理裁定驳回上诉，维持原判，并依法报请最高人民法院核准。最高人民法院经复核核准被告人张某死刑。

【专家评析】

抢劫是严重危害社会治安的暴力犯罪，既侵害公民的财产权利，又严重侵害公民的人身权利，历来属于刑法打击的重点。杀人抢劫犯罪是适用死刑较多的一类犯罪。刑法规定死刑只适用于罪行极其严重的犯罪分子。杀人抢劫犯罪虽属严厉打击的犯罪，但也必须贯彻执行“保留死刑、严格控制和慎重适用死刑”的刑事政策和宽严相济的刑事政策。因此，对于共同杀人抢劫犯罪，适用死刑必须充分考虑各被告人在共同犯罪中的地位和作用、危害后果以及被告人的主观恶性和人身危险性等情节，做到分清罪责，以责定刑，罚当其罪。对于多名被告人共同致一人死亡的抢劫犯罪案件，依法应当判处被告人死刑立即执行的，一般只判处一名罪行最严重的主犯死刑立即执行。如何区分共同杀人抢劫犯罪中的主从犯及进一步区分出多名主犯中罪行更为严重和最严重者，便成为重要问题。

共同犯罪中主犯与从犯的区分对于准确界定各共犯人的刑事责任、量刑具有重要意义，可以使刑罚的轻重与犯罪分子所犯罪行和承担的刑事责任相适应，实现罪刑相当、罪刑均衡。这既是罪刑相适应基本原则的要求，也是贯彻宽严相济刑事政策的直接体现。共同杀人抢劫犯罪主要是一般共同犯罪，有别于犯罪集团。刑法规定，在共同犯罪中起主要作用的，是主犯；在共同犯罪中起次要或者辅助作用的，是从犯。犯罪分子是起主要作用还是辅助作用应从主客观方面进行综合判断。需要综合分析共犯人在犯意形成阶段、犯罪实行阶段，所起的作用和地位准确区分认定，对起主要作用的认定为主犯，起次要作用的认定为从犯。

就本案而言，被告人张某、黎某、肖某因没有工作、没有钱而在一起共同谋划实施抢劫，准备好尖刀和西瓜刀，由肖某驾驶摩托车搭载张某、黎某寻找作案目标。三人发现独自行走的被害人廖某，即实施抢劫。黎某用西瓜刀砍击廖某，张某用尖刀猛刺廖某的腹股沟、臀部等处数刀，肖某上前踢踹倒地的廖某。三人抢得财物后逃离现场。首先，三人对抢劫的共谋属“一拍即合”，并没有谁起到提议或组织的作用，故三人在犯意形成阶段所起的作用基本相当。其次，三人均积极实施了抢劫犯罪构成要件中的暴力行为。虽然尸体鉴定结论证实，廖某的死亡是张某持尖刀捅刺所致，但是三人并没有谋划具体分工，均参与了犯罪全过程，均应对廖某的死亡承担刑事责任，不能仅以实行行为的轻重或者是否行为直接造成了死亡的加重结果出现来简单认定三人犯罪行为的作用。实际上，三人的暴力行为是相辅相成的。张某、黎某、肖某共同谋划并积极实施抢劫，在共同犯罪中均起主要作用，均系主犯，应当按照所参与的全部犯罪处罚。张某是致使被害人死亡的直接凶手，其犯罪手段残忍，罪行极其严重，依法应当判处死刑立即执行。

【典型案例二】

李某等人故意杀人、故意伤害案

被告人李某因女友左某（24 岁）与其提出分手并与张某（男，殁年

27岁，别名欧阳）建立恋爱关系而心生怨恨。2005年12月9日凌晨3时许，被告人李某纠集被告人尚某等人乘车尾随左某至北京市东城区北极阁胡同4号门前，在看到张某后，被告人尚某上前与张某进行厮打，后被告人李某用木板击打张某头部，并持随身携带的尖刀猛刺张某颈部、胸部、背部等处10余刀，伤及心脏、肺脏、右锁骨下动脉，致张某急性失血性休克死亡。其间，被告人李某还持刀刺中左某腹部一刀，致左某重伤。被告人李某作案后在现场向公安机关投案；被告人尚某在作案过程中逃离现场，后向公安机关投案。

北京市第二中级人民法院经审理认为：被告人李某因感情纠纷，纠集被告人尚某共同故意伤害他人身体，其在伤害过程中起意杀人，持刀非法剥夺他人生命，致人死亡，另还致一人重伤，其行为已分别构成故意杀人罪和故意伤害罪，且犯罪后果严重，依法应予惩处，并应数罪并罚。被告人尚某伙同李某共同故意伤害他人身体，其虽在李某起意杀人后进行语言劝阻未成时离开现场，但仍应对故意伤害行为及其延续后果承担责任，其行为已构成故意伤害罪，依法应予惩处。北京市第二中级人民法院根据被告人李某、尚某犯罪的事实、犯罪的性质、情节、对社会的危害程度等，依法判决被告人李某犯故意杀人罪，判处死刑，缓期2年执行，剥夺政治权利终身；犯故意伤害罪，判处有期徒刑4年，决定执行死刑，缓期2年执行，剥夺政治权利终身。判决被告人尚某犯故意伤害罪，判处有期徒刑3年。该案经二审程序，北京市高级人民法院经审理后驳回上诉，维持原判。

【专家评析】

本案中，对李某犯有故意杀人罪、故意伤害罪，定罪量刑都无过多争议，关键是在李某、尚某对张某共同实施的行为中，对尚某的行为如何评价，李某、尚某二人是否形成共犯？现评析如下。

本案中行为人尚某与李某有共同伤害的犯罪故意与行为。共同犯罪并不意味着只有当二人以上的故意内容与行为内容完全相同时，才能成立共同犯罪。许多犯罪之间存在交叉与重叠的关系，当重合的部分本身也是刑法所规定的一种犯罪时，就说明二人以上就重合的犯罪具有共犯关系。

首先，从共同故意角度分析，尚某在车上提议，下车后对被害人张某进行殴打后，李某随即加入进去，二人的故意伤害行为已经形成了一个有机的整体，应认定具有共同的伤害故意，李某在其后犯罪过程中故意内容的转化，不影响对二人具有共同伤害故意的认定。其次，从客观行为方面看，尚某上前对被害人张某进行殴打后，李某随即加入进去，二人的故意伤害行为已经形成了一个共同犯罪的有机整体，李某、尚某二人对被害人张某实施了共同的伤害行为，在李某的犯意由伤害转为杀人后，尚某逃离现场。此时的张某遭受尚某、李某二人的殴打，其由此而产生的畏惧、惊恐心态一直存在，被害人死亡的最终结果是二人故意伤害行为的延续，尚某应当对之前的行为及之后李某的继续行为产生的后果负责。

综上，在故意伤害的范畴上，应认定二人系共同犯罪，且致被害人死亡。这种认定，主要是以对尚某行为进行评价为目的。最终定罪，则是根据二人主观故意的内容不同，以转变后的故意内容认定李某构成故意杀人罪，而尚某构成故意伤害罪。

【典型案例三】

莫某故意杀人案

被告人莫某经常外出赌博，2004 年 4 月起认识曹伟（另案处理）等人，后曹伟等人充当其保镖，莫某从某工地拿回长柄斧 5 把供曹伟等人使用，曹伟等人另自行准备了砍刀。5 月初，莫某带领曹伟等人，在江苏省常州市横林镇赌博与裴礼乾（另案处理）等人发生矛盾。5 月 31 日下午 2 时许，莫某带领曹伟、“阿森”（现在逃）等人，携带长柄斧、砍刀乘汽车外出寻找赌博场所，途中，曹伟发现裴礼乾等人后立即告知莫某，莫某当即表示如果对方来就和对方斗殴。此后不久，莫某到无锡市惠山区玉祁镇新大中饭店二楼赌博，曹伟等人在楼下路边汽车内等候。曹伟等人看见裴礼乾、胡忠林等人持刀向饭店走来，即持械下车与对方互殴。殴斗过程中，曹伟用长柄斧砍中胡忠林头部，致胡忠林当场死亡。在饭店二楼赌博的莫某等人听到楼下吵闹声以为抓赌即迅速散开，莫某跑到隔壁房间从窗户向下张望，看到曹伟等人与裴礼乾等互殴，曾从窗户对外喊“不要打了”（此节未得到参与斗殴的曹伟等人的证实），但见胡忠林已被曹伟劈倒在地，遂跳楼逃离。案发后，莫某通过他人支付人民币5000元给曹伟供其外逃。

另查明，被告人莫某于1994年10月10日因犯流氓罪被原无锡县人民法院判处有期徒刑6年，剥夺政治权利1年。1996年10月30日假释，假释考验期至1999年9月20日为止。

江苏省无锡市中级人民法院审理认定被告人莫某的行为符合聚众斗殴转化为故意杀人罪的构成要件，已构成故意杀人罪，又系累犯，有赔偿被害人亲属和一定悔罪表现，但根据其犯罪情节尚不足以对其从轻处罚。据此，依法判处莫某死刑，剥夺政治权利终身。一审宣判后，莫某上诉。江苏省高级人民法院经二审改判上诉人莫某死刑，缓期2年执行，剥夺政治权利终身。

【专家评析】

第一，本案中，莫某纠集多人，提供凶器，并指使他人持械聚众斗殴，虽然其没有参加斗殴，不影响将其认定为聚众斗殴犯罪的首要分子。

刑法第97条规定，本法所称首要分子，是指在犯罪集团或者聚众犯罪中起组织、策划、指挥作用的犯罪分子。刑法第292条第2款规定，聚众斗殴，致人重伤、死亡的，依照刑法第234条、第232条的规定定罪处罚，即明确了对聚众斗殴被告人的转化定罪问题。如果聚众斗殴犯罪的首要分子本身就是致人重伤或死亡的直接实施者，认定其故意伤害罪或故意杀人罪是明确和肯定的，但没有直接致人重伤或者死亡，甚至没有直接实施斗殴行为的，应如何定罪？审查首要分子是否应当为转化的罪名负责，应当从主客观相一致的归罪原则出发，从分析首要分子的主观故意和客观行为的统一性入手去审查其是否应当承担转化后较重的罪责。通常情形下，由于聚众斗殴犯罪的首要分子是共同犯罪的组织者和指挥者，应当对全案负责。但对于首要分子事前明确作出避免人员伤亡的限制，而积极参加者在聚众斗殴过程中故意伤害或故意杀人的，应属于共同犯罪的实行过限行为，对首要分子不应转化定罪；对于首要分子“组织、指挥的故意”较为概括，明知其他积极参加者携带了足以致人重伤或者死亡的器械而仍然决意“组织、指挥”他人进行聚众斗殴，无论其自己是否直接致人重伤或者死亡，其组织、指挥的内容决定了造成对方重伤、死亡的某种必然性，对首要分子和直接致人重伤或者死亡的实施者均应按聚众斗殴的转化犯处理；如没有明确强调斗殴方式、程度，也没有明确约定避免造成对方重伤和死亡后果的，因属在其概括故意之下，反映了其放任的主观故意，首要分子亦应一起转化，对后果承担责任。

本案中，曹伟等人持械聚众斗殴，致被害人死亡的事实清楚，但本案被告人莫某并没有直接参与斗殴，是否与曹伟同样认定为故意杀人罪？从本案事实和证据来看，首先，分析其主观方面：当曹伟等人向莫某请示时，莫某表示了对方来了就和他们打，莫某授意打斗属于概括的故意，其并未明确如何打，打到何种程度，但由于其不仅明知曹伟等人带着长柄斧和砍刀，且该犯罪工具长柄斧系其所提供，故其应当知道持这种器械斗殴可能会造成的后果，也应当是有所预见的，但其仍然表示要斗殴，且没有明确斗殴的方式和程度，其组织、指挥的内容决定了造成对方重伤、死亡的某种必然性，反映了其授意斗殴时放任的主观故意，则应以结果定罪，即应认定为故意杀人罪。其次，尽管莫某供述曾在楼上喊过不要打的话，但该行为是在曹伟举斧劈向被害人之后，已无法改变造成被害人死亡的必然结果，实际上也未有效阻止犯罪后果的发生，故不能改变其犯罪性质。曹伟等致人死亡的后果应在其故意范围之内，曹伟等人的行为不属于实行过限行为，对莫某应当一并转化定罪。

第二，对罪行极其严重的共同犯罪中死刑的适用应当慎重。

共同犯罪中死刑的适用，首先要根据整个共同犯罪的后果决定是否适用死刑，从宏观上考虑罪与刑之间整体的对称性。整个共同犯罪的罪行极其严重，是对共同犯罪的被告人适用死刑的基础条件。其次在确定对某一个共同犯罪案件应当适用死刑的前提下，需要进一步确定对一些罪行最重的被告人适用死刑，并应慎重适用多个死刑。在罪行极其严重的共同犯罪中，对于那些既没有直接实施犯罪，对该后果又没有明确犯意的首要分子或者其他主犯，可不适用死刑立即执行。

本案中，持械斗殴的是曹伟等人，用斧头劈被害人头部造成被害人死亡这一严重后果的也是曹伟，其罪行最为严重，故对曹伟应当适用死刑。那么对于本案被告人莫某如何量刑？首先，对于共同犯罪造成一人死亡后果的，应当慎重适用多个死刑立即执行。本起斗殴造成一人死亡，已对罪行最为严重的曹伟适用死刑并已依法执行，对其他被告人应控制死刑的适用。其次，被告人莫某虽然是聚众斗殴的首要分子，但其在客观行为方面，没有直接参与斗殴，也没有直接造成他人死亡的后果，在主观方面，对犯罪后果的发生，是一种概括的主观故意和放任的心态，这种故意与那些犯意明确的雇凶者或其他明确追求犯罪后果的首要分子相比有着很大区别。此外，被告人莫某还具有其他从轻的情节，如积极赔偿被害人亲属的部分经济损失等。鉴于上述原因，二审法院认为对其判处死刑可不立即执行，对被告人莫某改判死刑，缓期2年执行。

【典型案例四】

岳某利用其不满14周岁的女儿投毒杀人案

1993年6月，被害人许桂祥前往贵州省纳雍县寨洛乡将岳某带至江苏省海安县同居，许某某（女，5岁）亦随母至许桂祥家共同生活。岳某于1994年3月生一子许文春。1996年8月，岳某与许桂祥补办了结婚登记手续。2000年12月下旬，因许桂祥不愿意出资为女儿许某某上中学、办理户口等家庭经济问题，夫妻间经常吵架，岳某负气携女儿许某某离家出走1个多月。许桂祥通过派出所将岳某找回家。当天下午，夫妻为生活琐事发生争执，许桂祥兄弟3人将岳某绑在房前树上殴打，被派出所民警解救。2001年3月，岳某向海安县人民法院提起离婚诉讼，同年5月法律判决不准许岳某与许桂祥离婚，岳某带女儿又离家出走数月。其后，被告人岳某对许桂祥经常翻查其衣袋的钱物等怀恨在心，其女儿许某某（13岁）也因为继父许桂祥对其歧视性言行及翻查其母岳某衣袋等事而积怨，两人经合谋后，决定以投毒的方式报复杀害许桂祥。2001年12月初，被告人岳某在海安县雅周镇汽车站附近购买了两包“毒鼠强”藏于许某某处，伺机作案。同月13日19时许，被告人一家人吃晚饭时，许桂祥中途离桌到厨房，许某某问岳某是否在许桂祥碗中投放“毒鼠强”，岳某表示同意，许某某就将两包“毒鼠强”当着被告人岳某的面掺入许桂祥吃面条的碗内，并用筷子在碗内搅拌了几下。许桂祥返回后吃了掺毒的面条，即出现抽搐、呕吐症状，在送往医院抢救的途中死亡，经鉴定系“毒鼠强”急性中毒死亡。案发后，因许某某不满14周岁，公安机关依照《中华人民共和国刑法》第17条第4款的规定，对许某某作出收容教养3年的决定。

江苏省南通市中级人民法院经审理后认定被告人岳某构成故意杀人罪，许某某不满14周岁，未达到刑事责任年龄，故本案不构成共同犯罪。许某某的行为应视为受被告人岳某指使、利用而实施的行为，故被告人岳某对本案应负全部刑事责任。该院依法判处被告人岳某死刑，缓期2年执行，剥夺政治权利终身。

【专家评析】

本案是一起典型的家庭暴力引发的恶性刑事案件，其特殊性在于对利用不满14周岁的未成年人投毒杀人的行为如何定性及如何承担刑事责任问题。

共同犯罪是指二人以上共同故意犯罪，即共同犯罪的主体必须是两个以上的自然人，且都是达到法定刑事责任年龄、具有刑事责任能力的人。本案被告人岳某是达到刑事责任年龄、具备刑事责任能力的人。她因遭受丈夫的暴力侵害，产生了毒死丈夫的犯意，故购买了老鼠药存放于其不满14周岁的女儿许某某处，并将自己杀夫的犯罪意图灌输给自己的女儿，促使女儿决意实施其所指使的投毒杀人的犯罪行为。岳某的行为实际上是指使、利用未达到刑事责任年龄的许某某实施了故意杀人的犯罪行为，她与许某某之间不符合共同犯罪的主体特征，不能形成共犯关系。就被指使、利用者许某某而言，由于她不具有独立的意志，或者说缺乏辨别能力，不过是指使、利用者岳某的犯罪工具。有刑事责任能力的人指使、利用未达到刑事责任年龄的人实施犯罪，在刑法理论上称之为“间接正犯”或“间接实行犯”。“间接正犯”不属于共同犯罪的范畴。本案中，许某某不负刑事责任，其实施的犯罪行为应视为指使、利用者岳某自己实施的行为。岳某应对许某某所实施的行为承担全部刑事责任，即应以故意杀人罪对被告人岳某定罪量刑。此外，在准备实施犯罪时，是被告人岳某购买了犯罪工具“毒鼠强”，且其女儿实施投毒是经过她同意的。总之，被告人岳某既有杀人的故意，又实施了指使、利用未达到刑事责任年龄的人故意杀人的行为，应对本案负全部刑事责任。

【法条指引】

中华人民共和国刑法

第二十五条　共同犯罪是指二人以上共同故意犯罪。

二人以上共同过失犯罪，不以共同犯罪论处；应当负刑事责任的，按照他们所犯的罪分别处罚。

第二十六条　组织、领导犯罪集团进行犯罪活动的或者在共同犯罪中起主要作用的，是主犯。

三人以上为共同实施犯罪而组成的较为固定的犯罪组织，是犯罪集团。

对组织、领导犯罪集团的首要分子，按照集团所犯的全部罪行处罚。

对于第三款规定以外的主犯，应当按照其所参与的或者组织、指挥的全部犯罪处罚。

第二十七条　在共同犯罪中起次要或者辅助作用的，是从犯。

对于从犯，应当从轻、减轻处罚或者免除处罚。

第二十八条　对于被胁迫参加犯罪的，应当按照他的犯罪情节减轻处罚或者免除处罚。

第二十九条　教唆他人犯罪的，应当按照他在共同犯罪中所起的作用处罚。教唆不满十八周岁的人犯罪的，应当从重处罚。

如果被教唆的人没有犯被教唆的罪，对于教唆犯，可以从轻或者减轻处罚。

第九章
单位犯罪

▶ 1. 我国刑法如何规定单位犯罪?

【宣讲要点】

单位犯罪是相对于自然人犯罪而言的。我国1979年通过的《中华人民共和国刑法》中，没有单位犯罪的规定。1987年通过的《中华人民共和国海关法》第一次在我国法律中确认了单位可以成为犯罪主体。1988年通过的《全国人大常委会关于惩治贪污贿赂罪的补充规定》和《全国人大常委会关于惩治走私罪的补充规定》，分别规定有关企业、事业单位、机关、团体可以成为受贿罪、行贿罪、走私罪、逃汇套汇罪和投机倒把罪犯罪的主体，第一次在专门的刑事法律中规定了单位犯罪。1997年修订后的刑法，采用总则与分则结合的方式确立了单位犯罪及其刑事责任。

单位犯罪是指为了公司、企业、事业单位、机关、团体的利益，由单位的负责人或经单位集体讨论决定所实施的，由刑法明文规定的依法应当承担刑事责任的严重危害社会的行为。单位（包括法人）是相对于自然人来讲的社会、经济、民事活动的一个重要主体。单位犯罪的主体具体包括公司、企业、事业单位、机关、团体。根据1999年6月25日《最高人民法院关于审理单位犯罪案件具体应用法律若干问题的解释》第1条规定，“公司、企业、事业单位”既包括国有、集体所有的公司、企业、事业单位，也包括依法设立的合资经营、合作经营企业和具有法人资格的独资、私营等公司、企业、事业单位。机关是指国家各级权力机关、行政机关、司法机关、军事机关。团体主要是指人民团体和社会团体。

需要注意的是，只有法律明文规定单位可以成为犯罪主体的犯罪，才存在单位犯罪及单位承担刑事责任的问题，而并非一切犯罪都可以由单位构成。

▶ 2. 如何界定单位犯罪的刑事责任能力？我国刑法对单位犯罪的刑事处罚如何规定？

【宣讲要点】

关于单位犯罪的刑事责任能力，可以从以下几个方面理解。

（1）单位刑事责任能力如自然人主体的刑事责任年龄那样，是有期限的，始于成立，终于撤销、注销、吊销营业执照、宣告破产或解散。需要注意的是，按照2002年7月9日《最高人民检察院关于涉嫌犯罪单位被撤销、注销、吊销营业执照或者宣告破产的应如何追诉问题的批复》规定，如果涉嫌犯罪的单位被撤销、注销、吊销营业执照或者宣告破产的，应当根据刑法关于单位犯罪的相关规定，对实施犯罪行为的该单位直接负责的主管人员和其他直接责任人员追究刑事责任，对该单位不再追诉。

（2）单位刑事责任能力的形成源于自然人，是单位内部自然人个人辨认、控制能力的一种集合。常常表现为单位集体或者单位负责人为了本单位眼前利益或长远利益所作的决定（集体决定）。按照1999年6月25日《最高人民法院关于审理单位犯罪案件具体应用法律若干问题的解释》第2条、第3条规定，为进行违法犯罪活动而设立的公司、企业、事业单位实施犯罪的，或者公司、企业、事业单位设立后，以实施犯罪为主要活动的，不以单位犯罪论处（笔者按：即按照自然人犯罪认定和处理）。盗用单位名义实施犯罪，违法所得由实施单位犯罪的个人私分的，依照刑法有关自然人犯罪的规定处罚。按照2000年9月30日《最高人民法院关于审理单位犯罪案件对其直接负责的主管人员和其他直接责任人员是否区分主犯、从犯问题的批复》规定，在审查单位犯罪案件时，对其直接负责的主管人员和其他直接责任人员，可不区分主犯、从犯，按照其在单位犯罪中所起的作用判处刑罚。

（3）单位刑事责任能力有限定性。单位承担刑事责任的表现方式是接受罚金。

关于单位实施犯罪后怎样予以刑事处罚，我国刑法规定一般采用“双罚制”的原则，即单位承担罚金，同时单位直接负责的主管人员和其他直接责任人员承担法定刑罚。刑法另有规定的，则属例外。

【典型案例】

天矩公司提供虚假证明文件案

薛某承包了福海公司的场地经营农场生意，经该公司同意，修建了一条排水沟和一座钢架桥。2007 年 3 月，薛某得知农场所在土地即将被征用，并且相关部门将给予补偿，薛某在与福海公司、拆迁公司等相关部门协商后，找到与其私交甚好的天矩评估有限责任公司（以下简称天矩公司）总经理陈某，要求其出具评估结果。陈某指派其公司员工赵某（无评估师资格）负责该项目的具体操作。赵某在评估过程中，先通过简单丈量勘测，后通过虚增工程造价等方式把评估对象硬凑成 1300 多万元。根据该评估报告，福海公司以 997 万元的包干价对该农场进行了补偿。该工程的实际评估结果仅为 286 万元，导致福海公司损失 700 余万元。

【专家评析】

本案应当认定单位犯罪，即天矩公司构成提供虚假证明文件罪，陈某与赵某也构成提供虚假证明文件罪。理由如下。

根据我国刑法第 229 条规定，提供虚假证明文件罪是指承担资产评估、验资、验证、会计、审计、法律服务等职责的中介组织及其人员故意提供虚假证明文件、情节严重的行为。本罪的犯罪主体由两个方面构成：一是单位，即中介组织。二是自然人，即中介组织人员。单位犯罪，即中介组织犯罪。我国刑法明确列举了六类中介组织，即承担资产评估、验资、验证、会计、审计、法律服务职责的中介组织。但又不以此为限，还包括其他承担独立专业性的证明、服务业务的中介组织。一般来说，凡是以单位的名义出具证明文件，即加盖单位专用印章或采取其他方式证明是单位出具的，就应属单位犯罪。在现实中，某些证明文件必须以中介组织的名义而不是以个人的名义出具，但如果中介组织的人员私揽业务，提供虚假证明文件时根本不通知单位，则由中介组织人员单独构成犯罪。

本案中，天矩公司依照本单位的经营范围承担了薛某提供的一条排水沟及钢架桥工程的评估业务，在评估的过程中违反客观、公正、真实的原则，以单位的名义出具了虚假的证明材料，造成福海公司资产700余万元的损失。该单位应当为其行为承担相应的刑事责任。而陈某作为天矩公司的总经理，指派该单位的员工赵某具体实施了提供虚假证明文件的行为，其应当承担“直接负责的主管人员”的责任，而赵某作为虚假证明文件行为的具体实施者，应负“其他直接责任人员”的责任。

综上所述，天矩公司构成提供虚假证明文件罪，陈某与赵某也构成提供虚假证明文件罪。

【法条指引】

中华人民共和国刑法

第三十条　公司、企业、事业单位、机关、团体实施的危害社会的行为，法律规定为单位犯罪的，应当负刑事责任。

第三十一条　单位犯罪的，对单位判处罚金，并对其直接负责的主管人员和其他直接责任人员判处刑罚。本法分则和其他法律另有规定的，依照规定。

最高人民法院关于审理单位犯罪案件具体应用法律有关问题的解释

为依法惩治单位犯罪活动，根据刑法的有关规定，现对审理单位犯罪案件具体应用法律的有关问题解释如下：

第一条 刑法第三十条规定的“公司、企业、事业单位”，既包括国有、集体所有的公司、企业、事业单位，也包括依法设立的合资经营、合作经营企业和具有法人资格的独资、私营等公司、企业、事业单位。

第二条 个人为进行违法犯罪活动而设立的公司、企业、事业单位实施犯罪的，或者公司、企业、事业单位设立后，以实施犯罪为主要活动的，不以单位犯罪论处。

第三条 盗用单位名义实施犯罪，违法所得由实施犯罪的个人私分的，依照刑法有关自然人犯罪的规定定罪处罚。

最高人民法院关于审理单位犯罪案件对其直接负责的主管人员和其他直接责任人员是否区分主犯、从犯问题的批复

湖北省高级人民法院：

你院鄂高法〔1999〕374号《关于单位犯信用证诈骗罪案件中对其“直接负责的主管人员”和“其他直接责任人员”是否划分主从犯问题的请示》收悉。经研究，答复如下：

在审理单位故意犯罪案件时，对其直接负责的主管人员和其他直接责任人员，可不区分主犯、从犯，按照其在单位犯罪中所起的作用判处刑罚。

此复

第十章 罪数与罪质

▶ 1. 一个人在持刀抢劫的过程中，将被害人砍成重伤，抢走被害人的现金 3000 元，对这种行为是认定一个罪还是认定两个罪？

【宣讲要点】

持刀抢劫，不仅伤了人，还抢走了现金，被害人的人身以及财产受到双重损害。按照我国刑法的规定，对行为人认定抢劫罪，对其致人重伤的行为作为结果加重情形，从重处罚，不再单独评价。这里涉及一罪与数罪的认定问题，在刑法上简称为罪数问题。关于罪数判断标准，我国刑法理论通行的观点采用了犯罪构成标准说。根据此说主张，区分一罪与数罪的标准是犯罪构成的个数。即行为人的犯罪事实具备一个犯罪构成的为一罪，具备数个犯罪构成的为数罪。换言之，凡是基于一个确定或概括的犯罪故意（或过失），实施一个危害行为，符合一个犯罪构成的为一罪；基于数个犯罪故意（或过失），实施数个危害行为，符合数个犯罪构成的为数罪。犯罪构成标准说之所以在我国刑法理论界获得多数学者的赞同，主要是因为：第一，犯罪构成标准说体现和贯彻了罪刑法定的刑法基本原则。我国刑事立法的总则性规范和分则性规范，全面、系统地确定了犯罪构成的要件，这是我国刑法所奉行的罪刑法定原则最突出的体现。以犯罪构成作为区分一罪与数罪的标准，可以在刑事诉讼中有效地避免罪数判定的随意性和非一致性，并在确保罪数判定的法定性、统一性和公正性的基础上，体现罪刑法定原则的基本要求。第二，犯罪构成标准说，体现和贯彻了主客观相统一的原则。任何犯罪都是行为人主观上的罪过和客观上的危害行为及其结果所构成的有机统一体。因此，以犯罪构成作为区分一罪与数罪的标准，就能够防止主观归罪或客观归罪的错误，保证定罪和量刑的准确性。

【典型案例】

尹某故意杀人、盗窃案

被告人尹某于1997年2月到广东东莞打工，进了一家皮鞋厂。打工期间，尹某与当地的有夫之妇雷某通奸，尹某多次威胁雷某与其夫离婚，均遭到拒绝，因此怀恨在心，故而决意杀害雷某。1997年6月12日，被告人尹某持刀潜入雷某家，用刀将雷某当场砍死。尹某杀死雷某后，发现雷某脖子上挂着一串白金项链，手指上带着一枚金戒指，于是从死者身上取下来逃走。

【专家评析】

本案被告人尹某的犯罪行为已构成两种独立的犯罪，即应当认定为故意杀人罪和盗窃罪。理由如下。

首先，明确一罪与数罪的概念。一罪就是犯罪人以一个故意，实施一个犯罪行为，造成一个危害结果，触犯一个罪名，符合一个犯罪构成的要件。数罪就是犯罪人以两个以上的故意，实施数个犯罪行为，造成数个危害结果，触犯数个罪名，符合数个犯罪构成的要件。其次，根据犯罪构成和数罪并罚的理论，被告人以一个杀人的故意，将被害人雷某杀死，这构成了故意杀人罪。最后，被告人发现被害人身上的白金项链和金戒指，于是又产生了盗窃故意，实施了盗窃行为，这一事实说明被告人的行为又构成了一个独立的盗窃罪，应定为盗窃罪。综上，被告人符合数罪中的“异种数罪”，即被告人以两个故意，实施了两种不同性质的犯罪行为，造成两种危害社会的结果，触犯了法律规定的两种不同罪名，所以被告人尹某犯了两个罪，即故意杀人罪、盗窃罪，应按数罪并罚的原则处罚。

▶ 2. 区分认定一罪与数罪，需要掌握哪些标准？

【宣讲要点】

区分认定一罪与数罪，需要掌握以下要点。

其一，实质的一罪。

（1）想象竞合犯。也称想象数罪，是指实施一个犯罪行为同时触犯数个不同罪名的犯罪形态。其构成特征表现为以下几个方面。

一是行为人只实施了一个犯罪行为。所谓一个行为，可以是故意行为，也可以是过失行为，还可以是出自一个犯罪故意的行为，因过失又造成了另一个犯罪结果。

二是这一行为同时触犯数罪名。所谓数罪名，是指一行为在外观上或形式上同时符合数个犯罪的特征。

想象竞合犯虽然在形式上是数罪，但行为人毕竟只实施了一个犯罪行为，因而实质上为一罪。例如，某甲意图杀害某乙，晚上趁乙在文娱室和其他人围看电视之际，向乙扔去一颗炸弹，结果不但炸死了乙，而且还重伤了某丙、某丁，炸坏了彩色电视机一台。在本案中，某甲只是基于一个犯罪故意，却触犯了数个罪名：爆炸罪、故意杀人罪、故意伤害罪、故意毁坏财物罪。某甲的犯罪行为虽然发生了几个结果，触犯了几个罪名，但不能以数罪论，只能作为一罪处理。因此，我国通行的刑法理论认为，应当按一行为所触犯的数个罪名中较重之罪处罚。

（2）结果加重犯。这是指行为人实施了基本犯罪构成要件的行为，由于发生了法律规定的基本犯罪构成要件结果以外的加重结果，刑法对其规定了加重法定刑的犯罪形态。其构成特征表现为以下几个方面。

一是行为人所实施的基本犯罪构成要件的行为必须客观地引发了基本

犯罪构成要件以外的加重结果，也即基本犯罪构成要件的行为与加重结果之间具有因果关系。

二是基本犯罪构成要件以外的加重结果，必须通过刑法明文规定的方式，成为依附于基本犯罪构成要件而存在的特定犯罪的有机组成部分。

三是行为人对于实施的基本犯罪构成要件的行为及其所引发的加重结果均有犯意。

我国刑法理论界通行认为，结果加重犯可以划分为三种类型：一是基本犯为故意，对加重的结果也是故意，如刑法第263条第（5）项规定的抢劫致人死亡案件中，抢劫行为是出于故意，致人死亡也可以是故意。二是基本犯为故意，对加重的结果则出于过失，如刑法第236条第3款第（5）项规定的强奸致人死亡的案件中，强奸行为是出于故意的，对被害人死亡的结果则是出于过失。三是基本犯为过失，对加重的结果也是出于过失，如刑法第136条规定的违反危险品管理规定肇事罪，后果严重的基本犯是过失，后果特别严重的也是出于过失。对于结果加重犯，应按照刑法分则条款所规定的加重法定刑处罚。

（3）继续犯。也称持续犯，是指犯罪行为自着手实行之时直至其构成既遂后，且通常在既遂之后至犯罪行为终了的一定时间内，该犯罪行为及其所引发的不法状态同时处于持续过程中的犯罪形态。其构成特征表现为以下几个方面。

一是基于一个犯罪故意实施一个危害行为的犯罪。所谓一个危害行为，是指主观上出于一个犯罪故意（无论是单一的犯罪故意，还是概括的犯罪故意），为了完成同一犯罪意图所实施的一个犯罪行为。如果行为人并非实施一个危害行为，而是实施了数个危害行为，则不构成继续犯。应当注意的是，我国刑法典所规定的多数继续犯通常由作为形式构成，少数继续犯（如遗弃罪）只能由不作为形式构成。在某些情况下，继续犯持续实施的一个危害行为，可以始于作为并在行为继续过程中转为不作为。

二是持续地侵犯同一客体或相同客体的犯罪。所谓“持续地侵犯同一客体”，是就特定犯罪的直接客体为简单客体而言的；所谓“持续地侵犯相同客体”，是就特定犯罪的直接客体为复杂客体而言的。因而，若行为人持续实施的危害行为侵犯了作为某一犯罪必要要件之外的他种犯罪的直接客体，则不仅成立以继续犯为特征的具体犯罪，而且同时构成了另一犯罪，若行为人在持续犯罪的过程中，又以其他危害行为侵犯了另外的直接客体，则应当对其所构成的数罪实行并罚。

三是该犯罪行为及其所引发的不法状态同时处于持续过程中。继续犯的这一最为显著的特征，是它与即成犯、状态犯、连续犯等犯罪形态相区别的主要标志。对于继续犯的这一特征，可从以下几个方面加以认识。

首先，继续犯的犯罪行为必须具有持续性。它的典型表现是，自犯罪行为着手实行至犯罪行为实施终了的过程中，犯罪行为一直处于正在实施、不断进行的状态。

其次，继续犯的犯罪行为及其所引起的不法状态必须同时处于持续状态。这就是说，继续犯不仅必须具有犯罪行为持续性的特征，而且由犯罪所引起的不法状态也必须呈现为一种持续存在的状态。

对于继续犯，应当按照刑法分则规定的法定刑处罚。继续时间的长短，是量刑的重要情节。

其二，处断的一罪。

（1）连续犯。这是指行为人基于数个同一的犯罪故意，连续实施数个性质相同的犯罪行为，触犯同一罪名的犯罪形态。其构成特征表现为以下几个方面。

一是必须基于连续意图支配下的数个同一犯罪故意。所谓同一的犯罪故意，是指数个犯罪故意在内容和形式上相同。

二是必须实施数个足以单独构成犯罪的危害行为。也就是说，行为人实施的数个危害行为必须能够构成数个相对独立的犯罪。如果数个危害行为在刑法上不能构成独立的犯罪，就不能成立连续犯。

三是连续犯所构成的数个犯罪之间必须具有连续性。刑法理论通说认为，认定数个犯罪之间是否具有连续性，应当坚持主观与客观相统一的刑法基本原则，以反映犯罪故意与犯罪行为对立统一特性的连续意图及其所支配的犯罪行为的连续性作为标准，即基于连续意图支配下的数个同一犯罪故意，在一定时期之内连续实施了性质相同的数个足以单独构成犯罪的危害行为，数个犯罪之间就存在连续性，否则，就无连续性可言。

四是连续犯所实施的数个犯罪行为必须触犯同一罪名。该特征是由连续犯在主观上须基于连续意图制约下的数个同一故意，在客观上须实施数个性质相同的犯罪行为的构成要件所决定的。所谓同一罪名，是指犯罪性质完全相同的罪名即同质之罪。

对于连续犯，应当按一罪从重处罚。

（2）牵连犯。这是指行为人实施某种犯罪，而方法行为或结果行为又触犯其他罪名的犯罪形态。其构成特征表现为以下几个方面。

一是必须基于一个最终的犯罪目的。就是说，行为人是为了达到某一犯罪目的而实施犯罪行为（目的行为），在实施该犯罪行为的过程中，其所采取的方法行为或结果行为又构成另一个独立的犯罪；正是在这一犯罪目的的支配下才形成了与目的行为、方法行为、结果行为相对应的数个犯罪故意，而在具体内容不同的数个犯罪故意支配下的目的行为、方法行为、结果行为，都是围绕这一犯罪目的实施的。

二是必须具有两个以上的、相对独立的危害行为。由于牵连犯在实质上是数个犯罪行为，因而行为人若只实施了一个危害社会行为，就无从谈起行为之间的牵连关系问题，从而也就不会有牵连犯的存在。

三是牵连犯所包含的数个危害行为之间必须具有牵连关系。牵连的形式表现为三种：第一，目的行为与方法行为的牵连。例如，为了诈骗财物（目的行为）而伪造国家机关公文（方法行为），构成诈骗罪与伪造国家机关公文罪的牵连犯。第二，目的行为与结果行为的牵连。例如，为了窃取财物（目的行为），盗掘古墓葬，盗掘后为毁灭罪迹又毁坏部分文物（结果行为），构成盗掘古墓葬罪与故意损毁文物罪的牵连犯。第三，复杂的牵连，即在三个以上的犯罪行为中分别具有手段和目的、原因与结果的牵连关系。例如，为盗枪而侵入他人住宅是目的和手段（方法）的牵连，盗枪与私藏枪支是目的与原因（结果）的牵连。

四是牵连犯的数个行为必须触犯不同罪名。如果行为人实行的危害行为只能触犯一个罪名，就不构成牵连犯。

对于牵连犯，应按法定刑最重的一罪从重处罚，而不实行数罪并罚。

但是，在我国刑法中，也有对牵连犯实行并罚的立法规定。例如，根据刑法第157条第2款的规定，以暴力、威胁方法抗拒缉私的，应以走私罪和妨害公务罪并罚。

（3）吸收犯。这是指行为人实施数个犯罪行为，因其所符合的犯罪构成之间具有特定的依附与被依附关系，从而导致其中一个不具有独立性的犯罪，被另一个具有独立性的犯罪所吸收，对行为人仅以吸收之罪论处。其构成特征表现为以下几个方面。

一是行为人必须实施数个均符合犯罪构成要件的危害行为。如果只有一个危害行为，就不存在成立吸收犯的前提。

二是行为人实施的数个犯罪行为，必须基于其内在的独立性与非独立性的对立统一特性，而彼此形成一种吸收关系。这种关系表现为三种形式：第一，重行为吸收轻行为。例如，非法制造枪支后予以私藏的，以非法制造枪支罪论处，私藏枪支的行为被吸收。第二，主行为吸收从行为。例如，教唆他人杀人，又向他人提供杀人工具，只以杀人罪的教唆犯论处，帮助行为即被吸收。第三，实行行为吸收非实行行为（包括预备行为、帮助行为、教唆行为）。

三是行为人实施的数个犯罪行为必须侵犯同一或相同的直接客体，并且指向同一的具体犯罪对象。

四是行为人必须基于一个犯意，为了实现一个具体的犯罪目的而实施数个犯罪行为。

对于吸收犯，按吸收之罪定罪处罚。

【典型案例一】

刘某等人以危险方法危害公共安全案

2007年年初，被告人刘某、奚某为攫取暴利，共谋研制、生产、销售盐酸克仑特罗供生猪饲用。二人商议双方各投资5万元，刘某负责技术开发和生产，奚某负责销售，利润均分。同年9月份，刘某在湖北省襄阳市谷城县试制出盐酸克仑特罗后，与奚某一起带样品到河南省，先后找到被告人陈某、肖某进行试验、推销。陈某、肖某二人明知使用盐酸克仑特罗饲养的生猪流入市场会对消费者身体健康、生命安全造成危害，仍将盐酸克仑特罗卖给收猪的经纪人试用，得知效果好后，遂将信息反馈给刘某、奚某，刘某等人将该盐酸克仑特罗称为“刘某产品”，开始大规模生产，陈某、肖某进行大量销售用于生猪饲养。截至2011年3月，刘某、奚某共生产盐酸克仑特罗（原粉）2700余公斤，奚某、陈某、肖某销售后，金额达640余万元，非法所得约250万元。被告人刘某明知人食用含有盐酸克仑特罗的猪肉有害身体健康，仍协助刘某购进原料、进行研制、生产、销售等活动。

2007年10月至2009年6月，奚某与刘某合伙期间共同销售盐酸克仑特罗（原粉）1200余公斤，销售金额300余万元，非法所得130余万元。2009年10月至2010年2月，奚某还单独从迟名华（另案处理）等人处购买盐酸克仑特罗（原粉）230余公斤，销售金额140余万元，非法所得30余万元。奚某与刘某共同销售及其单独销售金额440余万元，非法所得160余万元。

2007年9月至2011年1月，肖某将从刘某处购进的1300余公斤盐酸克仑特罗（原粉）销售给倪陆昀（另案处理）等人，销售金额300余万元，非法所得60余万元。

2007年10月至2011年3月，陈某将从刘某处购得的600余公斤盐酸克仑特罗（原粉）兑入淀粉，用搅拌机搅拌后，使用刘建业等假名销售给博爱县的贺群启（另案处理）等人，销售金额200余万元，非法所得约70万元。

另查明：盐酸克仑特罗俗称“瘦肉精”，“瘦肉精”具有相当的毒性，动物食用后会在动物组织中形成残留，特别是可以残留于肝、肾、肺等内脏器官中。人食用残留有盐酸克仑特罗的肉及其制品后，会出现肌肉震颤、心慌、战栗、头痛、恶心、呕吐等中毒症状，长期食用可诱发恶性肿瘤等后果，严重者可致人死亡。被告人生产、销售的盐酸克仑特罗，经过层层销售途径，最终销至河南、山东、北京、湖南、海南、安徽、黑龙江、广东八省市的生猪养殖户，勾兑饲料用于饲养生猪，致使大量该类猪肉流入市场，给广大消费者身体健康、生命造成严重危害，并使公私财产遭受特别重大损失。仅济源双汇食品有限公司为处理该类猪肉制品，损失就达3400余万元。焦作市辖区销毁含“瘦肉精”生猪773头，经济损失112.8万元。2011年3月16日至5月27日，焦作市辖区生猪出栏量明显下降，日出栏量减少2120.13头，比往年下降49.76%，焦作市辖区生猪养殖户收入损失1.61亿元。

河南省焦作市中级人民法院认定：被告人刘某犯以危险方法危害公共安全罪，判处死刑，缓期2年执行，剥夺政治权利终身；被告人奚某犯以危险方法危害公共安全罪，判处无期徒刑，剥夺政治权利终身；被告人肖某犯以危险方法危害公共安全罪，判处有期徒刑15年，剥夺政治权利5年；被告人陈某犯以危险方法危害公共安全罪，判处有期徒刑14年，剥夺政治权利3年；被告人刘某犯以危险方法危害公共安全罪，判处有期徒刑9年。宣判后，各被告人以行为不构成危险方法危害公共安全罪等为由提起上诉。河南省高级人民法院经审理，裁定驳回上诉，维持原判。

【专家评析】

本案刘某等人非法生产、销售盐酸克仑特罗用于生猪养殖的行为，属一个行为触犯了数个罪名的想象竞合犯，既触犯了生产、销售有毒、有害食品罪，又触犯了非法经营罪和以危险方法危害公共安全罪，应当从一重罪，认定为以危险方法危害公共安全罪。

(1) 从主观方面分析，刘某、奚某均曾在制药厂工作，刘某系制药工程师，对于盐酸克仑特罗的成分、生产工艺、毒害性具有专业知识，奚某也曾在网上发布过其持有盐酸克仑特罗的信息，对盐酸克仑特罗作用、毒害性也清楚，且二人均明知国家严禁在生猪饲料中添加盐酸克仑特罗，人食用残留有盐酸克仑特罗成分的猪肉及其制品后，对身体健康有害。刘某在研制、生产盐酸克仑特罗时，采取秘密的手段，使用代号购买原料、生产成品，并对工人保密。刘某具有执业药师资格，明知盐酸克仑特罗的危害。肖某长期从事生猪收购贩卖，明知国家严禁在饲料中添加盐酸克仑特罗，也知道使用盐酸克仑特罗喂养的猪流入市场后，会对广大消费者的身体健康、生命造成危害。刘某、奚某等被告人为攫取暴利，仍大量生产、销售盐酸克仑特罗饲养生猪，放任其行为对不特定的广大消费者的身体健康、生命和财产安全造成严重危害，均有危害公共安全的主观故意。

（2）从客观方面看，关于盐酸克仑特罗的危害，中国疾病预防控制中心的复函、司法鉴定科学技术研究所司法鉴定中心的复函均证实，人食用含有盐酸克仑特罗的肉制品可能引起急性中毒和慢性中毒。急性中毒一般表现为四肢震颤、肌肉酸痛、头疼、头晕、多汗、胸闷、心悸等。长期慢性中毒可引发心血管系统和神经系统疾病，致染色体畸变，导致胎儿畸形，诱发恶性肿瘤，危及人的生命。现虽然没有发现致人重伤、死亡的后果，但对广大消费者生命健康的危害是客观存在的，造成的财产损失也是巨大的。

被告人非法生产、销售盐酸克仑特罗与法条列举的危险方法具有相当性。刘某等人研制、生产、销售盐酸克仑特罗的唯一用途就是往饲料中添加，用于生猪养殖，虽然该行为方式与刑法第115条第1款列举的放火、爆炸等危险方法的行为方式具体表现形式不同，但均具有危及不特定多数人人身和财产安全的特点。并且客观上危害了广大消费者的身体健康、生命安全，并对当地肉制品加工企业、生猪养殖业和生猪养殖户造成了特别重大损失。河南精诚联合会计师事务所司法鉴定证实，“瘦肉精”事件致使济源双汇食品有限公司因市场退货、库存销毁等原因遭受财产损失34186692.93元，致使焦作市辖区日生猪出栏量减少2120.13头，同比下降49.76%，造成生猪养殖户收入损失161979945.00元。

（3）刘某、奚某等人研制、生产、销售盐酸克仑特罗的行为与本案发生的后果之间具有因果关系，应对其犯罪行为及其造成的上述危害后果承担刑事责任。

综上，刘某等人生产、销售盐酸克仑特罗用于生猪养殖的行为，属一个行为触犯了数个罪名的想象竞合犯，既触犯了生产、销售有毒、有害食品罪，又触犯了非法经营罪和以危险方法危害公共安全罪。《最高人民法院、最高人民检察院关于办理非法生产、销售、使用禁止在饲料和动物饮用水中使用的药品等刑事案件具体应用法律若干问题的解释》第5条明确规定“实施本解释规定的行为，同时触犯刑法规定的两种以上犯罪的，依照处罚较重的规定追究刑事责任”，所以本案依照处罚较重的以危险方法危害公共安全罪对其定罪处罚。

【典型案例二】

袁某故意伤害案

2013年1月21日13时30分许，广西籍女子林某某在慈溪市观海卫镇沈师桥村三份屯弄3号住宅对门的暂住房内卖淫时，与被害人刘某（男，四川省安县人，殁年57岁）因嫖资发生争执，遂拨打其男友被告人袁某的手机。被告人袁某随即从附近赶至现场，与林某某一起向刘某讨要嫖资，并与刘某争吵。后被告人袁某发觉刘某欲拿手机，即挥右拳猛击刘某的脸部，致刘某仰面倒下后脑着地。之后，被告人袁某见刘某倒在地上口吐白沫，便拨打“120”急救电话求救，随后和林某某一起逃离现场。不久，刘某被“120”急救车送往医院，因其头部遭受钝性外力作用致颅脑外伤、硬膜下出血、蛛网膜下腔出血、脑挫伤，经抢救无效于同月23日下午死亡。同月22日下午，被告人袁某到慈溪市公安局观海卫中心派出所投案。被告人袁某因犯故意伤害罪，被人民法院判处无期徒刑，剥夺政治权利终身。

【专家评析】

刑法第234条第1款规定：“故意伤害他人身体的，处三年以下有期徒刑、拘役或者管制。”第2款规定：“犯前款罪，致人重伤的，处三年以上十年以下有期徒刑；致人死亡或者以特别残忍手段致人重伤造成严重残疾的，处十年以上有期徒刑、无期徒刑或者死刑。本法另有规定的，依照规定。”本案行为人具有伤害他人的故意而实施伤害他人的行为，如果致人轻伤的，符合故意伤害罪的基本犯罪构成，依法应在“三年以下有期徒刑、拘役或者管制”的量刑幅度内承担刑事责任。但是本案被告人故意伤害行为导致了被害人死亡的结果，属于加重的犯罪构成，即结果加重犯，应当在“十年以上有期徒刑、无期徒刑或者死刑”的量刑幅度内承担刑事责任，故被判处无期徒刑，剥夺政治权利终身。

【典型案例三】

王某编造虚假恐怖信息案

2010年2月16日（农历正月初三）13时29分16秒、13时33分34秒，被告人王某使用自己的移动电话先后两次拨打上海欧尚超市长阳店的总机，声称其在欧尚超市长阳店内放置了2根雷管。该超市即报警。警方接报后，启动防爆预案，先后出动刑侦、治安、交警、消防、刑技等各警种警察百余名以及警犬5条、排爆车5辆至现场，疏散顾客、超市工作人员和商户；当日16时，该超市停止营业，16时30分至18时30分许，警方进行搜爆，经仔细搜查，欧尚超市长阳店未发现疑似爆炸物品。根据欧尚超市长阳店提供的营业额明细表，该超市2010年2月14日、2月15日、2月17日、2月18日16时至18时30分的营业额分别为43万余元、46.9万余元、40万余元、36.3万余元，2010年2月16日同时段营业额为14.3万余元。

2010年2月16日15时52分、15时53分、16时9分，被告人王某向其曾在欧尚超市长阳店一广告牌上见到的移动电话号码1391635××××发送3条信息，内容主要是：已在超市内放置3根雷管，超市必须在当日17时前将2.5万元汇入王某账户，否则引爆雷管。另在2010年2月上旬，被告人王某曾向静安区昌平路太阳岛花园浴场经营负责人王迪的移动电话发送信息，扬言在该浴场放置了雷管，向王迪索要钱财，遭王迪拒绝。

杨浦区人民法院经审理，依法判决被告人王某犯编造虚假恐怖信息罪，判处有期徒刑5年6个月。本案经二审，上海市第二中级人民法院裁定驳回上诉，维持原判。

【专家评析】

本案被告人王某故意编造在大型超市放置雷管的虚假信息，向超市勒索钱财，分别触犯编造虚假恐怖信息罪和敲诈勒索罪，应按该行为所触犯的罪名中法定刑最重的处罚，而编造虚假恐怖信息罪的法定刑重于敲诈勒索罪，故本案应以编造虚假恐怖信息罪定罪处罚。

（1）被告人王某在农历春节大型超市人员密集之时，编造爆炸威胁恐怖信息敲诈勒索，其行为不仅致使超市无法正常营业，还导致公安机关实施人员疏散行动，正常工作秩序被严重干扰，并耗费大量人力、物力，其行为具有更大的社会危害性，造成了严重后果。被告人王某客观上实施了两个行为，其中手段行为是故意编造在大型超市放置雷管的虚假信息，该行为触犯了编造虚假恐怖信息罪，目的行为是向超市勒索钱财，该行为触犯了敲诈勒索罪，手段行为与目的行为之间存在牵连关系，故应以牵连犯一罪论处。

（2）敲诈勒索罪与编造虚假恐怖信息罪相比较，应适用重罪。根据刑法第274条敲诈勒索罪的规定，对被告人王某应处3年以下有期徒刑、拘役或者管制。根据刑法第291条之一的规定，编造爆炸威胁、生化威胁、放射威胁等恐怖信息，或者明知是编造的恐怖信息而故意传播，严重扰乱社会秩序的，处5年以下有期徒刑、拘役或者管制；造成严重后果的，处5年以上有期徒刑。通过对编造虚假恐怖信息罪和敲诈勒索罪相关法律规定的比较可以看出，在同类量刑幅度范围内，编造虚假恐怖信息罪的法定最高刑要高于敲诈勒索罪，且本案中被告人敲诈勒索罪系未遂，故按照牵连犯从一重处罚的原则，应以编造虚假恐怖信息罪定罪处罚。

【典型案例四】

陈某等人运输毒品案

2004年5月26日，被告人陈某携带枪支和毒品海洛因驾驶牌照为云AP8396白色吉利轿车从耿马到昆明，即与境外毒贩取得联系。随后又与被告人虎某松联系，当晚便一起驾车前往某市寻甸宾馆，虎某松登记312房间由被告人陈某入住。次日上午9时许，虎某松携带人民币2万元到312房间交给陈某，陈某即带虎某松到寻甸宾馆停车场，从其驾驶的云AP8396

的吉利轿车内拿出装有毒品海洛因的一个黑色背包交给虎某松时，被公安民警抓获。当场从黑色背包内查获8块毒品海洛因净重2672克，随后又从被告人陈某身上查获德国制造的制式5.6毫米口径“WALTHER”手枪1支及子弹5发，并缴获毒资人民币2万元。

云南省昆明市中级人民法院认为：被告人陈某无视国家法律，为牟取非法利益，以携带枪支武装掩护的方式运输毒品海洛因，其行为已触犯国家法律，构成运输毒品罪，且运输毒品数量巨大，应依法从严惩处。被告人陈某应对其所实施的运输毒品行为，根据运输毒品海洛因的数量承担刑事责任。被告人虎某松无视国家法律，为牟取非法利益，受他人指使前往接取毒品海洛因，亦应对所实施的接运毒品海洛因行为及查获的毒品海洛因数量承担刑事责任。鉴于其刚接到毒品海洛因即被抓获，所实施的行为相对于直接实施武装掩护运输毒品的行为作用较小，可以酌情从轻处罚。被告人陈某在运输毒品过程中随身携带枪支的行为应属以武装掩护的方式运输毒品海洛因，此行为为前一行为所吸收，应作为运输毒品罪的一个量刑情节予以考虑。云南省昆明市中级人民法院依法判决认定：(1) 陈某犯运输毒品罪，判处死刑，剥夺政治权利终身，并处没收个人全部财产；(2) 虎某松犯运输毒品罪，判处无期徒刑，剥夺政治权利终身，并处没收个人财产人民币2万元。二被告人上诉，云南省高级人民法院经审理裁定驳回上诉，维持原判。

【专家评析】

本案中，行为人陈某客观方面既有运输毒品行为，又有非法携带枪支行为，对其行为构成一罪还是数罪，不仅应当从犯罪构成要件上分析，还应当综合考虑行为人携带枪支、弹药的主观方面的目的是否是为运输毒品作武装掩护，从而在主观、客观相一致的基础上对行为人准确定罪量刑，体现罪责刑相适应的原则。行为人陈某为实现运输毒品的目的而携带枪支、弹药的行为，应视为已被运输毒品行为吸收，属于刑法理论上的吸收犯。

根据刑法关于吸收犯的理论，本案证据证明，行为人陈某为获取高额非法利益，随身携带一支性能良好、具有杀伤力的手枪将毒品运输至目的地，运输毒品是其目的行为。在被公安机关抓捕过程中，其还使用了事先已上膛的手枪企图袭击抓捕人员。在法庭审理中其也供述："带枪是为了途中的安全，保证万无一失。"这些证据均证明行为人陈某非法持有枪支、弹药的行为属于运输毒品的手段行为。结合行为人陈某有曾在武警部队服役的经历，对如何使用枪支以及国家对枪支、弹药的管理规定有一定了解，在明知国家对枪支、弹药实行严格管制且自己不具备配枪资格的情况下，仍然实施了以武装掩护的方式达到"安全"运输巨大数量毒品目的的非法持有枪支、弹药行为。根据重行为吸收轻行为的刑法理论，运输毒品行为的性质重于非法持有枪支、弹药行为，因此后一行为应当被前一行为所吸收，对行为人陈某只应以运输毒品罪定罪量刑。

此外，根据相关规定，"非法持有枪支、弹药罪"是一个相对静态的罪名，即只有在行为人不具备配枪资格而持有枪支、弹药，且无证据证实其具有实施其他行为的主观故意的情况下，方能认定行为人构成本罪。本案中，行为人陈某非法持有枪支、弹药的行为显然已经超出这一静态范围，构成以武装掩护的方式运输毒品的犯罪。本案中，行为人陈某主观上具有公然藐视社会治安秩序及危害他人生命健康，使用武器掩护运输毒品的直接故意，客观上在运输毒品过程中及被抓获后对公安人员实施了暴力抗拒抓捕的行为，其犯罪行为性质极为恶劣，社会危害性及人身危害性极大。根据刑法第 347 条第 2 款第（5）项及相关法律法规的规定，其采用携带枪支武装押运毒品的手段，属于运输毒品罪量刑时考虑的从重情节，应从严惩处，对其适用死刑罚当其罪，符合罪责刑相适应的原则，达到了有效打击毒品犯罪活动的目的。

第二编　刑事处罚

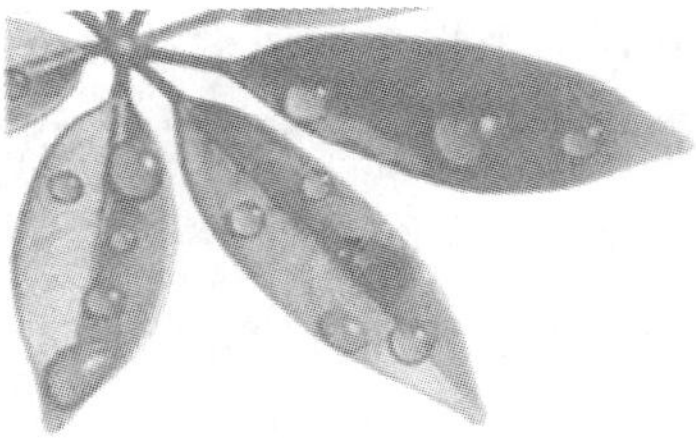

第一章
刑事责任概述

▶ 1. 刑事责任的含义是什么?

【宣讲要点】

刑事责任是由刑法规范所规定的，因实施犯罪行为而产生的，由国家司法机关强制犯罪人承受的否定性评价或刑事处罚。刑事责任具有以下四个特征。

（1）刑事责任是一种法定的义务。刑法在规定犯罪的同时，规定了实施犯罪后须承担的法律后果。这种法律后果是因实施犯罪行为而必然承担的一种法律责任，不以行为人的意志为转移。

（2）刑事责任是一种特定的责任。“无犯罪则无刑事责任”是现代刑法公认的原则。产生刑事责任的前提是有犯罪行为的存在，即具有刑事责任能力的人或者单位，出于故意或者过失实施的严重危害社会的并经刑法确认为犯罪的行为。承担刑事责任的主体只能是实施了犯罪行为的自然人或者单位，不得株连未实施犯罪行为的其他主体。

（3）刑事责任是一种刑法否定性评价。刑事责任从内容上讲，可以分为单纯的否定性评价和刑事处罚。所谓单纯的否定性评价，是指免予刑事处罚，即仅仅对犯罪人宣告有罪，既不给予刑罚处罚，也不给予非刑罚处罚，也就是仅以宣告有罪的方式表达国家对犯罪人及其行为的否定性评价。所谓刑事处罚，指的是刑法所规定的刑罚处罚，不仅可以剥夺犯罪人的财产权利、政治权利、人身自由，甚至可以剥夺人的生命。刑事处罚以其严厉性表达了国家对犯罪人及其行为更强烈的否定性评价。

（4）刑事责任是一种强制责任。刑事责任是由犯罪人向国家承担的责任，国家由司法机关作为代表强制犯罪人承担刑事责任。它是由特定的国家机关，包括公安机关、人民检察院、人民法院、监狱等机关依照各自的职责和法定的程序，分工合作而追究犯罪人的刑事责任。一旦刑事责任确定之后，也是通过特定机关强制实施，犯罪人必须承担。如果案件有被害人的，关于刑事责任的部分，不存在双方的调解；当事人双方可以就民事赔偿的部分进行调解。

► 2. 刑事责任在刑罚体系中处于什么地位?

【宣讲要点】

刑事责任是介于犯罪与刑罚之间联结犯罪与刑罚的纽带。犯罪是刑事责任的前提，刑事责任是犯罪的法律后果；而刑事责任是刑罚的前提，刑罚是实现刑事责任的基本方式。

（1）犯罪与刑事责任。犯罪是刑事责任产生的法律事实根据，没有犯罪就不可能有刑事责任，刑事责任是犯罪的必然的法律后果，只要实施了犯罪行为，就不可能不承担刑事责任。这体现了犯罪与刑事责任的质的一致性。同时，由于各种犯罪行为的社会危害程度不同，犯罪人承担的刑事责任也不相同，重罪重责，轻罪轻责。

（2）刑事责任与刑罚。刑事责任是一种法律责任，刑罚则是一种强制性制裁方法；刑事责任随着犯罪而产生，刑罚则随着法院的有罪判决生效而产生。刑事责任是刑罚的前提，没有刑事责任，则不可能适用刑罚；刑事责任的大小决定了刑罚的轻重，刑事责任大的，刑罚就重，刑事责任小的，刑罚就轻；刑事责任主要通过刑罚而实现，非刑罚处罚方法虽然也是刑事责任的承担方式，但在司法实践中很少见。我国刑法第 5 条规定：

“刑罚的轻重，应当与犯罪分子所犯罪行和承担的刑事责任相适应。”这就是我国刑法关于罪责刑相一致的原则，其意味着刑罚的确定，不仅要和犯罪行为的危害程度相适应，而且还要与犯罪人的刑事责任相适应，即结合犯罪人的主观恶性大小、犯罪行为和后果的严重程度，适用轻重相应的刑罚。概括而言，即重罪重罚，轻罪轻罚，罪刑相当，罚当其罪。如故意杀人犯罪，严重侵犯了被害人的生命权利，刑法规定了重的刑事责任，配置了重的刑罚处罚；盗窃罪，侵犯了被害人的财产权利，相较故意杀人犯罪，刑法规定了较轻的刑事责任，配置了较轻的刑罚处罚。

▶ 3. 什么是刑罚？刑罚具有什么特征？

【宣讲要点】

刑罚是刑法规范所使用的法律制裁手段，用以作为实施犯罪行为后所承担的法律后果。或者也可称为刑法规定的、对犯罪人所采取的限制或剥夺其某种权益的、最严厉的强制性法律制裁方法。刑罚同时体现了国家对犯罪人及其行为的否定性评价。

刑罚具有以下六个特征。

（1）强制性。刑罚是国家最高权力机关在刑法中制定的强制方法，是由国家强制力保证实施的。

（2）严厉性。刑罚是最严厉的制裁方法，它可以剥夺或者限制犯罪人的某一种或者某几种权益。刑罚可以剥夺犯罪人的财产、人身自由甚至生命。其他任何制裁方法，都达不到这样严厉的程度。

（3）特定性。刑罚的对象只能是犯罪的人，无罪的人不受刑事追究。其他法律制裁方法主要适用于一般违法行为。

（4）专门性。刑罚首先由人民法院依照刑法和刑事诉讼法的规定予以制裁，分别由特定机关予以执行。死刑、罚金、没收财产由人民法院执行；无期徒刑和有期徒刑由监狱或其他刑罚执行机关执行；管制、拘役和剥夺政治权利由公安机关执行；社区矫正由社区矫正机构负责执行。

（5）惩罚性。刑罚的内容是剥夺或者限制犯罪人的某一种或者某几种权益，根据内容的不同，刑罚可以分为生命刑、自由刑、财产刑和资格刑。生命刑以剥夺犯罪人的生命为内容，是最严厉的刑罚；自由刑以剥夺或者限制犯罪人的自由为内容，使犯罪人失去人身自由；财产刑包括没收财产和罚金，前者是对犯罪人个人所有的全部或者部分财产的剥夺，后者是强制犯罪人向国家缴纳一定数额的金钱，二者都使犯罪人遭受经济损失；资格刑以剥夺或者限制犯罪人参加国家政治活动或者管理活动的权利为内容，使其作为人的社会性、平等性受到惩罚。

（6）教育性。刑罚以其剥夺或者限制权益的方式，在惩罚的同时，一是教育罪犯改过自新，复归社会；二是教育社会公众，引以为戒，遵守法律，规范行为。

▶ 4. 刑罚的目的表现在什么方面？

【宣讲要点】

刑罚的目的是国家据以确定刑事政策、制定刑事法律，特别是设计刑罚制度的基本出发点，也是国家适用刑罚同犯罪作斗争的最终归宿。它从根本上制约着刑罚的性质、内容、体系和方向，左右着刑罚的裁量、执行及其功效。

（1）特殊预防。这是指通过对犯罪分子适用刑罚，改造犯罪分子，预防他们重新犯罪。特殊预防的对象只能是因实施犯罪而受到刑罚处罚的犯罪人。特殊预防表现在以下几个方面。

一是对极少数罪行极其严重的犯罪人，通过适用死刑立即执行的方式，永远剥夺其重新犯罪的能力。用这种方式来实现特殊预防目的有一定的负面作用，应当尽量限制使用。

二是对绝大多数犯罪人通过采取适用不同期限自由刑的方式，使犯罪人在一定时期内与社会隔离，这是特殊预防的最基本、最主要的方式。

三是对经济犯罪、财产犯罪和其他贪财图利犯罪的犯罪人适用财产刑，剥夺其重新犯罪的资本条件和物质条件。在市场经济条件下，财产刑在特殊预防方面的作用日益受到各国的重视，它是实现特殊预防的重要方式。

四是通过对某些犯罪人独立附加适用资格刑，剥夺其一定的权利或资格，从而防止他们利用这些权利或资格重新进行犯罪，这也是特殊预防的一种重要方式。

（2）一般预防。这是指通过对犯罪分子适用刑罚，威慑潜在的犯罪者，防止他们走上犯罪道路。我国刑罚一般预防的对象只限于潜在的犯罪人。一般预防主要表现为三种方式：一是通过制定、适用和执行刑罚，威慑社会上的危险分子和不稳定分子，抑制他们的犯罪意念，使他们不敢以身试法；二是通过制定、适用和执行刑罚，表明国家对犯罪的零容忍态度，安抚被害人及其家属，以防止报复性犯罪活动的发生；三是通过制定、适用和执行刑罚，提高广大公民的法制观念，鼓励他们积极地同犯罪作斗争。

（3）特殊预防与一般预防的关系。我国刑罚的特殊预防目的和一般预防目的是紧密结合、相辅相成的。绝不能片面强调某一方面而忽视另一方面，否则就会影响特殊预防和一般预防目的的实现。但这并不是说对特殊预防和一般预防不分先后同等考虑，不分主次等量齐观。人民法院对犯罪分子适用刑罚的根据是犯罪分子已实施的犯罪行为，裁量刑罚的标准是犯罪行为的社会危害性和犯罪分子的再犯可能性。因此，人民法院对犯罪分子适用刑罚时，应当在罪责刑相适应原则的制约下，首先考虑特殊预防的需要，然后考虑一般预防的需要，绝不能过分强调一般预防的需要，为了一时的威慑效应而任意判处重刑，甚至背离罪责刑相适应的原则而实行严刑峻法。

▶ 5. 刑罚的体系是指什么？

【宣讲要点】

刑罚的体系，是指刑法规定的按一定顺序排列的各种刑罚方法的总和。不同的刑罚体系是反映人类文明发展不同阶段的上层建筑。以死刑为主的刑罚体系，是人类社会刚刚进入阶级社会的典型特征；以肉刑为核心的刑罚体系，则是中外封建刑罚体系的共同特点。进入近代社会以来，世界各国的刑罚体系都在刑罚人道主义思想的指导下，经历了一次由繁到简、由严酷到和缓、由以身体刑为主到以自由刑为中心的历史转变。第二次世界大战结束后，随着传统刑罚体系弊端的日益显露，除要求严格限制或废除死刑已成为世界性潮流外，以财产刑或其他措施来替代短期自由刑也成为世界性的刑罚体系改革的发展倾向。我国刑罚体系的特点如下。

（1）要素齐备，结构合理。在构成我国刑罚体系的要素中，既有开放式的不剥夺犯罪人人身自由的管制，也有短期剥夺犯罪人人身自由的拘役；既有剥夺犯罪人一定期限人身自由的有期徒刑，也有长期剥夺犯罪人人身自由的无期徒刑，还有剥夺犯罪人生命的死刑；既有强制要求犯罪人向国家缴纳一定数额金钱的罚金刑，也有剥夺犯罪人一定权利和资格的剥夺政治权利；既有惩罚性的没收财产，也有专门适用于外国人的驱逐出境。

此外，各要素结构也有合理配置，首先是主刑与附加刑主辅补充，主刑在先，附加刑在后，主刑是主要的刑罚方法，附加刑是补充适用的刑罚方法，主次分明。各个刑种结构合理，主刑根据各自的严厉程度，从轻到重依次排列，即管制、拘役、有期徒刑、无期徒刑、死刑；附加刑也是如此。

（2）宽严相济，衔接紧凑。构成我国刑罚体系的各个刑种，有轻有重，宽严相济，内容相互衔接，适用于不同的犯罪行为。

（3）寓教于惩，方法人道。我国的刑罚体系在惩罚犯罪的同时，立足于教育和挽救。各个刑种的设置，体现了我国长期以来打击犯罪、教育改造犯罪人的成功经验。各个刑种在执行上尊重犯罪人的人格和权利，不会造成犯罪人肉体上的摧残、精神上的虐待、人格上的侮辱，具有人道性。

我国刑法规定的刑罚分为主刑和附加刑。主刑是对犯罪适用的主要刑罚方法。主刑只能独立适用，不能附加适用。对一个罪只能适用一种主刑，不能适用两种以上的主刑。主刑具体包括管制、拘役、有期徒刑、无期徒刑和死刑五种。前四种刑罚又称为自由刑，死刑又称为生命刑。附加刑有罚金、剥夺政治权利、没收财产、驱逐出境。罚金和没收财产又称为财产刑。

第二章
刑罚种类

▶ 1. 我国刑法规定的自由刑有哪些？分别具有什么特点？

【宣讲要点】

我国刑法规定的自由刑包括管制、拘役、有期徒刑、无期徒刑四种。现分述如下。

其一，管制。管制是对犯罪分子不予以关押，但限制其一定自由，交由公安机关执行和群众监督改造的刑罚方法。管制具有以下特点。

（1）对犯罪分子不予关押。即不是将犯罪人羁押在特定的场所或设施内，这是管制与拘役、有期徒刑等剥夺自由刑的重要区别。

（2）限制犯罪分子一定的自由。管制的惩罚性表现在对犯罪分子自由的限制。根据刑法第 38 条第 2 款的规定，判处管制，可以根据犯罪情况，同时禁止犯罪分子在执行期间从事特定活动，进入特定区域、场所，接触特定的人。同时，根据刑法第 39 条的规定，限制自由的具体内容是：遵守法律、行政法规，服从监督；未经执行机关批准，不得行使言论、出版、集会、结社、游行、示威自由的权利；按照执行机关规定报告自己的活动情况；遵守执行机关关于会客的规定；离开所居住的市、县或者迁居，应当报经执行机关批准，但对于被判处管制的犯罪分子，在劳动中应当同工同酬。

（3）对犯罪分子自由的限制明确一定的期限。根据刑法第38条的规定，管制的期限为3个月以上2年以下。另外根据刑法第69条的规定，数罪并罚时，管制的期限不得超过3年。根据刑法第41条的规定，管制的期限，从判决执行之日起计算，判决执行前先行羁押的，羁押1日折抵刑期2日。

（4）由公安机关执行和群众监督改造。由于管制是一种开放式的刑罚方法，除了公安机关监督外，也离不开人民群众的监督。刑法第40条规定，在被判处管制的犯罪分子管制期满时，执行机关应即向本人和其所在单位或者居住地的群众宣布解除管制。

其二，拘役。拘役是短期剥夺犯罪分子自由，就近执行并实行劳动改造的刑罚方法。拘役是一种短期自由刑，是主刑中介于管制与有期徒刑之间的一种轻刑。拘役具有以下特点。

（1）剥夺犯罪分子的自由。即将犯罪分子关押于特定的改造场所进行改造，使其丧失人身自由。

（2）剥夺自由的期限较短。根据刑法第42条的规定，拘役的期限为1个月以上6个月以下。根据刑法第69条的规定，数罪并罚时，拘役期限最长不能超过1年。根据刑法第44条的规定，拘役的刑期从判决执行之日起计算，判决执行以前先行羁押的，羁押1日折抵刑期1日。

（3）由公安机关就近执行。刑法第43条第1款规定，被判处拘役的犯罪分子，由公安机关就近执行。一是拘役的执行机关是公安机关，其他任何机关都无权执行拘役。二是就近执行。

（4）享受一定的待遇。根据刑法第43条第2款的规定，在执行期间，被判处拘役的犯罪分子每月可以回家一天至两天；参加劳动的，可以酌量发给报酬。

其三，有期徒刑。有期徒刑是剥夺犯罪分子一定期限的人身自由，强迫其劳动并接受教育和改造的刑罚方法。有期徒刑具有以下特点。

（1）剥夺犯罪分子的自由。

（2）具有一定的期限。根据刑法第45条的规定，有期徒刑的刑期为6个月以上15年以下。根据刑法第50条的规定，数罪并罚时，有期徒刑最高不能超过20年。根据刑法第47条的规定，有期徒刑的刑期，从判决执行之日起计算，判决执行以前先行羁押的，羁押1日折抵刑期1日。

（3）在监狱或者其他执行场所执行。有期徒刑的执行场所有以下几种：监狱是执行有期徒刑的主要场所；其他执行场所，即监狱以外的专门用来执行有期徒刑和无期徒刑的机关，主要是少年犯管教所。另外根据刑事诉讼法第253条的规定，对于被判处有期徒刑的罪犯，在被交付执行刑罚前，剩余刑期在3个月以下的，由看守所代为执行。

（4）强迫参加劳动，接受教育和改造。犯罪分子应当参加劳动，是一种强制性规定。

有期徒刑与拘役具有以下五个区别。

一是执行的场所不同。拘役是在犯罪分子所在地就近执行，一般在拘役所、看守所执行，而有期徒刑主要在监狱中执行。

二是执行的机关不同。拘役的执行机关是公安机关，而有期徒刑的执行机关主要是监狱。

三是期限不同。拘役的期限短、起点低、幅度小，而有期徒刑的期限长、起点高、幅度大。

四是执行期间的待遇不同。被判处拘役的犯罪分子，每月可回家一天至两天，参加劳动的，可以酌情给予报酬，而被判处无期徒刑的犯罪分子，凡有劳动能力的一律实行无偿的强制劳动，也没有每月可回家一天至两天的待遇。

五是法律后果不同。被判处有期徒刑的犯罪分子，在刑罚执行完毕或者赦免以后5年之内再犯应当被判处有期徒刑以上刑罚之罪的，可以构成累犯，而被判处拘役的犯罪分子，刑罚执行完毕或者赦免以后再犯罪的，不构成累犯。

其四，无期徒刑。无期徒刑是剥夺犯罪分子的终身自由，强制其参加劳动并接受教育和改造的刑罚方法。无期徒刑是剥夺自由刑中最严厉的刑罚方法，在所有的刑罚方法中，其严厉程度仅次于死刑。无期徒刑具有以下特点。

（1）剥夺犯罪分子的自由。即将犯罪分子关押在特定的场所，使其丧失人身自由。

（2）剥夺自由是没有期限的，即剥夺犯罪分子的终身自由。从我国执行无期徒刑的实际情况来看，大量的罪犯并没有被关押到死，而是回到了社会，所以判处无期徒刑并不意味着断绝了犯罪分子的再生之路。根据刑法的规定，被判处无期徒刑的犯罪分子，在服刑期间的表现符合法律规定条件的，可以经由法定程序获得减刑，或者假释。

（3）强迫参加劳动，接受教育和改造。除无劳动能力的以外，被判处无期徒刑的犯罪分子，必须参加劳动改造。

（4）羁押时间不能折抵刑期。无期徒刑本身无具体刑期，因此在判决之前先行羁押的时间不存在折抵刑期的问题。

（5）必须附加剥夺政治权利。根据刑法第 57 条第 1 款的规定，被判处无期徒刑的犯罪分子，应当附加剥夺政治权利终身。

无期徒刑与有期徒刑具有以下三个区别。

一是无期徒刑是剥夺犯罪分子的终身自由，而有期徒刑是有期限地剥夺犯罪分子的自由。

二是由于无期徒刑具有不可划分性，因此它只适用于犯有严重罪行的犯罪分子，而有期徒刑由于其具有可划分性，因此，它既可适用犯有严重罪行的犯罪分子，也可以适用犯有较轻罪行的犯罪分子。

三是被判处无期徒刑的犯罪分子，必须附加剥夺政治权利终身，而被判处有期徒刑的犯罪分子不一定附加剥夺政治权利。

【典型案例一】

吴某盗窃案

2009 年 10 月 23 日上午，被告人吴某为偿还赌债，在其母亲家中将价值人民币 24679 元的金首饰偷出。吴某与其同案被告人喻某朋（吴的男友）先是将该首饰藏匿于被告人喻某朋的租住地，后分别卖给江西省南昌县莲塘镇财富金银珠宝行和恒泰典当有限公司。案发后，被告人吴某告诉其母黄菊妹家中失窃首饰是自己偷的，黄菊妹报案后，被告人吴某、喻某朋由黄菊妹送至公安机关，并如实供述了自己的犯罪事实。

江西省南昌县人民法院认为，被告人吴某以非法占有为目的，秘密窃取他人财物，数额巨大，其行为已构成盗窃罪。被告人喻某朋明知是盗窃而来的赃物而予以窝藏，其行为已构成掩饰、隐瞒犯罪所得罪。被告人吴某、喻某朋案发后到公安机关投案，并如实供述了自己的犯罪事实，属自首。对被告人吴某可依法减轻处罚，对被告人喻某朋可依法从轻处罚。被告人吴某盗窃自己家中财物，可酌情从轻处罚。审理中，被告人吴某、喻某朋能自愿认罪，亦可酌情从轻处罚。南昌县人民法院判决如下：(1) 被告人吴某犯盗窃罪，判处拘役3个月，并处罚金人民币1万元。(2) 被告人喻某朋犯掩饰、隐瞒犯罪所得罪，判处有期徒刑9个月，并处罚金人民币1.5万元。

【专家评析】

本案被告人吴某于2009年10月盗窃自己母亲的财物，盗窃金额达到人民币24679元，按照行为发生当时的司法解释文件规定，已达到盗窃公私财物“数额巨大”的标准，根据刑法第264条的规定，应在3年以上10年以下有期徒刑幅度内量刑。

被告人吴某具有自首情节。本案被告人吴某离异后与两个孩子一直居住在其母亲家中。被告人吴某的母亲发现家中被盗，遂向公安机关报案。公安机关到现场后进行了勘验，并提取了指纹，但经比对，现场的全部指纹均为其家庭成员的指纹。案件的侦破工作无进展。后被告人吴某因与同案被告人喻某朋发生争吵，心生悔意，主动告诉其母亲因为赌博输钱，偷了自己家中的东西。被告人吴某的母亲十分气愤，于是报案，被告人吴某由其母亲交由公安机关处理。吴某告诉其母亲盗窃首饰的事实后，明知其母亲报警，而仍然配合其母亲将其交由公安机关处理，属于主动投案，后如实供述自己罪行，可以认定为自首。

被告人吴某认罪、悔罪明显，其在庭审中认罪态度好，且系初次犯罪，还表示愿意缴纳法院判处的全部罚金。

法院经综合考虑，判决被告人吴某拘役3个月，并处罚金人民币1万元。

【典型案例二】

孙某等对校车监管失职发生重大事故构成玩忽职守罪案

被告人：孙某，男，40岁，汉族，大专文化，原系江苏省丰县公安局交巡警大队首羡中队中队长。

被告人：韩某，男，45岁，汉族，大专文化，原系丰县公安局交巡警大队首羡中队副指导员。

丰县人民检察院以被告人孙某、韩某犯玩忽职守罪向丰县人民法院提起公诉。江苏省丰县人民法院一审审理查明以下事实。

根据《中华人民共和国道路交通安全法》《江苏省道路交通安全条例》《公安部关于开展学生接送车辆安全隐患集中排查整治行动的通知》《江苏省重点车辆交通安全源头管控工作规范》等法律规范的规定，公安交巡警部门对于辖区内的校车等重点车辆实行属地管理、分级负责、重点监控。丰县公安局交巡警大队首羡中队对于辖区内的接送学生车辆具有管控职责。被告人孙某、韩某于2010年7月分别任丰县公安局交巡警大队首羡中队中队长、副指导员。根据中队内部分工，被告人孙某负责中队全面工作，被告人韩某负责道路的路面管控等工作。

2011年4月，被告人孙某在巡逻执勤时发现洪某持“B2”驾驶证违章驾驶苏CR1836号大客车接送首羡中心小学学生超员，根据《机动车驾驶证申领和使用规定》，驾驶大客车须持有“A1”驾驶证，但被告人孙某在收受洪某送予的两条香烟后，并未对洪某进行处罚。2011年10月10日，被告人孙某在没有见人见车，驾驶登记人与实际驾驶人也不符的情况下，没有调查了解即为洪某的车辆建立了档案。同年10月14日，丰县车管所经查验发现洪某的车辆用来接送学生却未挂靠学校，未纳入教育部门管理，即限其1周内补办手续，在此期间禁止接送学生，并将该情况通报给了被告人孙某。而后，被告人孙某在明知洪某没有补齐运营校车的合法手续，不得继续运营的情况下仍未对其进行查扣取缔。同年11月21日，教育部门查到洪某违规接送学生，并通知孙某到场处理。被告人孙某未按照规定对洪某进行处罚，并收受洪某送予的一条香烟，使得洪某继续违规运营校车，直至11月30日才安排被告人韩某向洪某下达了所谓停运通知书。但停运通知书下达后，被告人孙某并没有认真采取暂扣证照或车辆等有效监管措施，致使洪某在停运几天后又继续运营，2011年12月12日在接送学生途中发生重大交通事故，造成乘坐该客车的15名学生死亡、8名学生不同程度受伤的严重后果。

被告人韩某自2011年10月起即知晓洪某的车辆不符合接送学生的条件，但由于其始终未制止洪某违规接送学生，直至2011年11月30日，被告人韩某在孙某的安排下才对洪某下达了一纸停运通知书，但其并未采取暂扣证照或车辆等有效监管措施，反而于2011年12月6日收受洪某送予的300元购物卡，默许洪某继续违规接送学生，使得安全隐患一直延续。12月8日，在相关领导询问监管措施是否已经落实到位、车辆是否确已停运时，被告人韩某以电话询问洪某的方式加以敷衍，致使洪某于2011年12月12日在接送学生的途中发生重大交通事故，造成严重后果，在全国造成极坏的影响。江苏省丰县人民法院于2012年11月29日作出判决，认定被告人孙某犯玩忽职守罪，判处有期徒刑4年；被告人韩某犯玩忽职守罪，判处有期徒刑4年。

【专家评析】

对于接送学生车辆安全问题，我国公安交巡警部门高度重视，多次开会动员，部署专项行动。二被告人作为交巡警，基于职责上的特别注意义务，对于应该如何管控涉案校车，应该知道而且事实上也的确知道。行使职权与履行职责相互统一，二被告人基于职责要求，在落实管控措施上也应该按照规范要求，认真履职。从实际管控的可能性看，丰县公安局交巡警大队首羡中队经过排查，只有洪某驾驶的这一辆属于需要重点管控的接送学生车辆，无论从当时全社会对于校车的关注程度，还是从公安交巡警部门上下的警力配置、管控措施规范的可行性看，首羡中队都有能力对该车进行有效管控。但被告人孙某、韩某作为丰县公安局交巡警大队首羡中队中队长、副指导员，系国家机关工作人员，并没有按照规范要求认真履行职责，主动有效管控；即使是在发现洪某驾驶的车辆存在手续不全、洪某无驾驶校车资格等安全隐患的情况下，仍未加以处理，还收受被管理人财物，工作中明显敷衍塞责。因此，被告人孙某、韩某基于职责，能为、应为却不为，严重不负责任，疏于管理，该执行的规范不执行，该处罚的措施不处罚，该取缔的非法营运不及时取缔，使得安全隐患一直存在，导致发生重大交通事故，存在严重的失职行为，应当以玩忽职守罪追究刑事责任，并依照刑法第 397 条第 1 款规定量刑。

【典型案例三】

刘某伙同他人抢劫案

被告人刘某，1991 年 5 月 31 日因犯抢劫罪被黑龙江省哈尔滨市南岗区人民法院判处有期徒刑 4 年，2001 年 7 月 11 日因本案被逮捕。被告人刘某与现在逃的王立季密谋，欲劫取女青年刘春香的钱财。2001 年 6 月 20 日晚，被告人刘某将刘春香骗至其租住的文登市北宫街 14 号楼 603 室。次日 8 时许，被告人刘某伙同王立季、“小国”（真实姓名不详，在逃）在刘春香睡觉的房间内，采取用胶带捆绑手脚、用木棒和拳头殴打、持刀威胁等手段，逼刘春香交出财物。刘春香称她只有人民币 14.8 万元，且在胶州老家存放。刘某等人便逼刘春香以做生意急需用钱 20 万元为名打电话给其家人，刘春香的母亲信以为真，即从胶州市通过邮局电汇人民币 20 万元至文登市刘春香的账户。6 月 22 日，被告人刘某使用伪造的身份证两次从文登市邮政局将 20 万元人民币全部取走，自己分得赃款 6.5 万元，刘春香被放走。案发后，公安机关从刘某身上及其住处追回赃款 63200 元，已发还被害人刘春香。

2001 年 9 月 17 日，山东省威海市人民检察院以被告人刘某犯抢劫罪向威海市中级人民法院提起公诉。威海市中级人民法院经公开审理认为，被告人刘某伙同他人使用暴力劫取他人财物，且数额巨大，其行为已构成抢劫罪。被告人刘某在共同抢劫犯罪中起主要作用，系主犯，应当按照其所参与的全部犯罪处罚。该院依法于 2001 年 10 月 17 日作出刑事判决，认定被告人刘某犯抢劫罪，判处无期徒刑，剥夺政治权利终身，并处罚金人民币1万元。宣判后，被告人刘某提出上诉。山东省高级人民法院经过二审审理驳回上诉，维持原判。

【专家评析】

抢劫罪是指以非法占有为目的，当场使用暴力、胁迫或其他方法，强行劫取公私财物的行为。我国刑法把抢劫罪归于侵犯财产这一大类犯罪中，强调的是对财产权利的保护，抢劫罪已被公认为是最严重的侵犯财产的犯罪。虽然在抢劫中使用的手段也侵犯了人身权利，但其目的还是抢劫财物。

本案中，被告人刘某知道刘春香有钱，便拘禁刘春香持续两天之久，但是并未将刘春香转移他处。其采用捆绑、殴打、持刀威胁等暴力手段，主要目的是要非法占有刘春香的钱财。同时，被告人刘某虽知道被害人较富裕，但对劫取被害人多少财物却没有认识，而是在施暴过程中了解到其有14.8万元人民币后，才提出20万元的数额。被告人索要的20万元与被害人拥有的14.8万元这一数额相比是较为接近的。可见，被告人的主观故意是以“非法占有为目的”的。被告人劫取的20万元虽是由刘母从胶州电汇来的，但是刘母是在得知女儿“做生意急需用钱”的情况下，将20万元及时地汇到了女儿的账户上，刘母并不知道女儿遭到劫持，也未对女儿的安危产生任何担心，该款进了刘春香在本地的账户。从主观方面和客观行为表现看，被告人的行为完全符合抢劫罪的特征，应以抢劫罪对其定罪处罚。根据刑法第263条的规定，被告人刘某犯抢劫罪，且抢劫数额巨大，应当在10年以上有期徒刑、无期徒刑、死刑的幅度内量刑。其有犯罪前科，且在实施犯罪过程中手段恶劣、持续时间长，应当酌情从重处罚。人民法院判处其无期徒刑可谓罚当其罪。

【法条指引】

中华人民共和国刑法

第三十二条 刑罚分为主刑和附加刑。

第三十三条 主刑的种类如下：

（一）管制；

（二）拘役；

（三）有期徒刑；

（四）无期徒刑；

（五）死刑。

第三十八条 管制的期限，为三个月以上二年以下。

判处管制，可以根据犯罪情况，同时禁止犯罪分子在执行期间从事特定活动，进入特定区域、场所，接触特定的人。

对判处管制的犯罪分子，依法实行社区矫正。

违反第二款规定的禁止令的，由公安机关依照《中华人民共和国治安管理处罚法》的规定处罚。

第三十九条 被判处管制的犯罪分子，在执行期间，应当遵守下列规定：

（一）遵守法律、行政法规，服从监督；

（二）未经执行机关批准，不得行使言论、出版、集会、结社、游行、示威自由的权利；

（三）按照执行机关规定报告自己的活动情况；

（四）遵守执行机关关于会客的规定；

（五）离开所居住的市、县或者迁居，应当报经执行机关批准。

对于被判处管制的犯罪分子，在劳动中应当同工同酬。

第四十条 被判处管制的犯罪分子，管制期满，执行机关应即向本人和其所在单位或者居住地的群众宣布解除管制。

第四十一条 管制的刑期，从判决执行之日起计算；判决执行以前先行羁押的，羁押一日折抵刑期二日。

第四十二条 拘役的期限，为一个月以上六个月以下。

第四十三条 被判处拘役的犯罪分子，由公安机关就近执行。

在执行期间，被判处拘役的犯罪分子每月可以回家一天至两天；

参加劳动的，可以酌量发给报酬。

第四十四条 拘役的刑期，从判决执行之日起计算；判决执行以前先行羁押的，羁押一日折抵刑期一日。

第四十五条 有期徒刑的期限，除本法第五十条、第六十九条规定外，为六个月以上十五年以下。

第四十六条 被判处有期徒刑、无期徒刑的犯罪分子，在监狱或者其他执行场所执行；凡有劳动能力的，都应当参加劳动，接受教育和改造。

第四十七条 有期徒刑的刑期，从判决执行之日起计算；判决执行以前先行羁押的，羁押一日折抵刑期一日。

▶ 2. 司法实践中掌握的死刑政策是什么？

【宣讲要点】

死刑是剥夺犯罪分子生命的刑罚方法，包括死刑立即执行和死刑缓期二年执行两种情况。死刑又称生命刑，亦称为极刑，适用于罪行极其严重的犯罪分子。

保留死刑、严格控制死刑是我国目前的死刑政策，也可将死刑政策概括为“少杀、慎杀”。“少杀、慎杀”在立法层面得到了充分体现，刑法对死刑适用规定了诸多限制性条件，以切实从数量上减少死刑。“少杀、慎杀”政策在刑法上体现在以下方面。

（1）从适用死刑的条件上进行限制。根据刑法第 48 条第 1 款的规定，死刑只适用于罪行极其严重的犯罪分子。所谓罪行极其严重，是犯罪的性质极其严重、犯罪的情节极其严重、犯罪分子的主观恶性和人身危险性极其严重的统一。适用死刑的严格条件是我国限制死刑适用的第一道关口。

（2）从适用死刑的对象上进行限制。根据刑法第 49 条第 1 款规定，犯罪的时候不满十八周岁的人和审判的时候怀孕的妇女，不适用死刑。这里所说的不适用死刑也包括不适用死刑缓期二年执行。根据《最高人民法院关于对怀孕妇女在羁押期间自然流产审判时是否可以适用死刑问题的批复》，审判时怀孕的妇女既包括人民法院审理案件时被告人正在怀孕，也包括案件起诉到人民法院之前被告人怀孕但做了人工流产的情况。

（3）从死刑的适用程序上进行限制。一是从案件的管辖上进行限制。根据刑事诉讼法第20条的规定，死刑案件只能由中级以上人民法院进行一审。二是从死刑的核准程序上进行限制。刑法第48条第2款规定：“死刑除依法由最高人民法院判决的以外，都应当报请最高人民法院核准……”

此外，刑事诉讼法专门规定了死刑复核程序，第235条至237条规定，死刑由最高人民法院核准。中级人民法院判处死刑的第一审案件，被告人不上诉的，应当由高级人民法院复核后，报请最高人民法院核准；高级人民法院判处死刑的第一审案件被告人不上诉的，以及判处死刑的第二审案件，都应当报请最高人民法院核准。死刑缓期执行的，可以由高级人民法院判决或者核准。

（4）从死刑执行制度上进行限制。根据刑法第48条第1款的规定，对于应当判处死刑的犯罪分子，如果不是必须立即执行的，可以判处死刑同时宣告缓期二年执行。这就是死刑缓期执行制度，死缓不是独立的刑种，而是死刑的一种执行制度。死缓是我国刑法的独创，死缓的适用需要具备以下条件。

一是适用的对象必须是应当判处死刑的犯罪分子。这是适用死缓的前提。

二是并非必须立即执行。根据刑事审判经验，可以视为“不是必须立即执行”的犯罪分子应当具有下列情形：犯罪后自首、立功或者有其他法定从轻情节的；在共同犯罪中罪行不是最严重的或者其他在同一或同类犯罪中罪行不是最严重的；被害人的过错导致犯罪人激愤犯罪的；犯罪人有令人怜悯之情形的；有其他应当留有余地情况的，等等。

【典型案例一】

陈某故意杀人、强奸案

2008年11月22日14时许，被告人陈某酒后路过山东省淄博市淄川区罗村镇前河村，遇见该村6岁女童被害人郭某某，遂生奸淫之念，将郭某某骗至村南污水池旁一平房内，将郭某某按倒在地，脱掉其下身衣服，欲强行实施奸淫时，因郭某某哭叫不止，陈某恐罪行败露，遂生杀人灭口之念，采取手掐颈部、用砖砸头部、扔入污水池等手段，致郭某某颅脑损伤继发呼吸循环衰竭死亡。作案后，陈某逃至老家山东省商河县其亲戚家，后在亲友规劝、陪同下，于次日到公安机关投案。

山东省淄博市中级人民法院认为：被告人陈某面对一名6岁的幼女郭某某，先是强行与之发生性关系，后残忍将其杀死，其行为已构成故意杀人罪、强奸罪。陈某在对郭某某实施强奸时，因郭某某不断哭喊、挣扎，遂停止继续强奸，依法属于犯罪中止，可对强奸犯罪减轻处罚，但陈某在中止强奸行为后，又因惧怕其行为被人发现以及事后可能被郭某某认出，遂生灭口之念，先后用手猛掐被害人颈部、用砖猛击被害人头部，并唯恐被害人不死，将其抛入深达数米的污水池中，最终导致被害人死亡，陈某的杀人作案手段极其残忍，情节极其恶劣，后果极其严重，在当地造成极坏的社会影响，引起极大的民愤，依法必须严惩。虽然陈某案发后在亲友的规劝下投案自首，但不足以对其从轻处罚。据此，依照刑法第232条、第236条等规定，以故意杀人罪判处被告人陈某死刑，剥夺政治权利终身；以强奸罪判处有期徒刑2年；数罪并罚决定执行死刑，剥夺政治权利终身。

一审判决后，被告人陈某以“有自首情节、可从轻处罚”为由，提出上诉。山东省高级人民法院经审理认为：被告人陈某虽有自首情节，但因其针对幼女实施犯罪的动机特别卑劣，手段特别残忍，罪行极其严重，对当地社会治安和人民群众的安全感造成严重影响，社会危害性极大，原审判决综合考虑陈某的犯罪情节和量刑情节判处其死刑适当，故被告人陈某的上诉理由不予采纳，裁定驳回上诉，维持原判。最高人民法院经复核核准被告人陈某死刑。

【专家评析】

死刑案件要注重贯彻宽严相济的刑事政策，突出重点，准确适用死刑从而实现法律效果与社会效果的统一。对于犯罪动机特别卑劣、犯罪情节特别恶劣、犯罪后果特别严重的故意杀人、故意伤害致死、强奸、抢劫、爆炸等严重危害社会治安和影响人民群众安全感的暴力犯罪案件，必须坚决依法严惩。

需要明确的是，被告人陈某具有自首情节，在本案中是否应体现从宽的刑事政策？根据查明的事实，陈某作案后在家人的规劝和陪同下到淄川区公安机关投案自首，归案后认罪态度较好。鉴于此，首先，应该对自首情节进行分析。经审查，陈某投案一开始并非其本意，甚至最后也不是其完全主动和自愿的，陈某将被害人投入污水池后，确信女孩必然无法逃生，但仍不忘记返回作案时的平房，将其作案时脱下的孩子的衣服以及砸孩子的带血砖头都取走扔到污水池中，其意图是要破坏作案现场，毁灭现场罪证。其次，陈某逃回家中，脱下上衣和裤子，并将上衣和裤子泡到盆里洗了，避免被人发现，留下证据。再次，陈某打电话约其朋友陪同他理发，虽然他本人没有交代这么做是什么目的，但不能排除其想通过理发改变体貌特征、防止被人指证。最后，陈某租另一个朋友的车逃往老家山东省商河县，逃离了案发地。途中，由于被告人陈某的言行引起前后这两名朋友怀疑，陈某又谎称自己偷了一辆摩托车，意图掩盖自己杀人罪行。直至女孩在污水池中被人发现，这时陪陈某理发的那名朋友再次打电话询问陈某，陈某见无法掩盖，才哭着承认是其所为。陈某的两名朋友都劝其立即自首，但陈某坚决不肯，其朋友为稳住陈某不出意外，勉强答应陪他到商河县，但途中已迅速通知陈某家人。当晚，陈某家人赶至商河县，经再三劝说，陈某才答应跟随家人回淄川投案。从投案经过来看，陈某作案后并无投案意图，若非朋友、家人十分坚决地规劝，且陈某始终在其朋友、家人的控制之下无法脱身，否则陈某未必能及时主动地投案自首。陈某自首的过程，显然与那些因真诚悔罪而自愿到公安机关投案的情况不同，其主观恶性更大。据此，结合陈某犯罪动机极其卑劣、犯罪手段极其残忍、犯罪后果极其严重，而且民愤极大，陈某虽有自首情节，但不足以对其从轻处罚，依法应对被告人陈某适用死刑。

【典型案例二】

乐某被判死缓服刑期间又犯故意伤害案

被告人乐某，男，汉族，1989 年 10 月 25 日出生于湖南省宁远县，小学文化，农民。2007 年 9 月 27 日因犯故意伤害罪被判处有期徒刑 2 年，2009 年 5 月 9 日刑满释放。2011 年 4 月 13 日因犯故意杀人罪被判处死刑，缓期 2 年执行，剥夺政治权利终身，入湖南省永州监狱服刑。2011 年 10 月 18 日上午，乐某在该监狱四监区厂区劳作时，因琐事与同监罪犯黄某某发生争执并打斗，被其他罪犯劝止，后黄某某向乐某道歉并作了一定赔偿。乐某认为自己在打斗中吃了亏，遂起意报复黄某某。当日下午2 时许，乐某在同监罪犯李某某劳作处拿了一根木棍，跑到黄某某劳作处，趁黄某某不备朝其头部猛击两下致黄某某轻伤，后被监管干警及时控制。

湖南省永州市中级人民法院经审理被告人乐某犯故意伤害罪一案，于 2012 年 4 月 16 日作出判决，认定乐某犯故意伤害罪，判处有期徒刑 1 年；乐某在死刑缓期执行期间又故意犯罪，应当执行死刑。宣判后，乐某提出上诉。湖南省高级人民法院经依法开庭审理，于 2012 年 12 月 5 日作出裁定，驳回上诉，维持原判，并依法报请最高人民法院核准。

最高人民法院依法组成合议庭，对本案进行了复核，经复核确认，乐某在死刑缓期执行期间又故意犯罪，经查证属实，依法应当执行死刑。故最高人民法院依法核准被告人乐某死刑。

【专家评析】

被告人乐某因犯故意杀人罪被判处死刑缓期 2 年执行，判决生效后在湖南省永州监狱服刑。死刑缓期执行期限自 2011 年 5 月 12 日起至 2013 年 5 月 11 日止。其在死刑缓期执行期间，因琐事持木棍击打黄某某头部，致黄某某轻伤，已构成故意伤害罪。该犯罪已经人民法院查证属实。依据刑法规定，对被告人乐某应当执行死刑。

【典型案例三】

宋某、平某抢劫、盗窃案

2008年8月，被告人宋某在河北省承德市结识了被告人平某、李雪朋（同案被告人，已判处无期徒刑）后，提出带二人到河北省平泉县平泉镇抢劫客官洗浴中心，平、李二人表示同意。三人到平泉镇后，宋某又纠集张长海（同案被告人，已判处无期徒刑）参与作案。2008年8月24日晚，宋某、平某等四人到客官洗浴中心附近准备抢劫，因无作案机会而未得逞。8月27日零时许，宋某等四人再次到客官洗浴中心准备抢劫，因突遇他人又未得逞。随后，张长海提出抢劫附近的天一网吧。当日2时许，在宋某的组织、指挥下，张长海以还钱为由，骗在该网吧值夜班的路建军（被害人，男，殁年20岁）打开房门，平某、李雪朋持刀捅刺路建军胸腹部等处数十刀，致其心肺破裂及开放性血气胸合并失血性休克死亡。而后，宋某等四人劫走路建军的黄金戒指、紫光牌手机、手包以及网吧内的KEDE牌手表等物品（价值共计3946元）及现金400余元。

2008年8月19日凌晨，被告人宋某纠集平某、李雪朋到河北省承德县上板城镇，跳窗进入孙立伟经营的手机店，盗走手机4部、小灵通1部、手机卡15张、手机电池27块、振华牌928型手机附件1套、复读机1台、手机充电器12个、内存卡3张等物品，共计价值2313元。

2008年8月25日中午，被告人宋某、平某伙同张长海、李雪朋到河北省平泉县平泉镇西城社区顺达胡同林振阁闲置的房屋内，盗走屋内的暖气片4组及暖气管24.5米，销赃后得赃款1150元。

河北省承德市中级人民法院经审理认为，被告人宋某、平某的行为分别构成抢劫罪、盗窃罪。二被告人伙同他人持刀抢劫，致一人死亡，犯罪情节和后果特别严重。在抢劫共同犯罪中，宋某提议抢劫，平某等人积极参与，均系主犯，应当按照所参与或组织、指挥的全部犯罪处罚。对二被告人所犯抢劫罪、盗窃罪，应当依法并罚。据此，依法判决被告人宋某犯抢劫罪，判处死刑；犯盗窃罪，判处有期徒刑2年，决定执行死刑，剥夺政治权利终身，并处没收个人全部财产。被告人平某犯抢劫罪，判处死刑；犯盗窃罪，判处有期徒刑1年6个月，决定执行死刑，剥夺政治权利终身，并处没收个人全部财产。一审宣判后，被告人宋某、平某均提出上诉。河北省高级人民法院经二审审理裁定驳回上诉，维持原判，并依法报请最高人民法院核准。最高人民法院经复核核准被告人宋某死刑，改判被告人平某死刑，缓期二年执行，并限制减刑。

【专家评析】

第一，如何理解并适用对判处死刑缓期执行的被告人限制减刑。

《中华人民共和国刑法修正案（八）》自2011年5月1日起施行，其中，增加刑法第50条第2款等规定，建立死刑缓期执行限制减刑制度。为了规范此项制度的适用，最高人民法院制定了《关于死刑缓期执行限制减刑案件审理程序若干问题的规定》，与刑法修正案（八）同步施行。根据刑法、司法解释的规定，结合司法实践，在适用刑法第50条第2款，对判处死刑缓期执行的被告人决定是否限制减刑时，需要遵循以下3项基本原则。

一是罪刑法定原则。根据刑法第50条第2款的规定，对被判处死刑缓期执行的被告人，仅在3种情形下可以同时决定限制减刑：（1）累犯；（2）因实施故意杀人、强奸、抢劫、绑架、放火、爆炸、投放危险物质的7种具体犯罪而被判处死刑缓期执行；（3）因实施有组织的暴力性犯罪而被判处死刑缓期执行。对除此3种情形之外判处被告人死刑缓期执行的，一律不得限制减刑。

二是罪刑相适应原则。限制减刑应当仅适用于判处死刑立即执行过重，但判处死刑缓期执行不限制减刑又偏轻的案件。从刑法第50条第2款的规定看，尽管刑法已将死刑缓期执行限制减刑的范围限制于前述3种情形，但因刑法规定是否限制减刑要由人民法院根据“犯罪情节等情况”作出决定，存在一定弹性或者裁量余地，故在司法适用中十分有必要强调遵循罪刑相适应原则。具体而言，对判处死刑缓期执行的被告人决定是否限制减刑，要综合考虑犯罪的性质，犯罪的起因、动机、目的、手段等情节，以及犯罪的后果，被告人的主观恶性和人身危险性等因素，全面分析量刑情节，严格依法适用，确保实现法律效果与社会效果的有机统一。

三是有利于严格执行死刑政策原则。从刑法修正案（八）的立法目的看，对判处死刑缓期执行的被告人限制减刑，并不是为了单纯加重死刑缓期执行刑的严厉性，而是为进一步严格执行死刑政策创造条件。即通过延长部分死刑缓期执行罪犯的实际执行期，改变以往“死刑过重、生刑过轻”的刑罚执行不平衡现象。由此，一部分以往因判处死刑缓期执行尚不足以罚当其罪而判处了死刑立即执行的案件，在刑法修正案（八）施行后，可以判处死刑缓期执行并限制减刑。也就是说，对判处死刑缓期执行的被告人适用限制减刑，针对的是以往应判处死刑立即执行的案件，而不是以往论罪应当判处死刑缓期执行的案件。这样把握，既有利于进一步严格执行死刑政策，也有利于实现对少数罪行极其严重的死刑缓期执行罪犯的严惩。

第二，对共同犯罪中判处死刑缓期执行的被告人，必要时可依法决定限制减刑。

近年来为严格控制和慎重适用死刑，对于2人或者多人共同犯罪致一人死亡的案件，要进一步区分主犯之间的罪责大小，仅对其中罪责最大的主犯判处死刑立即执行。这一政策在2010年的《最高人民法院关于贯彻宽严相济刑事政策的若干意见》中有明确规定，即“对于多名被告人共同致死一名被害人的案件，要进一步分清各被告人的作用，准确确定各被告人的罪责，以做到区别对待；不能以分不清主次为由，简单地一律判处重刑”。这里的“重刑”主要是指死刑立即执行。在有些案件中，数名主犯之间罪责差别不大，罪责相对略小的主犯被判处了死刑缓期执行。对这类主犯是否限制减刑，关键看其主观恶性和人身危险性的大小。如果被判处死刑缓期执行的被告人犯罪手段残忍，犯罪性质和情节恶劣，或者是累犯或者有前科，表现出较大的主观恶性和人身危险性的，在符合刑法第50条第2款规定的前提下，可以决定对其限制减刑。这样把握，既体现出严格执行死刑政策，又充分体现了对此类主犯的严惩，实现与判处死刑立即执行的主犯之间的量刑平衡。反之，如果判处死刑缓期执行的被告人犯罪手段和情节一般，也没有前科，不能认定其主观恶性深、人身危险性大的，则判处死刑缓期执行就已经体现严惩，并能实现与判处死刑立即执行的主犯之间的量刑平衡，自然也就不应当再对其限制减刑。

本案中，被告人宋某、平某伙同他人实施了一起抢劫和两起盗窃犯罪。其中，抢劫是主要罪行，二被告人也因该罪被一、二审法院判处死刑立即执行。最高人民法院复核后，对被告人宋某核准了死刑。

但是，对于被告人平某，最高人民法院复核后对其改判了死刑缓期执行并限制减刑。主要理由包括：其一，平某在抢劫共同犯罪中行为积极主动，首先动手捅刺被害人，罪行极其严重，论罪可以判处死刑立即执行。其二，平某虽罪行极其严重，但系被宋某纠集参与作案，在作案过程中听从宋某指挥，一定程度上处于受支配地位，且犯罪时刚满18周岁，归案后认罪、悔罪态度尚好，从严格执行死刑政策角度出发，尚不属于判处死刑必须立即执行。其三，抢劫罪是刑法第50条第2款规定的可以限制减刑的7种具体犯罪之一，鉴于前两点理由，且为实现与第一主犯宋某之间的量刑平衡，对平某判处死刑缓期执行，应当同时决定对其限制减刑。当然，如果本起抢劫犯罪手段不是这么残忍，尚不能认定平某主观恶性深、人身危险性大，则不应对其限制减刑。

需要注意的是，本案的犯罪时间发生在2008年，而刑法修正案（八）自2011年5月1日起公布施行，似乎不能依据刑法修正案（八）对被告人平某限制减刑。为此，《最高人民法院关于〈中华人民共和国刑法修正案（八）〉时间效力问题的解释》第2条第2款规定："被告人具有累犯情节，或者所犯之罪是故意杀人、强奸、抢劫、绑架、放火、爆炸、投放危险物质或者有组织的暴力性犯罪，罪行极其严重，根据修正前刑法判处死刑缓期执行不能体现罪刑相适应原则，而根据修正后刑法判处死刑缓期执行同时决定限制减刑可以罚当其罪的，适用修正后刑法第五十条第二款的规定。"今后，对于此类案件适用限制减刑的时间效力问题，均应当依照上述司法解释的该项规定办理。

【法条指引】

中华人民共和国刑法

第四十八条　死刑只适用于罪行极其严重的犯罪分子。对于应当判处死刑的犯罪分子，如果不是必须立即执行的，可以判处死刑同时宣告缓期二年执行。

死刑除依法由最高人民法院判决的以外，都应当报请最高人民法院核准。死刑缓期执行的，可以由高级人民法院判决或者核准。

第四十九条　犯罪的时候不满十八周岁的人和审判的时候怀孕的妇女，不适用死刑。

审判的时候已满七十五周岁的人，不适用死刑，但以特别残忍手段致人死亡的除外。

第五十条　判处死刑缓期执行的，在死刑缓期执行期间，如果没有故意犯罪，二年期满以后，减为无期徒刑；如果确有重大立功表现，二年期满以后，减为二十五年有期徒刑；如果故意犯罪，查证属实的，由最高人民法院核准，执行死刑。

对被判处死刑缓期执行的累犯以及因故意杀人、强奸、抢劫、绑架、放火、爆炸、投放危险物质或者有组织的暴力性犯罪被判处死刑缓期执行的犯罪分子，人民法院根据犯罪情节等情况可以同时决定对其限制减刑。

第五十一条　死刑缓期执行的期间，从判决确定之日起计算。死刑缓期执行减为有期徒刑的刑期，从死刑缓期执行期满之日起计算。

最高人民法院、最高人民检察院、公安部、司法部关于进一步严格依法办案确保办理死刑案件质量的意见（节录）

四、人民法院、人民检察院、公安机关依法互相配合和互相制约

49. 人民法院、人民检察院、公安机关办理死刑案件，应当切实贯彻“分工负责，互相配合，互相制约”的基本诉讼原则，既根据法律规定的明确分工，各司其职，各负其责，又互相支持，通力合作，以保证准确有效地执行法律，共同把好死刑案件的质量关。

50. 人民法院、人民检察院、公安机关应当按照诉讼职能分工和程序设置，互相制约，以防止发生错误或者及时纠正错误，真正做到不错不漏，不枉不纵。人民法院、人民检察院和公安机关的互相制约，应当体现在各机关法定的诉讼活动之中，不得违反程序干扰、干预、抵制其他机关依法履行职权的诉讼活动。

51. 在审判过程中，发现被告人可能有自首、立功等法定量刑情节，需要补充证据或者补充侦查的，人民检察院应当建议延期审理。延期审理的时间不能超过一个月。查证被告人揭发他人犯罪行为，人民检察院根据犯罪性质，可以依法自行查证，属于公安机关管辖的，可以交由公安机关查证。人民检察院应当将查证的情况在法律规定的期限内及时提交人民法院。

五、严格执行办案责任追究制度

52. 故意违反法律和本意见的规定，或者由于严重不负责任，影响办理死刑案件质量，造成严重后果的，对直接负责的主管人员和其他直接责任人员，由其所在单位或者上级主管机关依照有关规定予以行政处分或者纪律处分；徇私舞弊、枉法裁判构成犯罪的，依法追究刑事责任。

▶ 3. 在主刑之外，我国刑法规定的附加刑有哪些？

【宣讲要点】

附加刑又称从刑，是补充主刑适用的刑罚方法。附加刑的特点是既可附加主刑适用，也可独立适用。在附加适用时，可以同时适用两个以上的附加刑。附加刑具体包括罚金、剥夺政治权利、没收财产和驱逐出境四种。

其一，罚金。罚金是人民法院判处犯罪分子向国家缴纳一定数额金钱的刑罚方法，属于财产刑的一种。罚金主要适用于贪图财利或者与财产有关的犯罪，同时也适用于少数妨害社会管理秩序的犯罪。我国刑法分则规定的罚金适用范围较为广泛，罚金的适用方式如下。

（1）选处罚金。即罚金作为一种与有关主刑并列的刑种，由法院根据犯罪的具体情况选择适用。此种情况下罚金只能独立适用，而不能附加适用。

（2）单处罚金。即对犯罪分子只能判处罚金，而不能判处其他刑罚。根据刑法第 31 条规定，对单位犯罪的，只能判处罚金。根据 2000 年 11 月 15 日《最高人民法院关于适用财产刑若干问题的规定》第 4 条，犯罪情节较轻，适用单处罚金不致再危害社会，并具有偶犯或者初犯；自首或者立功表现的，犯罪时不满 18 周岁的，犯罪预备、中止或者未遂的；被胁迫参加犯罪的；全部退赃并有悔罪表现等情形之一的，可以依法单处罚金。

（3）并处罚金。即对犯罪分子判处主刑的同时附加适用罚金，包括必须适用和可以附加适用两种情形。前者在刑法条文中表述为“并处”，后者在刑法条文中表述为“可以并处”。前者要求人民法院在对犯罪分子判处主刑的同时，必须依法判处相应的财产刑；后者要求人民法院根据案件具体情况及犯罪分子的财产状况，决定是否适用财产刑。

（4）并处或单处罚金。即罚金既可附加主刑适用，也可以作为一种与有关主刑并列的刑种供选择适用。如刑法第 352 条规定，非法买卖、运输、携带、持有毒品原植物种子或者幼苗，数量较大的，处 3 年以下有期徒刑、拘役或者管制，并处或者单处罚金。

其二，剥夺政治权利。剥夺政治权利的内容，根据刑法第 54 条的规定，是剥夺犯罪分子以下权利：一是选举权和被选举权；二是言论、出版、集会、结社、游行、示威自由的权利；三是担任国家机关职务的权利；四是担任国有公司、企业、事业单位和人民团体领导职务的权利。

剥夺政治权利的对象，既可以适用于严重的犯罪，也可以适用于较轻的犯罪，既可以适用于危害国家安全的犯罪，也可以适用于普通刑事犯罪。剥夺政治权利既可以附加适用，也可以独立适用。在附加适用的场合，是作为较严厉的刑罚而适用于严重犯罪的；在独立适用场合，是作为一种不剥夺人身自由的轻刑，适用于较轻的犯罪。

（1）附加适用。首先，根据刑法第56条、第57条的规定，对危害国家安全的犯罪分子应当附加适用剥夺政治权利；其次，对被判处死刑、无期徒刑的犯罪分子应当附加剥夺政治权利终身；再次，对于故意杀人、强奸、放火、爆炸、投放危险物质、抢劫等严重破坏社会秩序的犯罪分子，可以附加剥夺政治权利。最后，根据1998年1月13日发布的《最高人民法院关于对故意伤害、盗窃等严重破坏社会秩序的犯罪分子能否附加剥夺政治权利问题的批复》，对故意伤害、盗窃等其他严重破坏社会秩序的犯罪，犯罪分子主观恶性较深、犯罪情节恶劣、罪行严重的，也可以附加剥夺政治权利。需要注意的是，除刑法规定“应当”附加剥夺政治权利外，对未成年罪犯一般不判处附加剥夺政治权利。如果对未成年罪犯判处附加剥夺政治权利的，依法从轻判处。对实施被指控犯罪时未成年、审判时已成年的罪犯判处附加剥夺政治权利的，也应当同样处理。

（2）独立适用。在情节较轻、不宜判处主刑的场合，可以独立适用剥夺政治权利。独立适用剥夺政治权利的，由刑法分则加以规定。一旦决定适用剥夺政治权利的，就不能再适用主刑。例如刑法第103条的规定。

其三，没收财产。这是将犯罪分子所有财产的一部或者全部强制无偿地收归国有的刑罚方法。没收财产与罚金同属于财产刑，但二者有以下区别。

一是适用对象不同。没收财产主要适用于危害国家安全罪以及破坏社会主义市场经济秩序罪、侵犯财产罪、妨害社会管理秩序罪、贪污贿赂罪中情节较重的犯罪；而罚金适用于情节较轻的贪利性犯罪。

二是内容不同。没收财产是剥夺犯罪分子个人现实所有财产的一部或者全部，既可以是没收金钱，也可以是没收其他财物；而罚金则是剥夺犯罪分子一定数额的金钱，这些金钱不一定是现实所有的。

三是执行方式不同。没收财产只能是一次性没收，而罚金可以分期缴纳，如果缴纳确有困难，还可以减免。

没收财产的适用方式有以下三种。

一是与罚金选择并处。即没收财产与罚金作为选择性的两种附加刑供附加主刑适用，审判人员可以选择没收财产附加主刑适用，也可以选择罚金附加主刑适用，二者必选其一。

二是并处。即没收财产必须附加主刑适用，审判人员没有取舍之余地。

三是可以并处。即没收财产可以附加主刑适用，也可以不附加主刑适用，是否附加主刑适用，由审判人员酌情决定。

其四，驱逐出境。这是强迫犯罪的外国人离开中国国（边）境的刑罚方法。我国刑法第35条规定：“对于犯罪的外国人，可以独立适用或者附加适用驱逐出境。”驱除出境可以独立适用，也可以附加适用，但更具有附加刑的特点。因其不具有普遍适用的性质，因此是一种特殊的附加刑。独立适用驱逐出境的，自判决确定之日起执行；附加适用的，自主刑执行完毕之日起执行。

【典型案例一】

潘某抢夺案

2009年5月9日下午，被告人潘某到位于山东省淄博市临淄区的协亨手机店，趁该店职工于洪洁不备，抢夺诺基亚N5800型手机一部，鉴定价值2500元。案发后，被告人潘某将其抢夺的手机退回了被抢单位。淄博市临淄区人民检察院以被告人潘某犯抢夺罪，向淄博市临淄区人民法院提起公诉。

淄博市临淄区人民法院认为，被告人潘某以非法占有为目的，公然夺取他人财物，数额较大，其行为已构成抢夺罪。被告人潘某在实施犯罪时，不满18周岁，系未成年人，依法应当从轻处罚。被告人潘某此前无犯罪记录，认罪态度较好，且已赔偿了被害人全部损失，可酌情从轻处罚，判决认定被告人潘某犯抢夺罪，判处罚金人民币5000元。

【专家评析】

根据刑法的有关规定，抢夺公私财物，数额较大的，处3年以下有期徒刑、拘役或者管制，并处或者单处罚金；数额巨大或者有其他严重情节的，处3年以上10年以下有期徒刑，并处罚金；数额特别巨大或者有其他特别严重情节的，处10年以上有期徒刑或者无期徒刑，并处罚金或者没收财产。也就是说，对于因实施抢夺而构成犯罪的，依照现行法律规定，有3个不同的量刑幅度。

本案中，被告人潘某抢夺手机一部，作案一次，价值2500元，抢夺数额超过1000元，犯罪情节一般，可以用拘役作为量刑基准，同时，被告人潘某在作案时不满18周岁，且是在校学生，其所犯罪行较轻，学校老师反映他平时表现较好，犯罪的动机和目的仅仅是一时糊涂，对犯罪存有侥幸心理，归案后立即将其抢夺的手机退还给被害单位，说明其具有较为深刻的悔罪表现，由于手机完好无损，被害单位也对退赃行为表示认可。一审法院考虑到潘某是一名在校学生，平时表现比较好，将其判处拘役的警示意义过大，会给其学业带来巨大影响。即使对其适用缓刑，由于缓刑犯仍必须遵守一些监管规定，缓刑会记入档案，对被告人今后的升学造成不便。同时考虑到，被告人潘某系初犯、偶犯，本人犯罪后对其所犯罪行有十分深刻的认识，悔罪表现突出，被告人潘某的法定代理人愿意积极缴纳罚金，书面保证今后对被告人潘某严加管束，因此，一审法院本着教育为主、惩罚为辅的未成年人刑事政策，决定对被告人潘某单处罚金。宣判后，被告人潘某的父母立即缴纳了罚金，公诉机关也对这个判决表示认可，案件的裁判效果良好。

【典型案例二】

被执行人龙某免除罚金案

被执行人龙某原系四川省安县安昌镇石梯村农民，因犯抢夺罪被上海市浦东新区法院于2007年5月判处有期徒刑2年，罚金人民币2000元。判决生效后，罪犯龙某被移送至上海市白茅岭监狱服刑；该案罚金尚未缴纳，由浦东新区法院刑庭移交执行庭立案执行。执行过程中，被执行人龙某以其家庭在“5·12”地震中受灾严重、无力缴纳罚金，且他以在服刑过程中能认罪服法、认真改造为由，向浦东新区法院提出免除罚金的请求。

上海市白茅岭监狱及上海市军天湖农场区人民检察院核查了龙某的服刑改造情况，并通过地震灾区四川省安县安昌镇政府查明，被执行人龙某家庭4间房屋全部毁损，其妻在地震前因病死亡，家中老父老母和两个11岁的女儿依靠政府救济生活。之后，上海市军天湖农场区人民检察院依据龙某的申请向浦东新区法院提交了对龙某终结执行罚金刑的检察建议书。上海市浦东新区法院经审查，裁定对被执行人龙某的罚金人民币2000元终结执行。

【专家评析】

根据我国刑法第53条的规定，被执行人如果由于遭遇不能抗拒的灾祸缴纳罚金确实有困难的，可以酌情减少或者免除。同时，我国刑事诉讼法第219条亦规定，如果由于遭遇不能抗拒的灾祸缴纳确实有困难的，人民法院可以裁定减少或者免除罚金。

本案的被执行人龙某确系我国"5·12"汶川大地震灾区籍罪犯，其家庭在地震中受灾严重，所居住房屋全部毁损，现居住于政府救济的过渡房内，无经济收入，已经丧失履行罚金的经济能力和客观条件，属于法律规定的"遭遇不能抗拒的灾祸缴纳确实有困难"的情形，人民法院依照刑法第53条、刑事诉讼法第219条和《最高人民法院关于适用财产刑若干问题的规定》第6条之规定，对其裁定终结执行罚金刑，免除被执行人龙某尚未缴纳的罚金。应当说，在罪犯龙某家庭遭受地震灾难后，法院依法作出免除其所判罚金的执行，体现了刑法的人文关怀，同时也体现了国家对灾区籍罪犯的关怀体恤，有利于罪犯的改造，实现法律效果与社会效果的统一。

【典型案例三】

许某职务侵占案

2009年9月起，被告人许某在上海楚炫堂生态渔业有限公司（以下简称楚炫堂公司）担任行政人事部经理，负责人力资源管理、办公室的日常行政管理以及与相关政府主管部门的联系等工作。2010年8月，被告人许某利用上述职务便利，伪造了上海市人力资源和社会保障局《关于切实做好本市残疾人劳动就业工作意见的通知》《关于解决残疾人劳动就业工作的核准书》，谎称需要向社保局缴纳残疾事业定额基金，要求公司支付人民币375260元到上海缇森实业有限公司账户。同年8月31日，楚炫堂公司将人民币375260元汇入缇森公司账户，而后被告许某让缇森公司扣除税费人民币23260元后将余下的人民币352000元转汇至其姐姐许美香在扬州的某一公司账户，许美香将该笔人民币352000元提取后交与被告人许某。被告人许某将其中人民币8万元支付其奶奶朱某的手术费用，余款存入银行、汇入股票账户以及用于日常消费等。2011年1月25日，公安机关在被告人许某的办公室将其抓获。到案后，被告人许某如实供述了上述犯罪事实，并已退缴全部赃款。

上海市浦东新区人民法院认为，被告人许某身为公司工作人员，利用职务上的便利，将本单位财物非法占为己有，数额巨大，其行为已构成职务侵占罪。被告人许某到案后能够如实供述自己的犯罪事实，结合其当庭自愿认罪，同时考虑到已退缴全部赃款，取得被害单位谅解，依法对被告人许某从轻处罚。该院依法判决认定被告人许某犯职务侵占罪，判处有期徒刑5年，没收财产人民币5000元。

【专家评析】

职务侵占罪是指行为人利用职务便利将本单位财物占为己有，数额较大的行为。本罪侵犯的客体是被告人所在单位财产的所有权。因此，该罪的社会危害性主要体现在犯罪数额上，是比较典型的贪利侵财型犯罪。

本案被告人许某利用在工作单位负责人力资源管理、与政府主管部门联系的职务便利，伪造政府文件，假借缴纳残疾事业定额基金之名，欺骗公司划出钱款375260元。其后，被告人许某在向到账公司支付了23260元税费后，将余款352000占为已有。因此，被告人许某的犯罪数额应当以被害单位因犯罪行为直接遭受的全部损失375260元认定，而非被告人最终获得的352000元。被告人在侵占单位资金过程中，因利用相关账户转移赃款而产生的税费不能从犯罪总额中去除。按照相关司法解释的规定，职务侵占罪数额巨大的标准为10万元，本案被告人许某的犯罪数额为375260元，已达数额巨大，应处5年以上有期徒刑。本案被告人许某具有坦白、退赃、自愿认罪、退赔的情节，未对被害单位造成经济损失。经综合考量，人民法院确定被告人的宣告刑为5年有期徒刑，并针对本案贪利侵财型犯罪的特点，处以没收个人财产5000元的附加刑。

【典型案例四】

南某等人运送他人偷越国（边）境案

2000年6月，权基范（大韩民国国籍，在逃）为组织中国境内朝鲜族人偷越国境去大韩民国，与被告人南某一起将中国偷渡者金永沫、金升镇两人带至广东省汕头市，交给在大韩民国"大明"号货轮上任职的被告人安某柱、李某千，并由被告人安某柱、李某千将偷渡者运送至大韩民国。事成后，权基范给被告人南某韩币30万元，给被告人安某柱、李某千韩币各300万元。2000年7月，权基范再次组织中国境内朝鲜族人偷越国（边）境，并让被告人南某带崔益元、咸周泰、任基学、洪吉龙4人到南京等待时机。8月28日权基范让被告人南某带上述4人到达江苏省张家港市，经被告人南某、安某柱、李某千事先商量，于次日凌晨，由被告人南某租用快艇将咸周泰、任基学、崔益元3人送到停泊在江苏省张家港市港区的大韩民国"大明"号货轮，由被告人李某千、安某柱将咸等3人接应上船并藏匿。8月29日上午，中华人民共和国张家港边防检查站在对"大明"号货轮进行船体检查时将偷渡者咸周泰、任基学、崔益元查获。2000年8月29日，被告人安某柱、李某千在江苏省张家港市被公安机关抓获。9月3日，被告人南某在江苏省南京市被公安机关抓获。

江苏省南京市人民检察院以被告人南某等人犯运送他人偷越国（边）境罪向南京市中级人民法院提起公诉。南京市中级人民法院经公开审理认为：被告人南某、安某柱、李某千非法运送他人偷越国（边）境，其行为均已触犯《中华人民共和国刑法》，构成运送他人偷越国（边）境罪，于

2001年3月2日依法判决认定被告人南某犯运送他人偷越国（边）境罪，判处有期徒刑4年6个月，追缴赃款韩币30万元，并处罚金人民币5万元。被告人安某柱犯运送他人偷越国（边）境罪，判处有期徒刑1年，并处驱逐出境，追缴赃款韩币300万元，并处罚金人民币3万元。被告人李某千犯运送他人偷越国（边）境罪，判处有期徒刑1年，并处驱逐出境，追缴赃款韩币300万元，并处罚金人民币3万元。

【专家评析】

本案是一起典型的偷渡犯罪，国内外“蛇头”相互勾结，采取将偷渡者藏匿在国际交通工具内躲避边防检查的方法，达到偷渡的目的。三被告人的行为应当定性为运送他人偷越国（边）境罪。第一起犯罪已告终结，属于犯罪既遂。在第二起犯罪中，被告人南某等人逃避边防检查，采用隐秘手段将咸周泰等三人送上停泊在我国港口的韩国籍民用货轮并予以藏匿，在货轮尚未驶出港口前即被边防人员查获的情节，也应当认定为犯罪既遂。本案的法律适用需要注意以下两个方面。

第一，管辖问题。自1979年刑法颁布以来，在我国刑法的管辖范围上就一直认定：凡处于我国领水、领空范围内的他国船舶、飞机除依法享有外交豁免权外均处于我国管辖之下，不认可其属于他国领土、受他国管辖。就本案而言，韩国籍货轮“大明”号是外国民用船舶，停泊在我国港口内，自然受我国法律管辖。

第二，关于第二起运送他人偷越国（边）境罪的认定。从刑法上来说，偷越国（边）境应具有如下两重含义：(1) 地理上的实际国（边）境，即指中国与其他国家之间的国界；(2) 法律上的虚拟国（边）境，它通过国家在对外开放口岸和指定口岸对出入境人员设置的边防检查来实现。具体到本案的发案环境——外轮停泊港口，则通常把由边防人员守卫的警戒线作为其实际标志。虽然警戒线外的在停外轮仍处于我国管辖范围之内，但当行为人越过警戒线上下船时，就必须严格遵守我国有关出入境管理的法律法规，否则就构成违法；其中程度严重构成犯罪的，还必须依法追究刑事责任。本案中三被告人正是无视我国有关出入境管理的法律规定，采取隐秘手段，将三名偷渡人送过边防警戒线，偷渡上船。虽然后来三名偷渡人被船体检查查获，但被告人的行为已严重违反相关的法规，实际上已逃避了边防检查，造成了偷越国（边）境的危害结果，符合运送他人偷越国（边）境罪的犯罪构成，应据此认定三名被告人的行为构成犯罪既遂，并在此基础上定罪量刑。被告人安某柱、李某千是韩国人，所以对二人并处驱逐出境。

【法条指引】

中华人民共和国刑法

第三十四条 附加刑的种类如下：

（一）罚金；

（二）剥夺政治权利；

（三）没收财产。

附加刑也可以独立适用。

第三十五条 对于犯罪的外国人，可以独立适用或者附加适用驱逐出境。

第三十六条 由于犯罪行为而使被害人遭受经济损失的，对犯罪分子除依法给予刑事处罚外，并应根据情况判处赔偿经济损失。

承担民事赔偿责任的犯罪分子，同时被判处罚金，其财产不足以全部支付的，或者被判处没收财产的，应当先承担对被害人的民事赔偿责任。

第五十二条 判处罚金，应当根据犯罪情节决定罚金数额。

第五十三条 罚金在判决指定的期限内一次或者分期缴纳。期满不缴纳的，强制缴纳。对于不能全部缴纳罚金的，人民法院在任何时候发现被执行人有可以执行的财产，应当随时追缴。如果由于遭遇不能抗拒的灾祸缴纳确实有困难的，可以酌情减少或者免除。

第五十四条 剥夺政治权利是剥夺下列权利：

（一）选举权和被选举权；

（二）言论、出版、集会、结社、游行、示威自由的权利；

（三）担任国家机关职务的权利；

（四）担任国有公司、企业、事业单位和人民团体领导职务的权利。

第五十五条 剥夺政治权利的期限，除本法第五十七条规定外，为一年以上五年以下。

判处管制附加剥夺政治权利的，剥夺政治权利的期限与管制的期限相等，同时执行。

第五十六条 对于危害国家安全的犯罪分子应当附加剥夺政治权利；对于故意杀人、强奸、放火、爆炸、投毒、抢劫等严重破坏社会秩序的犯罪分子，可以附加剥夺政治权利。

独立适用剥夺政治权利的，依照本法分则的规定。

第五十七条 对于被判处死刑、无期徒刑的犯罪分子，应当剥夺政治权利终身。

在死刑缓期执行减为有期徒刑或者无期徒刑减为有期徒刑的时候，应当把附加剥夺政治权利的期限改为三年以上十年以下。

第五十八条 附加剥夺政治权利的刑期，从徒刑、拘役执行完毕之日或者从假释之日起计算；剥夺政治权利的效力当然施用于主刑执行期间。

被剥夺政治权利的犯罪分子，在执行期间，应当遵守法律、行政法规和国务院公安部门有关监督管理的规定，服从监督；不得行使本法第五十四条规定的各项权利。

第五十九条 没收财产是没收犯罪分子个人所有财产的一部或者全部。没收全部财产的，应当对犯罪分子个人及其扶养的家属保留必需的生活费用。

在判处没收财产的时候，不得没收属于犯罪分子家属所有或者应有的财产。

第六十条 没收财产以前犯罪分子所负的正当债务，需要以没收的财产偿还的，经债权人请求，应当偿还。

最高人民法院关于适用财产刑若干问题的规定

为正确理解和执行刑法有关财产刑的规定，现就适用财产刑的若干问题规定如下：

第一条 刑法规定“并处”没收财产或者罚金的犯罪，人民法院在对犯罪分子判处主刑的同时，必须依法判处相应的财产刑；刑法规定“可以并处”没收财产或者罚金的犯罪，人民法院应当根据案件具体情况及犯罪分子的财产状况，决定是否适用财产刑。

第二条 人民法院应当根据犯罪情节，如违法所得数额、造成损失的大小等，并综合考虑犯罪分子缴纳罚金的能力，依法判处罚金。刑法没有明确规定罚金数额标准的，罚金的最低数额不能少于一千元。

对未成年人犯罪应当从轻或者减轻判处罚金，但罚金的最低数额不能少于五百元。

第三条 依法对犯罪分子所犯数罪分别判处罚金的，应当实行并罚，将所判处的罚金数额相加，执行总和数额。

一人犯数罪依法同时并处罚金和没收财产的，应当合并执行；但并处没收全部财产的，只执行没收财产刑。

第四条 犯罪情节较轻，适用单处罚金不致再危害社会并具有下列情形之一的，可以依法单处罚金：

（一）偶犯或者初犯；

（二）自首或者有立功表现的；

（三）犯罪时不满十八周岁的；

（四）犯罪预备、中止或者未遂的；

（五）被胁迫参加犯罪的；

（六）全部退赃并有悔罪表现的；

（七）其他可以依法单处罚金的情形。

第五条 刑法第五十三条规定的“判决指定的期限”应当在判决书中予以确定；“判决指定的期限”应为从判决发生法律效力第二日起最长不超过三个月。

第六条 刑法第五十三条规定的“由于遭遇不能抗拒的灾祸缴纳确实有困难的”，主要是指因遭受火灾、水灾、地震等灾祸而丧失财产；罪犯因重病、伤残等而丧失劳动能力，或者需要罪犯抚养的近亲属患有重病，需支付巨额医药费等，确实没有财产可供执行的情形。

具有刑法第五十三条规定“可以酌情减少或者免除”事由的，由罪犯本人、亲属或者犯罪单位向负责执行的人民法院提出书面申请，并提供相应的证明材料。人民法院审查以后，根据实际情况，裁定减少或者免除应当缴纳的罚金数额。

第七条 刑法第六十条规定的“没收财产以前犯罪分子所负的正当债务”，是指犯罪分子在判决生效前所负他人的合法债务。

第八条 罚金刑的数额应当以人民币为计算单位。

第九条 人民法院认为依法应当判处被告人财产刑的，可以在案件审理过程中，决定扣押或者冻结被告人的财产。

第十条 财产刑由第一审人民法院执行。

犯罪分子的财产在异地的，第一审人民法院可以委托财产所在地人民法院代为执行。

第十一条 自判决指定的期限届满第二日起，人民法院对于没有法定减免事由不缴纳罚金的，应当强制其缴纳。

对于隐藏、转移、变卖、损毁已被扣押、冻结财产情节严重的，依照刑法第三百一十四条的规定追究刑事责任。

最高人民法院关于财产刑执行问题的若干规定

为完善财产刑的执行制度，规范财产刑的执行工作，依照《中华人民共和国刑法》《中华人民共和国刑事诉讼法》等法律规定，制定本规定。

第一条 财产刑由第一审人民法院负责裁判执行的机构执行。

被执行的财产在异地的，第一审人民法院可以委托财产所在地的同级人民法院代为执行。

第二条 第一审人民法院应当在本院作出的刑事判决、裁定生效后，或者收到上级人民法院生效的刑事判决、裁定后，对有关财产刑执行的法律文书立案执行。

第三条　对罚金的执行，被执行人在判决、裁定确定的期限内未足额缴纳的，人民法院应当在期满后强制缴纳。

对没收财产的执行，人民法院应当立即执行。

第四条　人民法院应当依法对被执行人的财产状况进行调查，发现有可供执行的财产，需要查封、扣押、冻结的，应当及时采取查封、扣押、冻结等强制执行措施。

第五条　执行财产刑时，案外人对被执行财产提出权属异议的，人民法院应当审查并参照民事诉讼法的有关规定处理。

第六条　被判处罚金或者没收财产，同时又承担刑事附带民事诉讼赔偿责任的被执行人，应当先履行对被害人的民事赔偿责任。

判处财产刑之前被执行人所负正当债务，应当偿还的，经债权人请求，先行予以偿还。

第七条　执行的财产应当全部上缴国库。

委托执行的，受托人民法院应当将执行情况连同上缴国库凭据送达委托人民法院；不能执行到位的，应当及时告知委托人民法院。

第八条　具有下列情形之一的，人民法院应当裁定中止执行；中止执行的原因消除后，恢复执行：

（一）执行标的物系人民法院或者仲裁机构正在审理的案件争议标的物，需等待该案件审理完毕确定权属的；

（二）案外人对执行标的物提出异议确有理由的；

（三）其他应当中止执行的情形。

被执行人没有全部缴纳罚金的，人民法院在任何时候发现被执行人有可供执行的财产，应当随时追缴。

第九条　具有下列情形之一的，人民法院应当裁定终结执行：

（一）据以执行的刑事判决、裁定被撤销的；

（二）被执行人死亡或者被执行死刑，且无财产可供执行的；

（三）被判处罚金的单位终止，且无财产可供执行的；

（四）依照刑法第五十三条规定免除罚金的；

（五）其他应当终结执行的情形。

人民法院裁定终结执行后，发现被执行人有隐匿、转移财产情形的，应当追缴。

第十条 财产刑全部或者部分被撤销的，已经执行的财产应当全部或者部分返还被执行人；无法返还的，应予赔偿。

第十一条 因遭遇不能抗拒的灾祸缴纳罚金确有困难，被执行人向执行法院申请减少或者免除的，执行法院经审查认为符合法定减免条件的，应当在收到申请后一个月内依法作出裁定准予减免；认为不符合法定减免条件的，裁定驳回申请。

第十二条 人民法院办理财产刑执行案件，本规定没有规定的，参照适用民事执行的有关规定。

第十三条 此前发布的司法解释与本规定不一致的，以本规定为准。

▶ 4. 除了主刑和附加刑以外，我国刑法还有无规定其他的处罚方法？

【宣讲要点】

除了主刑和附加刑以外，我国刑法还规定了一些非刑罚处罚方法。具体包括以下三类。

（1）判处赔偿经济损失和责令赔偿损失。赔偿经济损失是指人民法院对犯罪分子除依法给予刑事处罚外，并根据其犯罪行为给被害人造成的经济损失情况，判处犯罪分子给予被害人一定经济赔偿的方法。责令赔偿损失是指人民法院对犯罪情节轻微不需要判处刑罚的犯罪分子，在免除其刑事处罚的同时，根据其犯罪行为对被害人造成的损失状况，责令其向被害人支付一定数额的金钱，以赔偿被害人损失的处理方法。二者都是赔偿被害人经济损失的非刑罚处罚方法，但有所不同，前者与刑事处罚一并适用，后者则适用于依法被免予刑事处罚的犯罪分子，属于独立适用。

（2）训诫、责令具结悔过和责令赔礼道歉。训诫是人民法院对犯罪分子当庭予以批评或者谴责，并责令其改正的一种教育方法；责令具结悔过，是人民法院责令犯罪分子用书面方式保证悔改，以后不再重新犯罪的一种教育方法；责令赔礼道歉，是人民法院责令犯罪分子公开向被害人当面承认错误，表示歉意的一种教育方法。

（3）由主管部门予以行政处罚或者行政处分。这是指人民法院根据案件的情况，向犯罪分子的主管部门提出对犯罪分子予以行政处罚或者行政处分的建议，由主管部门给予犯罪分子一定的行政处罚或者行政处分的一种非刑罚处罚方法。其特点是法院并不直接作出对犯罪分子予以行政处罚或者行政处分的决定，而是向犯罪分子的主管部门提出建议，再由主管部门作出行政处罚或者行政处分的决定。

【典型案例】

税某非法制造爆炸物案

被告人税某世代均系农村中从事殡葬服务的人员（当地俗称放“铁铳子”，即将黑火药放入小铁筒内用引线点燃后发出巨响，是当地农村的一种殡葬习俗）。2002 年 8 月至 12 月期间，税某在自己家里，用私自购买的机器和原材料木炭、硝酸钾、硫磺非法制造黑火药 100 余公斤，用于当地村民办丧事。同年 12 月 11 日，公安机关在税某家查缴出其非法制造的黑火药，并予以当场销毁。2005 年 4 月 5 日，四川省成都市温江区人民检察院向温江区人民法院提起公诉，指控税某构成非法制造爆炸物罪。被告人税某辩称自己根据祖传下来的配方制造黑火药，用于办丧事，未造成严重社会危害，其不知道是犯罪行为，请求从轻处罚。

成都市温江区人民法院经公开审理认为，被告人税某违反法律规定，非法制造黑火药达 100 余公斤，其行为已构成非法制造爆炸物罪。根据本案的事实、情节以及对社会的危害程度，判处被告人税某犯非法制造爆炸物罪，免予刑事处罚。

【专家评析】

我国刑法第125条规定，非法制造、买卖、运输、邮寄、储存枪支、弹药、爆炸物的，处3年以上10年以下有期徒刑；情节严重的，处10年以上有期徒刑、无期徒刑或者死刑。本罪侵犯的客体是公共安全和国家对枪支、弹药、爆炸物的管理制度，危害的是不特定多数人的生命、健康和重大公私财产的安全。本罪属于选择性罪名，行为人只要实施非法制造、买卖、运输、邮寄、储存枪支、弹药、爆炸物行为之一的，即可构成犯罪。

根据2009年11月16日的《最高人民法院关于修改〈最高人民法院关于审理非法制造、买卖、运输枪支、弹药、爆炸物等刑事案件具体应用法律若干问题的解释〉的决定》的规定，因筑路、建房、打井、整修宅基地和土地等正常生产、生活需要，或者因从事合法的生产经营活动而非法制造、买卖、运输、邮寄、储存爆炸物，数量达到该解释第1条规定标准，没有造成严重社会危害，并确有悔改表现的，可依法从轻处罚；情节轻微的，可以免除处罚。

【法条指引】

中华人民共和国刑法

第三十七条 对于犯罪情节轻微不需要判处刑罚的，可以免予刑事处罚，但是可以根据案件的不同情况，予以训诫或者责令具结悔过、赔礼道歉、赔偿损失，或者由主管部门予以行政处罚或者行政处分。

第三章
量　　刑

▶ 1. 人民法院在审理刑事案件过程中，认定被告人有罪后，如何适用刑罚裁量？

【宣讲要点】

刑罚裁量简称量刑，量刑作为刑事审判活动的重要环节，其任务具体表现为以下四个方面。

（1）决定对犯罪分子是否判处刑罚。当行为人不具有刑法规定的免除处罚的情节时，应当判处刑罚；如果行为人具有刑法规定的免除刑罚的情节时，则应当依法免除刑罚，并决定是否适用非刑罚处罚方法。

（2）决定对犯罪人判处何种刑罚和刑罚的轻重。归纳我国刑法分则对各种犯罪所规定的刑罚，除背叛国家罪、劫持航空器罪、绑架罪、拐卖妇女、儿童罪、暴动越狱罪、战时造谣惑众罪等十多个罪名的特别加重情形配置了单一的死刑外，其余均是以有期徒刑为基础的相对确定的法定刑。因此，量刑应当在法定刑幅度内，根据犯罪的性质、情节和对于社会的危害程度予以决定。

（3）决定对犯罪人所判处的刑罚是否立即执行。人民法院判决被告人有罪，并宣告其刑罚，只要裁判发生法律效力，刑罚则进入执行阶段。由于我国刑法规定对被判处拘役或 3 年以下有期徒刑的犯罪分子，符合一定条件的可以适用缓刑，因此人民法院可以对此类案件，根据犯罪分子的犯罪情节和悔罪表现，进一步评价对其是否适用缓刑。同时，对于判处死刑的犯罪分子，如果不是必须立即执行的，可以宣告缓期 2 年执行。

（4）决定对犯罪人是否实行数罪并罚。在一人犯数罪的情况下，刑罚裁量的任务还应当包括对数罪所判处的刑罚，依照刑法规定的数罪并罚的原则，决定执行的刑罚。

▶ 2. 人民法院在量刑时适用哪些原则？

【宣讲要点】

我国刑法第 5 条明确规定：“刑罚的轻重，应当与犯罪分子所犯罪行和承担的刑事责任相适应。”刑法第 61 条规定：“对于犯罪分子决定刑罚的时候，应当根据犯罪的事实、犯罪的性质、情节和对于社会的危害程度，依照本法的有关规定判处。”归纳我国刑法的量刑原则，体现为以犯罪事实为根据；以刑法规定为准绳，并注意贯彻宽严相济的刑事政策。

（1）量刑必须以犯罪事实为根据。犯罪事实是追究刑事责任的基础，进而是对犯罪人进行处罚的根据。因此，无犯罪事实，也就无刑事责任，更无进行裁量刑罚的可能。因此，量刑必须以犯罪事实为根据。

（2）量刑必须以刑法规定为准绳。我国刑法对于什么性质的犯罪配置什么样的法定刑，以及可以适用哪些量刑情节都作出了明确规定，因此，量刑必须严格依照刑法的规定进行。这也是“有法必依、执法必严”社会主义法治原则的体现。如果置刑法规定于不顾，随意量刑，使刑罚变为个人行为，必然导致量刑畸轻或者畸重，并严重损害司法权威，破坏法治尊严。

▶ 3. 人民法院在量刑过程中，需要考虑哪些情节？

【宣讲要点】

人民法院在量刑情节的适用上应坚持以下规则。

（1）从轻处罚和从重处罚情节的适用规则。从轻处罚是指在法定刑幅度内处以相对较轻的刑种或刑期，不允许在法定最低刑以下判处刑罚；从重处罚，是指在法定刑幅度内处以相对较重的刑种或刑期，不允许在法定最高刑以上判处刑罚。

（2）减轻处罚情节的适用规则。减轻处罚是指判处低于法定刑的刑罚。这里的法定刑是指刑法为每个具体犯罪构成类型所配置的刑罚适用范围；减轻处罚不能判处法定最低刑，只能在法定最低刑以下判处刑罚，否则将同从轻处罚相混淆；减轻处罚也不能减到免除处罚的程度，否则将同免除处罚混淆。减轻处罚既包括刑种的减轻，也包括刑期的减轻。需要注意，如果行为人不具有法定减轻处罚情节，根据案件的特殊情况，经最高人民法院核准，也可以在法定刑以下判处刑罚。

（3）免除处罚情节的适用规则。免除处罚是对犯罪分子作有罪宣告，但免除其刑罚处罚。适用免除处罚的情节，除应当明确刑法总则和分则规定的各种免除处罚情节的具体内容外，还必须把握三个基本条件：行为人的行为已构成犯罪；行为人所构成的犯罪情节轻微；因犯罪情节轻微而不需要判处刑罚。

【典型案例一】

孙某以危险方法危害公共安全案

2008年5月，被告人孙某（男，29岁，公司职员）购买一辆车牌号为“川A43K66”的别克轿车。之后，孙某在未取得驾驶证的情况下长期驾驶该车，并多次违反交通法规。同年12月14日中午，孙某与其父母为亲属祝寿，大量饮酒。当日17时许，孙某驾驶其别克轿车行至成都市成龙路“蓝谷地”路口时，从后面撞向与其同向行驶的一辆比亚迪轿车尾部。肇事后，孙某继续驾车以超过限定的速度（60公里/小时）行驶。行至成龙路“卓锦城”路段时，越过中心黄色双实线，先后与对面车道正常行驶的4辆轿车相撞，造成其中一辆长安奔奔轿车上的张景全、尹国辉夫妇和金亚民、张成秀夫妇死亡，代玉秀重伤，以及公私财产损失5万余元。经鉴定，孙某驾驶的车辆碰撞前瞬间的行驶速度为134—138公里/小时；孙某案发时血液中的乙醇含量为135.8毫克/100毫升。案发后，孙某的亲属代为赔偿被害人经济损失11.4万元。

四川省成都市中级人民法院经审理认为，被告人孙某犯以危险方法危害公共安全罪，判处其死刑，剥夺政治权利终身。一审宣判后，被告人孙某上诉。四川省高级人民法院经审理改判其无期徒刑，剥夺政治权利终身。

【专家评析】

我国刑法规定，死刑只适用于罪行极其严重的犯罪分子。犯罪分子是否属于“罪行极其严重”，应当从犯罪分子的主观恶性、人身危险性和犯罪行为的社会危害性几个方面进行综合分析认定，不能只看犯罪行为造成的危害后果。行为人醉酒驾车构成以危险方法危害公共安全罪的，虽然往往情节比较恶劣，后果严重，社会危害性大，但此类犯罪一般系间接故意犯罪，行为人主观上并不希望也不追求危害结果发生，与蓄意杀人和恶意驾车撞击车辆或行人的直接故意犯罪不同。相比之下，此类犯罪行为人的主观恶性不是很深，人身危险性不是很大。因此，醉酒驾车犯罪行为人一般不属于刑法规定的“罪行极其严重的犯罪分子”，因而不属于适用死刑的对象。从贯彻宽严相济的刑事政策、严格控制和慎重适用死刑的政策出发，一般不适用死刑。但这并不意味着此类犯罪行为均不适用死刑。对于醉酒驾车犯罪情节特别恶劣，造成的后果特别严重的，如醉酒驾车肇事后，不顾拦阻，或抗拒检查、抓捕，或为逃避处罚，继续驾车撞击车辆、行人，造成特别严重后果的，也有依法判处死刑的余地。

本案被告人孙某醉酒驾车，连续冲撞多辆轿车，造成4人死亡、1人重伤及数万元的财产损失，情节恶劣，后果严重，应依法严惩。但是，鉴于其系间接故意犯罪，与直接故意犯罪相比，主观恶性不是很深，人身危险性不是很大；系在严重醉酒状态下犯罪，驾驶车辆的控制能力实际有所减弱；归案后认罪、悔罪态度较好，积极赔偿被害方的经济损失，一定程度上获得了被害方的谅解。综合本案的犯罪性质、情节、危害后果及行为人的主观恶性、人身危险性，孙某尚不属于罪行极其严重的犯罪分子。因此，二审改判其无期徒刑是适当的。

【典型案例二】

程某绑架案

2000 年春节后的一天，被告人程某（男，21 岁，无业人员）到其舅舅程会生家偷走一部传呼机，受到程会生的指责。因程会生将此事告诉了村里人，程某便觉得无脸见人，产生了报复其舅的动机。同年 3 月 6 日 11 时许，程某租用“面的”车到阳邑学校，将放学的程会生之子骗上车拉走。行至金城乡东金城村时，程某给程会生打电话说：“孩子在我这儿，你把我逼急了。限你在 2 小时内将 6000 元现金送到温博公路，由北向南走，我能看见你。不要报警，如报警，就往坏处想!”程某给程会生之子买了一些小食品之后，开车到南里村附近等候。程会生向“110”报了警。被告人之父程有财获悉后立即骑摩托车赶往阳邑，与公安人员一起来到现场。当时程某与程会生之子正在车上打扑克，程有财下车走到“面的”车边搂住程某的脖子。程某见有公安人员，就把碗片放在程会生之子的脖子上说：“你们不要过来，过来我就杀了他!”在其父夺碗片时，程某划伤程会生之子的脖子（表皮伤 0.05 厘米 ×3.0 厘米），公安人员随即将程某抓获。

博爱县人民法院认为，被告人程某构成绑架罪，判处有期徒刑 11 年，并处罚金 6000 元。一审宣判后，被告人程某上诉。河南省焦作市中级人民法院改判被告人程某有期徒刑 5 年。后依法将此案报送河南省高级人民法院复核。河南省高级人民法院经复核认为，被告人程某为报复其舅，绑架其亲表弟，索要 6000 元钱，情节一般，犯罪手段一般，没有造成损害后果，判处法定最低刑仍显过重，可以在法定刑以下减轻处罚，同意焦作市中级人民法院的判决，并依法将此案报请最高人民法院核准。最高人民法院经复核认为，被告人程某以勒索财物为目的绑架他人，其行为已构成《中华人民共和国刑法》第 239 条第 1 款规定的绑架罪。被告人程某虽不具有法定的减轻处罚情节，但鉴于本案发生于亲属之间，犯罪情节较轻，被告人有悔罪表现，对其依法可以减轻处罚，并可以适用缓刑，改判被告人程某有期徒刑 3 年，缓刑 5 年。

【专家评析】

我国刑法第 63 条规定，犯罪分子虽然不具有本法规定的减轻处罚情节，但是根据案件的特殊情况，经最高人民法院核准，也可以在法定刑以下判处刑罚。这就是特殊情况减轻处罚的规定。

就本案而言，被告人程某的行为虽然构成了绑架罪，但其具有应当在法定刑以下判处刑罚的“特殊情况”。首先，程某刚满 18 岁，出于对其舅指责其偷拿传呼机行为的不满，才产生挟持其表弟以报复其舅的动机，主观恶性不大；其次，程某对被害人并未采取暴力、胁迫等手段，还给其表弟买了食品并陪其打牌，只是在发觉公安人员及其亲属来到后才持碗片相威胁，也未对被害人造成多大伤害，犯罪情节较轻；最后，程某与被害人系亲戚关系，犯罪后有悔罪表现，即使判处其法定最低刑 10 年有期徒刑仍显过重。为此，焦作市中级人民法院对被告人程某适用刑法第 63 条的规定，决定对其在法定刑以下判处刑罚。最高人民法院在核准办理本案时，综合考虑全案情节，决定对其改判有期徒刑 3 年，缓刑 5 年。

【法条指引】

中华人民共和国刑法

第六十一条 对于犯罪分子决定刑罚的时候，应当根据犯罪的事实、犯罪的性质、情节和对于社会的危害程度，依照本法的有关规定判处。

第六十二条 犯罪分子具有本法规定的从重处罚、从轻处罚情节的，应当在法定刑的限度以内判处刑罚。

第六十三条 犯罪分子具有本法规定的减轻处罚情节的，应当在法定刑以下判处刑罚；本法规定有数个量刑幅度的，应当在法定量刑幅度的下一个量刑幅度内判处刑罚。

犯罪分子虽然不具有本法规定的减轻处罚情节，但是根据案件的特殊情况，经最高人民法院核准，也可以在法定刑以下判处刑罚。

第六十四条 犯罪分子违法所得的一切财物，应当予以追缴或者责令退赔；对被害人的合法财产，应当及时返还；违禁品和供犯罪所用的本人财物，应当予以没收。没收的财物和罚金，一律上缴国库，不得挪用和自行处理。

最高人民法院关于贯彻宽严相济刑事政策的若干意见

四、准确把握和正确适用宽严“相济”的政策要求

25. 宽严相济刑事政策中的“相济”，主要是指在对各类犯罪依法处罚时，要善于综合运用宽和严两种手段，对不同的犯罪和犯罪分子区别对待，做到严中有宽、宽以济严；宽中有严、严以济宽。

26. 在对严重刑事犯罪依法从严惩处的同时，对被告人具有自首、立功、从犯等法定或酌定从宽处罚情节的，还要注意宽以济严，根据犯罪的具体情况，依法应当或可以从宽的，都应当在量刑上予以充分考虑。

27. 在对较轻刑事犯罪依法从轻处罚的同时，要注意严以济宽，充分考虑被告人是否具有屡教不改、严重滋扰社会、群众反映强烈等酌定从严处罚的情况，对于不从严不足以有效惩戒者，也应当在量刑上有所体现，做到济之以严，使犯罪分子受到应有处罚，切实增强改造效果。

28. 对于被告人同时具有法定、酌定从严和法定、酌定从宽处罚情节的案件，要在全面考察犯罪的事实、性质、情节和对社会危害程度的基础上，结合被告人的主观恶性、人身危险性、社会治安状况等因素，综合作出分析判断，总体从严，或者总体从宽。

29. 要准确理解和严格执行“保留死刑，严格控制和慎重适用死刑”的政策。对于罪行极其严重的犯罪分子，论罪应当判处死刑的，要坚决依法判处死刑。要依法严格控制死刑的适用，统一死刑案件的裁判标准，确保死刑只适用于极少数罪行极其严重的犯罪分子。拟判处死刑的具体案件定罪或者量刑的证据必须确实、充分，得出唯一结论。对于罪行极其严重，但只要是依法可不立即执行的，就不应当判处死刑立即执行。

30. 对于恐怖组织犯罪、邪教组织犯罪、黑社会性质组织犯罪和进行走私、诈骗、贩毒等犯罪活动的犯罪集团，在处理时要分别情况，区别对待：对犯罪组织或集团中的为首组织、指挥、策划者和骨干分子，要依法从严惩处，该判处重刑或死刑的要坚决判处重刑或死刑；对受欺骗、胁迫参加犯罪组织、犯罪集团或只是一般参加者，在犯罪中起次要、辅助作用的从犯，依法应当从轻或减轻处罚，符合缓刑条件的，可以适用缓刑。

对于群体性事件中发生的杀人、放火、抢劫、伤害等犯罪案件，要注意重点打击其中的组织、指挥、策划者和直接实施犯罪行为的积极参与者；对因被煽动、欺骗、裹胁而参加，情节较轻，经教育确有悔改表现的，应当依法从宽处理。

31. 对于一般共同犯罪案件，应当充分考虑各被告人在共同犯罪中的地位和作用，以及在主观恶性和人身危险性方面的不同，根据事实和证据能分清主从犯的，都应当认定主从犯。有多名主犯的，应在主犯中进一步区分出罪行最为严重者。对于多名被告人共同致死一名被害人的案件，要进一步分清各被告人的作用，准确确定各被告人的罪责，以做到区别对待；不能以分不清主次为由，简单地一律判处重刑。

32. 对于过失犯罪，如安全责任事故犯罪等，主要应当根据犯罪造成危害后果的严重程度、被告人主观罪过的大小以及被告人案发后的表现等，综合掌握处罚的宽严尺度。对于过失犯罪后积极抢救、挽回损失或者有效防止损失进一步扩大的，要依法从宽。对于造成的危害后果虽然不是特别严重，但情节特别恶劣或案发后故意隐瞒案情，甚至逃逸，给及时查明事故原因和迅速组织抢救造成贻误的，则要依法从重处罚。

33. 在共同犯罪案件中，对于主犯或首要分子检举、揭发同案地位、作用较次犯罪分子构成立功的，从轻或者减轻处罚应当从严掌握，如果从轻处罚可能导致全案量刑失衡的，一般不予从轻处罚；如果检举、揭发的是其他犯罪案件中罪行同样严重的犯罪分子，或者协助抓获的是同案中的其他主犯、首要分子的，原则上应予依法从轻或者减轻处罚。对于从犯或犯罪集团中的一般成员立功，特别是协助抓获主犯、首要分子的，应当充分体现政策，依法从轻、减轻或者免除处罚。

34. 对于危害国家安全犯罪、故意危害公共安全犯罪、严重暴力犯罪、涉众型经济犯罪等严重犯罪；恐怖组织犯罪、邪教组织犯罪、黑恶势力犯罪等有组织犯罪的领导者、组织者和骨干分子；毒品犯罪再犯的严重犯罪者；确有执行能力而拒不依法积极主动缴付财产执行财产刑或确有履行能力而不积极主动履行附带民事赔偿责任的，在依法减刑、假释时，应当从严掌握。对累犯减刑时，应当从严掌握。拒不交代真实身份或对减刑、假释材料弄虚作假，不符合减刑、假释条件的，不得减刑、假释。

对于因犯故意杀人、爆炸、抢劫、强奸、绑架等暴力犯罪，致人死亡或严重残疾而被判处死刑缓期二年执行或无期徒刑的罪犯，要严格控制减刑的频度和每次减刑的幅度，要保证其相对较长的实际服刑期限，维护公平正义，确保改造效果。

对于未成年犯、老年犯、残疾罪犯、过失犯、中止犯、胁从犯、积极主动缴付财产执行财产刑或履行民事赔偿责任的罪犯、因防卫过当或避险过当而判处徒刑的罪犯以及其他主观恶性不深、人身危险性不大的罪犯，在依法减刑、假释时，应当根据悔改表现予以从宽掌握。对认罪服法，遵守监规，积极参加学习、劳动，确有悔改表现的，依法予以减刑，减刑的幅度可以适当放宽，间隔的时间可以相应缩短。符合刑法第八十一条第一款规定的假释条件的，应当依法多适用假释。

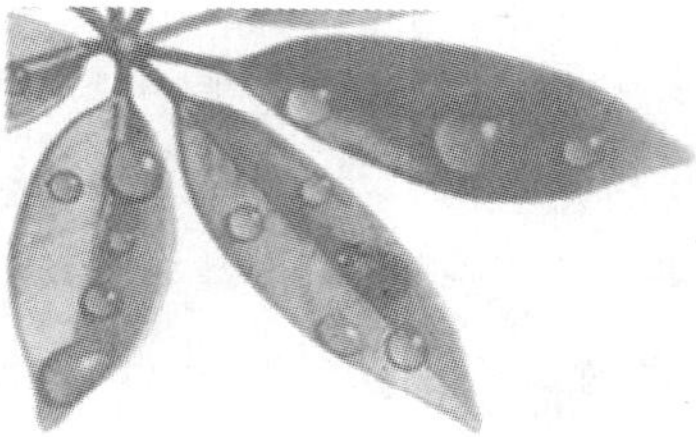

第四章
累　　犯

▶ 1. 一个刑满释放的人再次犯罪，在刑法中有什么规定？

【宣讲要点】

一个刑满释放的人再次实施犯罪行为，在刑法意义上涉及累犯的概念。所谓累犯是指因犯罪而受过一定的刑罚处罚，刑罚执行完毕或者赦免以后，在法定期限内又犯一定之罪的犯罪人。

我国刑法规定的累犯，可分为一般累犯和特别累犯两类。

（1）一般累犯的构成条件。根据刑法第 65 条的规定，一般累犯是指被判处有期徒刑以上刑罚并在刑罚执行完毕或者赦免以后，在 5 年以内再犯应当判处有期徒刑以上刑罚之罪的犯罪人，但是过失犯罪和不满 18 周岁的人犯罪除外。一般累犯的成立条件为以下几个方面。

一是前罪与后罪必须是故意犯罪。如果前罪或者后罪之一是过失犯罪，则不构成累犯。这是成立一般累犯的罪质条件。

二是犯罪分子在犯前罪和后罪时必须年满 18 周岁。如果犯前罪时不满 18 周岁，即使犯后罪时年满 18 周岁，也不构成累犯。

三是前罪被判处有期徒刑以上刑罚，后罪也应当被判处有期徒刑以上刑罚。其中前罪被判处有期徒刑以上刑罚，是指人民法院对犯罪分子确定的宣告刑；后罪应当被判处有期徒刑以上刑罚，不是指法定刑为有期徒刑以上刑罚，而是指根据犯罪事实与情节，应当被判处有期徒刑以上刑罚。

四是后罪发生在前罪的刑罚执行完毕或者赦免以后 5 年之内。这是成立一般累犯的时间条件。被假释的犯罪分子，如果在假释考验期满 5 年以内又犯新罪的，构成累犯；被判处有期徒刑宣告缓刑的犯罪分子，如果在缓刑考验期满后又犯罪的，不构成累犯。

（2）特别累犯的构成条件。根据刑法第 66 条的规定，特别累犯是指危害国家安全犯罪、恐怖活动犯罪、黑社会性质的组织犯罪的犯罪分子，在受过刑罚处罚执行完毕或者赦免后，在任何时候再犯上述任一类罪的，都以累犯论处。其成立条件表现为以下几个方面。

一是前罪和后罪必须都是危害国家安全犯罪、恐怖活动犯罪、黑社会性质的组织犯罪，如果前罪或者后罪中有一个不在上述范围，则不构成特别累犯。需要注意，“危害国家安全犯罪”是指刑法分则规定的所有犯罪，“恐怖活动犯罪”并不限于刑法分则的“组织、领导、参加恐怖活动组织罪”“资助恐怖活动罪”，其他任何有关恐怖活动组织的犯罪，不管规定在刑法的哪个条文，都属于“恐怖活动犯罪”。同样，“黑社会性质的组织犯罪”也不限于刑法分则的“组织、领导、参加黑社会性质组织罪”“入境发展黑社会组织罪”“包庇、纵容黑社会性质组织罪”，而是包括其他所有刑法分则规定的有关黑社会性质组织犯罪。

二是前罪的刑罚执行完毕或者赦免以后，任何时候再有危害国家安全犯罪、恐怖活动犯罪、黑社会性质的组织犯罪的，即构成特别累犯，不受前后两罪时间长短的限制。

【典型案例】

被告人张某盗窃案

2005 年 12 月 19 日，被告人张某因犯盗窃罪被法院判处有期徒刑 2 年 6 个月，于 2007 年 8 月 2 日刑满释放。2009 年 1 月 28 日，被告人张某伙同易常洪、“矮子”（均另案处理），窜至吉安市青原区河东街道机关住宅区，窃得华夏牌液晶彩电一台、宏基牌笔记本电脑一台，以上物品价值人民币7350元。2009年3月12日，被告人张某伙同易增福、易建洪、李林华窜至井冈山市怡园新村住宅小区进行盗窃，共盗得32寸创维液晶彩电一台、钻戒一枚、诺基亚手机一部、女式手表一块、37寸康佳液晶彩电一台、长城电脑主机及液晶显示器各一台、周大生金项链一条、男式手包一个，以上物品价值人民币12317元。

【专家评析】

张某犯盗窃罪，数额巨大，系累犯，根据我国刑法第264条的规定，应在3年以上10年以下有期徒刑的量刑幅度内从重处罚。累犯是指被判处一定刑罚的犯罪人，在刑罚执行完毕或者赦免以后，在法定期限内又犯一定之罪的情况。作为量刑情节，累犯是一种特定的再次犯罪的事实，根据我国刑法第63条和第66条的规定，在我国累犯分为一般累犯和特殊累犯，其成立条件不同，但法律后果没有区别。我国刑法对累犯采取的是从重处罚主义，即累犯属于一种“从重”处罚的情节，而不是“加重”处罚的情节，其只能在同一量刑幅度内适用相对较重的刑罚，而不能适用更重的刑种。事实上，我国刑法第264条关于盗窃罪的量刑幅度规定已经较大，依法从重处罚，完全可以做到罪刑相适应，没有必要再加重处罚。

▶ 2. 刑法如何处罚累犯？

【宣讲要点】

根据我国刑法第65条规定，对累犯应当从重处罚。这表明刑法对累犯给予更强烈的否定评价和适用更重的刑罚，其内容体现在以下四个方面。

（1）对于累犯必须从重处罚。刑法第65条中“应当”一语表明了必须适用，无自由裁量的余地。

（2）从重处罚，是相对于不构成累犯的人员应承担的刑事责任而言的，即要承担更重的刑事责任。

（3）从重处罚，必须根据其所实施的犯罪行为的性质、情节和社会危害程度，确定其刑罚。虽然要体现从重，但不是一律判处法定最高刑。

（4）对累犯不适用缓刑，也不得假释。

【典型案例】

张某伙同他人盗窃过往汽车上的货物案

被告人张某，1983年11月12日因犯盗窃罪被福建省建宁县人民法院判处有期徒刑2年，1985年9月3日刑满释放。1988年9月27日因涉嫌犯盗窃罪经建宁县人民检察院批准逮捕后畏罪潜逃。2000年5月23日由建宁县公安局执行逮捕。

1988年4月至5月间，被告人张某提议并伙同余某、黄某、刘某、杨某（四人均已判刑），在福建省建宁县与江西省南丰县、广昌县交界处的公路陡坡上，爬车盗窃过往汽车上的货物。他们先后6次趁夜间过往汽车上坡行驶缓慢之机，由被告人张某与余某用镰刀先割断车篷绳子，爬上汽车将车上的货物扔下，其余人在路上接应，共盗得谷子、大米、化肥等货物价值人民币2200余元。案发后，余某、黄某、刘某、杨某四人被抓获，并分别被判处有期徒刑3年至5年；被告人张某1988年9月27日被批准逮捕后潜逃至福建省永安市打工，2000年5月23日被执行逮捕。张某归案后能如实供述犯罪事实，认罪态度较好。

建宁县人民法院经公开审理认为，被告人张某以非法占有为目的，经事先预谋，与他人共同秘密窃取过往汽车上财物，数额较大，其行为已构成盗窃罪。被告人张某在共同犯罪中提议盗窃、积极实施割车篷绳子、爬车窃货的行为，在共同盗窃中起主要作用，系主犯。被告人张某在刑满释放后3年内又重新犯罪，是累犯，应当从重处罚。且被告人张某经批捕后潜逃12年，应酌情从重处罚。考虑到张某在归案后能如实供述犯罪事实，认罪态度较好，可酌情从轻处罚。据此，该院判决认定被告人张某犯盗窃罪，判处有期徒刑1年6个月，并处罚金人民币3000元。

【专家评析】

《最高人民法院关于适用刑法时间效力规定若干问题的解释》第3条规定："前罪判处的刑罚已经执行完毕或者赦免，在1997年9月30日以前又犯应当判处有期徒刑以上刑罚之罪，是否构成累犯，适用修订前的刑法第六十一条的规定；1997年10月1日以后又犯应当判处有期徒刑以上刑罚之罪的，是否构成累犯，适用刑法第六十五条的规定。"

本案被告人张某因犯盗窃罪被判处有期徒刑2年，1985年9月8日刑满释放后，又于1988年5月犯盗窃罪，依法应当判处有期徒刑以上的刑罚。依照该解释的规定，张某是否构成累犯，应当适用修订前的刑法第61条的规定。修订前的刑法第61条第1款规定："被判处有期徒刑以上刑罚的犯罪分子，刑罚执行完毕或者赦免以后，在三年以内再犯应当判处有期徒刑以上刑罚之罪的，是累犯，应当从重处罚；但是过失犯罪除外。"被告人张某在前罪判处的刑罚执行完毕后，在3年内又犯应当判处有期徒刑以上刑罚之罪，法院依照此项条款的规定认定其构成累犯，并在量刑时体现从重处罚是正确的。

【法条指引】

中华人民共和国刑法

第六十五条 被判处有期徒刑以上刑罚的犯罪分子，刑罚执行完毕或者赦免以后，在五年以内再犯应当判处有期徒刑以上刑罚之罪的，是累犯，应当从重处罚，但是过失犯罪和不满十八周岁的人犯罪的除外。

前款规定的期限，对于被假释的犯罪分子，从假释期满之日起计算。

第六十六条 危害国家安全犯罪、恐怖活动犯罪、黑社会性质的组织犯罪的犯罪分子，在刑罚执行完毕或者赦免以后，在任何时候再犯上述任一类罪的，都以累犯论处。

第五章

自首和立功

▶ 1. 司法机关如何认定自首?

【宣讲要点】

根据我国刑法第 67 条的规定，犯罪分子犯罪以后自动投案，如实供述自己的罪行的，属于自首。同时，被采取强制措施的犯罪嫌疑人、被告人和正在服刑的罪犯，如实供述司法机关还未掌握的本人其他罪行的，以自首论。对于自首的犯罪分子，司法机关会考虑是否予以从轻或减轻处罚。因此，自首是一种刑罚从宽情节；同时，自首的适用有着严格的条件，因此自首又是一种刑罚裁量制度。

自首分为两种：一般自首和特别自首。

其一，一般自首的成立条件。

（1）犯罪以后自动投案。这里需要注意以下两个要件。

一是时间要件，即行为人于犯罪之后，其犯罪事实或者犯罪嫌疑人未被司法机关发觉，或者虽被发觉但犯罪嫌疑人尚未受到调查、讯问，或者未被宣布采取调查措施或者强制措施时，主动、直接投案。接受投案的，可以是公安机关、人民检察院、人民法院，也可以是其所在单位、城乡基层组织或者其他有关负责人员，如果行为人向所在单位等办案机关以外的单位、组织或者有关负责人员投案的，可以视为自动投案。

二是自动性要件。投案中所体现的自动性即指犯罪分子作案后完全基于自己的自由意志而选择向有关机关或者个人投案。投案的动机并不影响自首的成立。并非出于犯罪嫌疑人主动，而是经亲友规劝、陪同投案的；公安机关通知犯罪嫌疑人的亲友，或者亲友主动将犯罪嫌疑人送去投案的，视为自动投案。

（2）如实供述自己的罪行。这是自首的本质特征。理解这一规定，需要把握以下两点。

一是“如实”。这是指按照实际发生的案件事实情况如实交代，不夸大也不缩小。如果犯罪嫌疑人避重就轻，只供述较轻的犯罪，不供述严重的犯罪事实，则不能认定为自首，包括为掩盖重罪而交代的轻罪也不能认定为自首。犯罪嫌疑人自动投案后如实供述自己的罪行后又翻供的，不能认定为自首；但在一审判决前又能如实供述的，应当认定为自首。犯罪嫌疑人自动投案后如实供述自己的罪行，同时对自己的行为性质进行辩解的，不影响自首的成立。

二是“供述自己的主要犯罪事实”。也就是犯罪嫌疑人供述自己实施并应由本人承担刑事责任的犯罪。其对犯罪行为的交代，不要求全部细节一一对应供述，其交代了对定罪量刑起决定作用的主要犯罪事实，就可以认定为自首。此外，犯有数罪的犯罪嫌疑人仅如实供述所犯数罪中部分犯罪的，只对如实供述的犯罪认定为自首。共同犯罪中的犯罪嫌疑人除如实供述自己的犯罪行为，还应当供述其所知的同案犯，主犯则应当供述其所知的其他案件的共同犯罪事实。

其二，特别自首的成立条件。

（1）主体必须是被采取强制措施的犯罪嫌疑人、被告人和正在服刑的罪犯。这里的强制措施是指刑事诉讼法规定的拘传、拘留、取保候审、监视居住和逮捕。这里的正在服刑的罪犯，是指已经人民法院判决、正在执行刑罚的罪犯。

（2）所如实供述的罪行是司法机关还未掌握的本人其他罪行。这里的“司法机关”，包括公安机关、检察机关、人民法院，也包括具有调查案件职权的其他组织。这里的“还未掌握”，是指司法机关还不知道、不了解的犯罪事实。在司法实践中，如果犯罪已被通缉，一般应以是否在该司法机关通缉令范围内作出判断。不在通缉令发布范围内的，应认定为还未掌握。在通缉令发布范围内的，应视为已掌握。如果该罪行已录入全国公安信息网络在逃人员信息数据库，应视为已掌握。如果该罪行未被通缉，也未录入全国公安信息网络在逃人员信息数据库，应以该司法机关是否已实际掌握为标准。犯罪嫌疑人、被告人以为自己的罪行已经被司法机关完全掌握而如实供述，但实际上司法机关并不掌握的情况下，应认为是如实供述司法机关还未掌握的罪行。相反地，如果司法机关已经完全掌握犯罪嫌疑人、被告人的罪行，而犯罪嫌疑人、被告人误解认为只是部分掌握而全部如实供述的，不能构成自首，只能作为从宽的情节。这里的“其他罪行”，是指司法机关已经掌握的犯罪嫌疑人、被告人和正在服刑的罪犯的罪行以外的其他罪行，与司法机关掌握的或者判决确定的罪行属不同种罪行。此外，如果办案机关掌握线索针对的犯罪事实不成立，在此范围外交代同种罪行的，也可包括在“其他罪行”范围内。

【典型案例一】

被告人刘某抢劫案

2008 年 3 月 18 日 23 时许，被告人刘某携带水果刀、手电筒及手套等工具窜至广东省珠海市香洲区兰埔村一出租屋，以嫖宿为由，在与被害人刘小兰发生性关系后，趁刘小兰不备，用拳头猛击刘小兰的头部，欲将刘小兰打昏后劫取财物。因刘小兰呼救，刘某随即逃跑，刘小兰的朋友马卫尾随追赶，刘某在逃跑过程中被巡逻民警发现。巡逻民警认为刘某形迹可疑，即上前拦截，抓住刘某，从刘某的身上搜出手电筒一支、手套一双、水果刀一把，并将刘某带回珠海市公安局前山派出所调查。在后追赶的马卫见状随即返回，没有前往公安机关作证，刘小兰亦未报案。刘某被民警带至派出所后，在 2008 年 3 月 19 日 1 时 53 分至 2 时 17 分第一次接受民警询问时不承认抢劫的犯罪事实，同日 7 时至 8 时第二次接受民警询问时开始交代抢劫的犯罪事实。同日 14 时，侦查人员在刘某的指认下，找到刘小兰协助调查。

广东省珠海市香洲区人民法院以抢劫罪判处被告人刘某有期徒刑3年，并处罚金人民币1000元。一审宣判后，被告人刘某上诉。广东省珠海市中级人民法院认为，上诉人刘某构成抢劫罪（未遂），其在实施抢劫后，被采取强制措施之前，仅因形迹可疑而被巡逻民警调查询问时即如实供述抢劫罪行，属于自首，改判上诉人刘某有期徒刑2年，并处罚金人民币1000元。

【专家评析】

自首的成立必须同时具备自动投案和如实供述罪行两个要件，1998年《最高人民法院关于处理自首和立功具体应用法律若干问题的解释》将“罪行未被司法机关发觉，仅因形迹可疑被有关组织或者司法机关盘问、教育后，主动交代自己的罪行”的情形规定为“应当视为自动投案”。2010年《最高人民法院关于处理自首和立功若干具体问题的意见》又进一步明确规定：“罪行未被有关部门、司法机关发觉，仅因形迹可疑被盘问、教育后，主动交代了犯罪事实的，应当视为自动投案，但有关部门、司法机关在其身上、随身携带的物品、驾乘的交通工具等处发现与犯罪有关的物品的，不能认定为自动投案。”可见，判断行为人是属于“形迹可疑”还是“犯罪嫌疑”，关键在于司法机关是否客观掌握并据此足以合理怀疑行为人实施某种犯罪的证据，能否在行为人与具体案件之间建立起直接、明确、紧密的联系。

具体到本案，由于被害人刘小兰系卖淫女，其因惧怕暴露卖淫违法行为而在被刘某抢劫后不敢报警，其朋友马卫在追赶刘某过程中见巡逻民警将刘某截停亦未上前指认刘某实施了抢劫行为，而是直接返回住处。巡逻民警是因为刘某深夜被他人追赶，认为其形迹可疑而将其截停，当时刘某的抢劫罪行尚未被侦查机关掌握，而且在被害人刘小兰不敢报案的情况下侦查机关也不可能掌握该宗抢劫案件的发生。因此，没有刘某本人主动如实供述抢劫罪行并带领侦查人员寻找刘小兰配合调查，此案是无法侦破的，故其归案具有自动性，应当认定为自首。此外，刘某是在被采取刑事拘留强制措施之前主动供述公安机关尚未掌握的抢劫罪行的，从这一角度来说其亦成立自首。

【典型案例二】

被告人赵某故意杀人案

2009 年 11 月 30 日 8 时许，被害人马某（殁年 31 岁）到陕西省渭南市开发区夕阳红敬老院向被告人赵某催要欠款时，二人发生争执，赵某持匕首朝马某胸部等处捅刺数刀，致马某当场死亡。随后，赵某将马某的尸体拖至卫生间，又驾驶马某的轿车将其手机、手表、钱包等随身物品抛扔在前往西安市临潼区的路上，并将该轿车弃于临潼区常堡建材市场一门店前。之后，赵某返回，在卫生间用菜刀将马某的尸体肢解，将尸块、作案用的匕首、肢解尸体用的菜刀、马某所穿衣服等物分别装入家中两个皮箱及纸袋内，并于次日凌晨抛于渭河中。经查，赵某被抓获时，公安人员从其身上提取到其于 2009 年 12 月 1 日书写的“投案自首情况说明”，但 2009 年 12 月 3 日 3 时许，公安人员在和赵某通话、敦促其投案时，赵某并未明确表示其要投案，且当日 18 时许，公安人员在西安市将其抓获后，其也未供述自己准备投案。

陕西省渭南市中级人民法院认为，被告人赵某构成故意杀人罪，在案证据不能证明赵某系在投案途中被公安机关抓获，不能认定其有自首情节，判处其死刑，剥夺政治权利终身。一审宣判后，被告人赵某上诉。陕西省高级人民法院经公开审理，裁定驳回上诉，维持原判，并依法报请最高人民法院核准。最高人民法院经复核，裁定核准被告人赵某死刑。

【专家评析】

赵某归案后如实供述了自己的罪行，其是否构成自首，关键是其是否有自动投案的行为。1998 年《最高人民法院关于处理自首和立功具体应用法律若干问题的解释》第 1 条对自动投案作了细化解释。根据该条的规定，经查实确已准备去投案，或者正在投案途中，被公安机关捕获的，也应当视为自动投案。本案被告人赵某在被公安机关抓获时并未准备去投案，也不是在投案途中，不构成自首。具体理由如下。

其一，被告人并未实施“准备去投案”的行为。“准备去投案”需要一定的行为予以体现。在该情形中，行为人虽然尚未实施直接的、实际的投案行为，但并不意味着行为人不实施任何行为。“准备去投案”不仅是一种心理活动，还必须为投案进行了“安排或筹划”。而“安排或筹划”必须通过行为人实施一定的行为得以体现，因为抽象的心理活动不仅没有法律意义，在客观上也无法查实。只有具体的、现实的行为才能够成为“准备去投案”的证据，如正在实施了解投案对象或者场所路线、为投案准备交通工具等行为时被抓获，这些情况一经查实，即可认定为“准备去投案”。

其二，被告人不属于“在投案途中”被抓获。首先，公安机关出具的侦破经过证明，2009年12月3日18时许，公安人员在西安市一人行道上将从住处出来准备吃饭的赵某抓获。公安人员当时问赵某出门干什么，其回答准备出去吃饭，而此刻确实是吃晚饭的时间。其次，证人徐德仓的证言证明，2009年12月2日其领着赵某和公司股东见面后，因转让财产事宜尚未谈妥，所以让赵某暂住在其公司。而公安机关在次日敦促赵某自首时，赵某不仅隐瞒住处，关掉手机，还借故拖延时间，欲完成财产转让事宜。此外，没有证据证明赵某准备离开证人徐德仓安排的住处，如收拾行李、办理退房手续、向徐德仓告别等，也没有证据证实赵某具有联系交通工具、购买返回渭南的车票等准备启程投案的行为。由此，足以认定赵某不属于在投案途中被抓获。

综上，第一审法院、第二审法院和最高人民法院均认定被告人赵某不具有自首情节是正确的。

【典型案例三】

刘某、姚某挪用公款案

被告人刘某，男，1958年12月7日出生，原北京华康宾馆、北京市康乐工贸公司经理。因涉嫌犯挪用公款罪于2010年5月20日被取保候审。

被告人姚某，女，1963 年 8 月 1 日出生，原北京华康宾馆、北京市康乐工贸公司财务主管。因涉嫌犯挪用公款罪于 2010 年 5 月 13 日被取保候审。北京市朝阳区人民检察院以被告人刘某、姚某犯挪用公款罪，向北京市朝阳区人民法院提起公诉。

北京市朝阳区人民法院经审理查明：2004 年 10 月至 2006 年 3 月，被告人刘某在担任北京华康宾馆、北京市康乐工贸公司经理期间，指使被告人姚某三次使用本单位资金共计人民币（以下币种均为人民币）58 万元为刘某个人购买国债，后均在当月归还。姚某在办案机关根据线索找其调查谈话期间如实交代了犯罪事实。次日，刘某主动向办案机关投案并如实交代了犯罪事实。

北京市朝阳区人民法院认为，被告人刘某、姚某利用职务上的便利，挪用数额巨大的公款进行营利活动，其行为构成挪用公款罪，且情节严重，应依法惩处。在共同犯罪中，刘某指使姚某挪用公款为其购买国债，系主犯；姚某起次要作用，系从犯，依法应当从轻、减轻或者免除处罚。刘某主动向办案机关投案，如实供述犯罪事实，系自首，依法可以从轻或者减轻处罚。姚某在办案机关找其调查谈话期间坦白了犯罪事实，可以酌情从轻处罚。综合考虑全案情节、后果，二被告人在案发前主动归还公款，挪用公款的时间较短，且能够认罪、悔罪，不致再危害社会，判决认定被告人刘某犯挪用公款罪，处有期徒刑 3 年，缓刑 3 年；被告人姚某犯挪用公款罪，处有期徒刑 3 年，缓刑 3 年。

【专家评析】

本案中，被告人刘某在未接到办案机关任何调查、谈话通知的情况下，主动到集团公司纪委投案，属于自动投案，且投案后如实供述了犯罪事实，符合自首的两个条件。检察机关在介入后到刘某单位将刘某带走归案，刘某没有逃跑或者抗拒，所以应当认定具有自首情节。被告人姚某是在集团公司纪委已掌握一定线索的情况下找其调查谈话时如实交代了犯罪事实，根据相关规定，在公司纪委调查谈话阶段不能成立自首。后纪检部门让其回去等候处理，检察机关介入后直接到其单位将其带至检察机关，因此，在检察机关介入阶段也不具有归案的主动性，故不能认定为自首。值得注意的是，姚某在纪检部门只掌握了一条线索的情况下，如实交代了3项事实，属于“办案机关仅掌握小部分犯罪事实，犯罪分子交代了大部分未被掌握的同种犯罪事实”“如实交代对于定案证据的收集有重要作用”和“一般应当从轻处罚”的情形，故对姚某量刑时应当从轻处罚。同时，法院综合考虑二被告人犯罪的具体情节，且姚某系从犯，故对二被告人均作了依法减轻处罚，并宣告缓刑的处理。

【法条指引】

中华人民共和国刑法

第六十七条 犯罪以后自动投案，如实供述自己的罪行的，是自首。对于自首的犯罪分子，可以从轻或者减轻处罚。其中，犯罪较轻的，可以免除处罚。

被采取强制措施的犯罪嫌疑人、被告人和正在服刑的罪犯，如实供述司法机关还未掌握的本人其他罪行的，以自首论。

最高人民法院关于处理自首和立功具体应用法律若干问题的解释

为正确认定自首和立功，对具有自首或者立功表现的犯罪分子依法适用刑罚，现就具体应用法律的若干问题解释如下：

第一条 根据刑法第六十七条第一款的规定，犯罪以后自动投案，如实供述自己的罪行的，是自首。

（一）自动投案，是指犯罪事实或者犯罪嫌疑人未被司法机关发觉，或者虽被发觉，但犯罪嫌疑人尚未受到讯问、未被采取强制措施时，主动、直接向公安机关、人民检察院或者人民法院投案。

犯罪嫌疑人向其所在单位、城乡基层组织或者其他有关负责人员投案的；犯罪嫌疑人因病、伤或者为了减轻犯罪后果，委托他人先代为投案，或者先以信电投案的；罪行尚未被司法机关发觉，仅因形迹可疑，被有关组织或者司法机关盘问、教育后，主动交代自己的罪行的；犯罪后逃跑，在被通缉、追捕过程中，主动投案的；经查实确已准备去投案，或者正在投案途中，被公安机关捕获的，应当视为自动投案。

并非出于犯罪嫌疑人主动，而是经亲友规劝、陪同投案的；公安机关通知犯罪嫌疑人的亲友，或者亲友主动报案后，将犯罪嫌疑人送去投案的，也应当视为自动投案。

犯罪嫌疑人自动投案后又逃跑的，不能认定为自首。

（二）如实供述自己的罪行，是指犯罪嫌疑人自动投案后，如实交代自己的主要犯罪事实。

犯有数罪的犯罪嫌疑人仅如实供述所犯数罪中部分犯罪的，只对如实供述部分犯罪的行为，认定为自首。

共同犯罪案件中的犯罪嫌疑人，除如实供述自己的罪行，还应当供述所知的同案犯，主犯则应当供述所知其他同案犯的共同犯罪事实，才能认定为自首。

犯罪嫌疑人自动投案并如实供述自己的罪行后又翻供的，不能认定为自首；但在一审判决前又能如实供述的，应当认定为自首。

第二条 根据刑法第六十七条第二款的规定，被采取强制措施的犯罪嫌疑人、被告人和已宣判的罪犯，如实供述司法机关尚未掌握的罪行，与司法机关已掌握的或者判决确定的罪行属不同种罪行的，以自首论。

第三条 根据刑法第六十七条第一款的规定，对于自首的犯罪分子，可以从轻或者减轻处罚；对于犯罪较轻的，可以免除处罚。具体确定从轻、减轻还是免除处罚，应当根据犯罪轻重，并考虑自首的具体情节。

第四条 被采取强制措施的犯罪嫌疑人、被告人和已宣判的罪犯，如实供述司法机关尚未掌握的罪行，与司法机关已掌握的或者判决确定的罪行属同种罪行的，可以酌情从轻处罚；如实供述的同种罪行较重的，一般应当从轻处罚。

最高人民法院、最高人民检察院关于办理职务犯罪案件认定自首、立功等量刑情节若干问题的意见

为依法惩处贪污贿赂、渎职等职务犯罪，根据刑法和相关司法解释的规定，结合办案工作实际，现就办理职务犯罪案件有关自首、立功等量刑情节的认定和处理问题，提出如下意见：

一、关于自首的认定和处理

根据刑法第67条第1款的规定，成立自首需同时具备自动投案和如实供述自己的罪行两个要件。犯罪事实或者犯罪分子未被办案机关掌握，或者虽被掌握，但犯罪分子尚未受到调查谈话、讯问，或者未被宣布采取调查措施或者强制措施时，向办案机关投案的，是自动投案。在此期间如实交代自己的主要犯罪事实的，应当认定为自首。

犯罪分子向所在单位等办案机关以外的单位、组织或者有关负责人员投案的，应当视为自动投案。

没有自动投案，在办案机关调查谈话、讯问、采取调查措施或者强制措施期间，犯罪分子如实交代办案机关掌握的线索所针对的事实的，不能认定为自首。

没有自动投案，但具有以下情形之一的，以自首论：(1) 犯罪分子如实交代办案机关未掌握的罪行，与办案机关已掌握的罪行属不同种罪行的；(2) 办案机关所掌握线索针对的犯罪事实不成立，在此范围外犯罪分子交代同种罪行的。

单位犯罪案件中，单位集体决定或者单位负责人决定而自动投案，如实交代单位犯罪事实的，或者单位直接负责的主管人员自动投案，如实交代单位犯罪事实的，应当认定为单位自首。单位自首的，直接负责的主管人员和直接责任人员未自动投案，但如实交代自己知道的犯罪事实的，可以视为自首；拒不交代自己知道的犯罪事实或者逃避法律追究的，不应当认定为自首。单位没有自首，直接责任人员自动投案并如实交代自己知道的犯罪事实的，对该直接责任人员应当认定为自首。

对于具有自首情节的犯罪分子，办案机关移送案件时应当予以说明并移交相关证据材料。

对于具有自首情节的犯罪分子，应当根据犯罪的事实、性质、情节和对于社会的危害程度，结合自动投案的动机、阶段、客观环境，交代犯罪事实的完整性、稳定性以及悔罪表现等具体情节，依法决定是否从轻、减轻或者免除处罚以及从轻、减轻处罚的幅度。

三、关于如实交代犯罪事实的认定和处理

犯罪分子依法不成立自首，但如实交代犯罪事实，有下列情形之一的，可以酌情从轻处罚：(1) 办案机关掌握部分犯罪事实，犯罪分子交代了同种其他犯罪事实的；(2) 办案机关掌握的证据不充分，犯罪分子如实交代有助于收集定案证据的。

犯罪分子如实交代犯罪事实，有下列情形之一的，一般应当从轻处罚：(1) 办案机关仅掌握小部分犯罪事实，犯罪分子交代了大部分未被掌握的同种犯罪事实的；(2) 如实交代对于定案证据的收集有重要作用的。

四、关于赃款赃物追缴等情形的处理

贪污案件中赃款赃物全部或者大部分追缴的，一般应当考虑从轻处罚。

受贿案件中赃款赃物全部或者大部分追缴的，视具体情况可以酌定从轻处罚。

犯罪分子及其亲友主动退赃或者在办案机关追缴赃款赃物过程中积极配合的，在量刑时应当与办案机关查办案件过程中依职权追缴赃款赃物的有所区别。

职务犯罪案件立案后，犯罪分子及其亲友自行挽回的经济损失，司法机关或者犯罪分子所在单位及其上级主管部门挽回的经济损失，或者因客观原因减少的经济损失，不予扣减，但可以作为酌情从轻处罚的情节。

最高人民法院关于处理自首和立功若干具体问题的意见

为规范司法实践中对自首和立功制度的运用，更好地贯彻落实宽严相济刑事政策，根据刑法、刑事诉讼法和《最高人民法院关于处理自首和立功具体应用法律若干问题的解释》（以下简称《解释》）等规定，对自首和立功若干具体问题提出如下处理意见：

一、关于“自动投案”的具体认定

《解释》第一条第（一）项规定七种应当视为自动投案的情形，体现了犯罪嫌疑人投案的主动性和自愿性。根据《解释》第一条第（一）项的规定，犯罪嫌疑人具有以下情形之一的，也应当视为自动投案：1. 犯罪后主动报案，虽未表明自己是作案人，但没有逃离现场，在司法机关询问时交代自己罪行的；2. 明知他人报案而在现场等待，抓捕时无拒捕行为，供认犯罪事实的；3. 在司法机关未确定犯罪嫌疑人，尚在一般性排查询问时主动交代自己罪行的；4. 因特定违法行为被采取劳动教养、行政拘留、司法拘留、强制隔离戒毒等行政、司法强制措施期间，主动向执行机关交代尚未被掌握的犯罪行为的；5. 其他符合立法本意，应当视为自动投案的情形。

罪行未被有关部门、司法机关发觉，仅因形迹可疑被盘问、教育后，主动交代了犯罪事实的，应当视为自动投案，但有关部门、司法机关在其身上、随身携带的物品、驾乘的交通工具等处发现与犯罪有关的物品的，不能认定为自动投案。

交通肇事后保护现场、抢救伤者，并向公安机关报告的，应认定为自动投案，构成自首的，因上述行为同时系犯罪嫌疑人的法定义务，对其是否从宽、从宽幅度要适当从严掌握。交通肇事逃逸后自动投案，如实供述自己罪行的，应认定为自首，但应依法以较重法定刑为基准，视情决定对其是否从宽处罚以及从宽处罚的幅度。

犯罪嫌疑人被亲友采用捆绑等手段送到司法机关，或者在亲友带领侦查人员前来抓捕时无拒捕行为，并如实供认犯罪事实的，虽然不能认定为自动投案，但可以参照法律对自首的有关规定酌情从轻处罚。

二、关于"如实供述自己的罪行"的具体认定

《解释》第一条第（二）项规定如实供述自己的罪行，除供述自己的主要犯罪事实外，还应包括姓名、年龄、职业、住址、前科等情况。犯罪嫌疑人供述的身份等情况与真实情况虽有差别，但不影响定罪量刑的，应认定为如实供述自己的罪行。犯罪嫌疑人自动投案后隐瞒自己的真实身份等情况，影响对其定罪量刑的，不能认定为如实供述自己的罪行。

犯罪嫌疑人多次实施同种罪行的，应当综合考虑已交代的犯罪事实与未交代的犯罪事实的危害程度，决定是否认定为如实供述主要犯罪事实。虽然投案后没有交代全部犯罪事实，但如实交代的犯罪情节重于未交代的犯罪情节，或者如实交代的犯罪数额多于未交代的犯罪数额，一般应认定为如实供述自己的主要犯罪事实。无法区分已交代的与未交代的犯罪情节的严重程度，或者已交代的犯罪数额与未交代的犯罪数额相当，一般不认定为如实供述自己的主要犯罪事实。

犯罪嫌疑人自动投案时虽然没有交代自己的主要犯罪事实，但在司法机关掌握其主要犯罪事实之前主动交代的，应认定为如实供述自己的罪行。

三、关于"司法机关还未掌握的本人其他罪行"和"不同种罪行"的具体认定

犯罪嫌疑人、被告人在被采取强制措施期间，向司法机关主动如实供述本人的其他罪行，该罪行能否认定为司法机关已掌握，应根据不同情形区别对待。如果该罪行已被通缉，一般应以该司法机关是否在通缉令发布范围内作出判断，不在通缉令发布范围内的，应认定为还未掌握，在通缉令发布范围内的，应视为已掌握；如果该罪行已录入全国公安信息网络在逃人员信息数据库，应视为已掌握。如果该罪行未被通缉、也未录入全国公安信息网络在逃人员信息数据库，应以该司法机关是否已实际掌握该罪行为标准。

犯罪嫌疑人、被告人在被采取强制措施期间如实供述本人其他罪行，该罪行与司法机关已掌握的罪行属同种罪行还是不同种罪行，一般应以罪名区分。虽然如实供述的其他罪行的罪名与司法机关已掌握犯罪的罪名不同，但如实供述的其他犯罪与司法机关已掌握的犯罪属选择性罪名或者在法律、事实上密切关联，如因受贿被采取强制措施后，又交代因受贿为他人谋取利益行为，构成滥用职权罪的，应认定为同种罪行。

七、关于自首、立功证据材料的审查

人民法院审查的自首证据材料，应当包括被告人投案经过、有罪供述以及能够证明其投案情况的其他材料。投案经过的内容一般应包括被告人投案时间、地点、方式等。证据材料应加盖接受被告人投案的单位的印章，并有接受人员签名。

人民法院审查的立功证据材料，一般应包括被告人检举揭发材料及证明其来源的材料、司法机关的调查核实材料、被检举揭发人的供述等。被检举揭发案件已立案、侦破，被检举揭发人被采取强制措施、公诉或者审判的，还应审查相关的法律文书。证据材料应加盖接收被告人检举揭发材料的单位的印章，并有接收人员签名。

人民法院经审查认为证明被告人自首、立功的材料不规范、不全面的，应当由检察机关、侦查机关予以完善或者提供补充材料。

上述证据材料在被告人被指控的犯罪一、二审审理时已形成的，应当经庭审质证。

八、关于对自首、立功的被告人的处罚

对具有自首、立功情节的被告人是否从宽处罚、从宽处罚的幅度，应当考虑其犯罪事实、犯罪性质、犯罪情节、危害后果、社会影响、被告人的主观恶性和人身危险性等。自首的还应考虑投案的主动性、供述的及时性和稳定性等。立功的还应考虑检举揭发罪行的轻重、被检举揭发的人可能或者已经被判处的刑罚、提供的线索对侦破案件或者协助抓捕其他犯罪嫌疑人所起作用的大小等。

具有自首或者立功情节的，一般应依法从轻、减轻处罚；犯罪情节较轻的，可以免除处罚。类似情况下，对具有自首情节的被告人的从宽幅度要适当宽于具有立功情节的被告人。

虽然具有自首或者立功情节，但犯罪情节特别恶劣、犯罪后果特别严重、被告人主观恶性深、人身危险性大，或者在犯罪前即为规避法律、逃避处罚而准备自首、立功的，可以不从宽处罚。

对于被告人具有自首、立功情节，同时又有累犯、毒品再犯等法定从重处罚情节的，既要考虑自首、立功的具体情节，又要考虑被告人的主观恶性、人身危险性等因素，综合分析判断，确定从宽或者从严处罚。累犯的前罪为非暴力犯罪的，一般可以从宽处罚，前罪为暴力犯罪或者前、后罪为同类犯罪的，可以不从宽处罚。

在共同犯罪案件中，对具有自首、立功情节的被告人的处罚，应注意共同犯罪人以及首要分子、主犯、从犯之间的量刑平衡。犯罪集团的首要分子、共同犯罪的主犯检举揭发或者协助司法机关抓捕同案地位、作用较次的犯罪分子的，从宽处罚与否应当从严掌握，如果从轻处罚可能导致全案量刑失衡的，一般不从轻处罚；如果检举揭发或者协助司法机关抓捕的是其他案件中罪行同样严重的犯罪分子，一般应依法从宽处罚。对于犯罪集团的一般成员、共同犯罪的从犯立功的，特别是协助抓捕首要分子、主犯的，应当充分体现政策，依法从宽处罚。

▶ 2. 刑法规定的“坦白”需要具备哪些条件？在适用刑罚中是否从轻？

【宣讲要点】

坦白是指犯罪分子被动归案后，如实供述自己的罪行。刑法第 67 条第 3 款规定，犯罪嫌疑人虽不具有前两款（一般自首、特别自首）规定的情节，但是如实供述自己罪行的，可以从轻处罚。因其如实供述自己罪行，避免特别严重后果发生的，可以减轻处罚。这时的“如实供述自己罪行”

与前述一般自首和特别自首的如实供述一致，要求如实供述自己的主要犯罪事实。这里的“避免特别严重后果发生”，是指在犯罪结果尚未发生或者尚未全部发生的情况下，由于行为人的供述，使得有关机关能够采取措施，消除犯罪结果的发生，避免严重的危害后果。

关于自首和坦白的认定，在如实供述方面要求一致。两者的区别在于：一是司法机关对犯罪的掌握不同。自首的时候司法机关对犯罪人的犯罪事实一般没有掌握，而坦白的时候司法机关对犯罪的行为有一定掌握。二是两种情形量刑情节的法律性质不同。自首是一种法定情节，而坦白是一种酌定情节。三是反映的犯罪人的人身危险不同。相较之下，自首一般比坦白反映了犯罪人较小的人身危险性。

【典型案例】

被告人谢某出售公民个人信息案

被告人谢某系北京京驰无限通信技术有限公司运维部经理。2009 年 3 月至 12 月案发期间，谢某利用中国移动通信集团北京有限公司授予其所在公司进行手机定位业务的权限，先后多次为被告人刘某亮、程某郊、张某英及他人提供的 90 余个手机号码进行定位，非法获利人民币 9 万元。被告人谢某作案后于 2009 年 12 月 11 日被公安机关查获归案。被告人刘某亮于 2009 年 3 月至 12 月案发期间，从被告人谢某处非法获取公民手机定位 40 余个，其中部分转卖给被告人程某郊。刘某亮还从程某郊处非法获取通话清单等公民个人信息近 10 条。被告人程某郊于 2009 年 3 月至 12 月案发期间，通过被告人刘某亮从被告人谢某处做手机定位 30 余个，后转卖给被告人刘某波等人或用于公司调查。程某郊还从刘某波处非法获取座机名址、移动手机名址等公民个人信息近 10 条，后转卖给被告人刘某亮。被告人张某英于 2009 年 3 月至 12 月案发期间，从被告人谢某处非法获取公民手机定位 10 余个。

北京市人民检察院第二分院以被告人谢某犯出售公民个人信息罪，被告人刘某亮、程某郊、张某英犯非法获取公民个人信息罪，向北京市第二中级人民法院提起公诉。北京市第二中级人民法院认为：被告人谢某作为电信单位工作人员，违反国家规定，将本单位在履行职责或者提供服务过程中获得的公民个人信息出售给他人，情节严重，其行为已构成出售公民个人信息罪；被告人刘某亮、程某郊、张某英以买卖等方法非法获取公民个人信息，情节严重，其行为已构成非法获取公民个人信息罪。刘某亮与程某郊的部分行为构成共同犯罪。鉴于各被告人归案后能如实供述自己的罪行，故对各被告人从轻处罚。鉴于张某英的犯罪情节较轻，均有悔罪表现，没有再犯罪的危险，可对其宣告缓刑。北京市第二中级人民法院判决认定被告人谢某犯出售公民个人信息罪，判处有期徒刑 2 年 2 个月，并处罚金人民币 26000 元。被告人刘某亮犯非法获取公民个人信息罪，判处有期徒刑 1 年 9 个月，并处罚金人民币 21000 元。被告人程某郊犯非法获取公民个人信息罪，判处有期徒刑 1 年 9 个月，并处罚金人民币 21000 元。被告人张某英犯非法获取公民个人信息罪，判处有期徒刑 1 年 5 个月，缓刑 1 年 5 个月，并处罚金人民币 17000 元。一审宣判后，谢某提出上诉。北京市高级人民法院经审理裁定驳回上诉，维持原判。

【专家评析】

随着社会的不断发展，个人信息买卖逐渐形成了巨大的市场。而电信部门在提供服务过程中，可以掌握大量的公民个人信息，比如他人的通话详单、手机号码、机主资料等，因此，电信行业容易成为公民个人信息受到侵害的重要行业。为此，刑法修正案（七）增加了出售、非法提供公民个人信息罪和非法获取公民个人信息罪。

本案中，谢某在案发前曾经与中国移动公司签订保密合同，负有保密义务，不得泄露在履行职务过程中获取的公民个人信息。但是，谢某为了获利，把应该有的手续，比如签字、公章、身份证复印件、营业执照复印件等都省略了。只要别人给提供电话号码、姓名、身份证号码，谢某就给他们进行手机定位。谢某以这种方式先后为刘某亮、程某郊、张某英等人进行手机定位 90 余个，非法获利人民币 9 万元，属于多次向多人出售公民个人信息，情节严重。

此外，本案中刘某亮、程某郊、张某英明知手机定位信息来源于电信单位的谢某处，而通过买卖方式直接获取。刘某亮非法获取手机定位信息40余个，其中30个左右系程某郊通过刘某亮向谢某获得，刘某亮与程某郊的部分行为构成非法获取公民个人信息罪的共同犯罪；程某郊非法获取手机定位信息30余个；张某英非法获取公民手机定位10余个。各被告人的行为均属于多次非法获取公民个人信息，情节严重，应当以非法获取公民个人信息罪追究刑事责任。

各被告人归案后能如实供述自己的罪行，人民法院在量刑时充分考虑此情节，分别对各被告人从轻处罚。

【法条指引】

中华人民共和国刑法

第六十七条第三款 犯罪嫌疑人虽不具有前两款规定的自首情节，但是如实供述自己罪行的，可以从轻处罚；因其如实供述自己罪行，避免特别严重后果发生的，可以减轻处罚。

▶ 3. 人民法院在量刑时如何考虑犯罪分子检举揭发他人犯罪行为的情节？

【宣讲要点】

立功，是指犯罪分子揭发他人犯罪行为，查证属实，或者提供重要线索，从而得以侦破其他案件等情况的行为。根据刑法规定，属于立功的情形有如下两种。

（1）犯罪分子到案后检举、揭发他人犯罪行为，包括共同犯罪案件中的犯罪分子揭发同案犯共同犯罪以外的犯罪，经查证属实。“揭发他人犯罪行为”，必须指明具体的犯罪事实，泛泛地说他人有犯罪行为没有明确有犯罪指向的，或者揭发的犯罪事实与查证的犯罪事实无关的，不能认定为立功。需要注意，立功制度是针对一般人而言的，不可能要求普通人对犯罪的认识达到专业的认识程度。只要检举、揭发的行为在一般人认识的层面上已经具有相当的社会危害性、认为是犯罪即可。

（2）提供其他案件的重要线索，查证属实并使司法机关得以侦破。这里的“重要线索”，是指犯罪分子向司法机关提供的未被司法机关掌握的重要犯罪证据或者证人，这些内容必须对侦破其他犯罪案件具有实际帮助作用。

除了刑法规定的上述两种立功情形外，《最高人民法院关于处理自首和立功若干具体问题的解释》规定属于立功情形的还有：阻止他人犯罪活动；协助司法机关抓捕其他犯罪嫌疑人（包括同案犯）；具有其他有利于国家和社会的突出表现的情形。

【典型案例】

被告人徐某某检举他人犯罪立功案

2001年4月14日18时许，被告人于某某、张某某、付某某、徐某某伙同杨晓杰（在逃）等人，在北京市平谷大众舞厅内，采用打嘴巴、踢踹等手段，对两名女青年进行抢劫，共抢得人民币490元。被告人徐某某在被羁押期间，揭发检举了曾对自己实施过强奸行为的犯罪嫌疑人范某某，范某某被公安机关抓获，经查证属实。在案件审理期间，被告人徐某某的辩护人提出：徐某某有检举他人犯罪的立功表现，建议对其减轻处罚或免予刑事处罚。平谷县人民法院经过不公开审理后认为，被告人徐某某在被羁押期间揭发检举了他人的强奸犯罪行为，经查证属实，有立功表现，予以减轻处罚。同时根据徐某某的犯罪情节及悔罪程度对其可以适用缓刑。判决被告人徐某某犯抢劫罪，判处有期徒刑1年，缓刑2年，并处罚金人民币2000元。

【专家评析】

本案中，被告人徐某某因涉嫌共同抢劫犯罪被羁押后，揭发检举他人针对自己实施的强奸犯罪行为，并经公安机关查证属实，应当认定属于立功。

（1）刑法规定的立功情形有两种：一是揭发他人犯罪行为，查证属实的；二是提供重要线索，从而得以侦破其他案件的。我国刑法及相关司法解释并没有限定“他人犯罪行为”的范围，因此，无论“他人”的“犯罪行为”是针对第三者实施的，还是针对检举者本人实施的，只要是检举揭发“他人犯罪行为”，查证属实的，均属于立功表现。在本案中，徐某某在被羁押期间，揭发检举了他人的犯罪行为，并经查证属实，其行为完全符合刑法的规定，应属于立功表现。

（2）认定徐某某的揭发检举为立功表现，符合我国刑法关于犯罪本质特征的规定。行为的社会危害性是犯罪的本质特征，包括强奸罪在内的犯罪行为所侵害的，并非仅仅是被害人个人的权益，而是侵害了我国刑法所保护的社会关系。在本案中，范某的犯罪行为不能仅仅理解为是对徐某某个人的侵害，也是对社会的侵害。因此，徐某某的揭发检举行为具有双重意义：一方面，是对范某强奸行为的揭发检举；另一方面，是对范某触犯我国刑事法律，实施犯罪行为的揭发检举。因此，徐某某检举揭发“他人犯罪”的立功本质并不因该犯罪行为是针对自己实施的而改变。

（3）认定徐某某的揭发检举为立功表现，符合我国刑法关于立功的立法目的和精神。我国刑法规定“立功”的条款，不但为犯罪分子提供了一个从轻或减轻的情节，而且更有利于发现犯罪，抓捕犯罪分子并使其尽早受到惩治。本案被告人徐某某揭发检举犯罪嫌疑人范某某的强奸犯罪行为后，公安机关即将范某某抓获。范某某被抓捕归案后，向公安机关如实供述了自己的强奸犯罪行为，并被绳之以法。

综上所述，本案被告人徐某某在被羁押期间揭发检举他人针对自己实施的强奸犯罪行为，经查证属实，应属于立功表现。

【典型案例二】

被告人肖某贩卖毒品案

2001年2月16日，重庆警方根据举报，在该市鹅公岩大桥将正在进行毒品交易的肖某抓获，从其身上搜出海洛因285克。肖某被公安机关刑事拘留之后，如实供述了自己的犯罪事实，同时向公安机关提供了他人将在成都某处进行毒品交易的重要线索，并且积极协助公安机关跟踪毒贩行踪，公安机关据此终于在2001年4月将毒贩抓获，当场缴获海洛因12140克，破获了重庆市当时最大的一宗运输、贩卖毒品案。2001年8月，一审法院开庭审理此案，一审判决认定被告人有重大立功表现，具有可减轻处罚的情节，但在量刑上却未适用减轻处罚的规定，而只是从轻判处被告人肖某有期徒刑15年，剥夺政治权利5年，并处没收人民币5万元。一审判决后，被告人以量刑偏重为由向二审法院提出上诉。二审法院改判肖某有期徒刑10年，剥夺政治权利2年，并处没收财产5万元。

【专家评析】

本案中，肖某被公安机关刑事拘留后，如实供述了自己的犯罪事实，同时向公安机关提供了他人将在成都某处进行毒品交易的重要线索，并且积极协助公安机关跟踪毒贩行踪，公安机关据此破获了重庆当时最大的一宗运输、贩卖毒品案。肖某的行为属于重大立功，应适用刑法第63条和第68条关于减轻处罚的规定，在法定刑以下判处刑罚。一审判决认定了被告人有重大立功表现，具有可减轻处罚的情节，但在量刑上却未适用减轻处罚的规定，而只是从轻判处被告人肖某有期徒刑15年、剥夺政治权利5年，并处没收财产5万元。二审法院认为，肖某的重大立功行为按照法律规定属有“减轻处罚情节的，应当在法定刑以下判处刑罚”，于是依法改判肖某有期徒刑10年，剥夺政治权利2年，并处没收财产5万元。

【典型案例三】

被告人刘某敲诈勒索案

2009年2月初，被告人王某、刘某商定到广东深圳的各出入境口岸，合伙从携带走私货物、物品入境的“水客”身上搞钱，由曾经做过“水客”的王某指认疑似走私客给刘某，而后刘某上前以报警相威胁索要钱物。2009年2月10日19时许，王某、刘某前往深圳市福田区皇岗口岸天桥附近，刘某将被害人郑某某拉入附近公共厕所，要挟郑某某交出随身走私的货物6大包（内有2G数码相机内存卡共840张，经鉴定价格总计人民币21000元）。随后，王某、刘某来到福田区华强北商业街，以每张21元的价格将勒索的内存卡卖掉，获款共计17640元。刘某分得赃款7000余元，其余赃款为王某所得。2009年2月19日19时许，刘某在深圳火车站罗湖口岸附近欲故技重演时被被害人郑某某认出并报警抓获。刘某归案后交代了同案犯王某的联系电话，表示愿意配合公安机关抓捕王某。刘某按照公安机关的安排拨打电话联系上王某，假意约定次日去深圳市龙岗区布吉镇百盛茶餐厅商量再次作案。之后，公安机关在刘某的指认下抓获前来赴约的王某。

深圳市福田区人民法院认为，被告人王某、刘某构成敲诈勒索罪，刘某归案后协助公安机关抓获同案犯，有立功表现，依法可以从轻处罚。二被告人能当庭供述基本犯罪事实，认罪态度较好，有一定的悔罪表现，可以酌情从轻处罚。综合被告人的犯罪事实、情节以及社会危害性，依法判决被告人王某犯敲诈勒索罪，判处有期徒刑2年2个月；被告人刘某犯敲诈勒索罪，判处有期徒刑1年10个月。

【专家评析】

协助公安机关抓获同案犯是常见的立功情形之一。由于社会生活的复杂性，个案情况千差万别，实践中如何认定“协助司法机关抓捕其他犯罪嫌疑人”仍然存在争议，也造成了处理上的不尽统一。为此，《最高人民法院关于处理自首和立功若干具体问题的意见》第5条第1款进一步明确了犯罪分子具有下列行为之一，使司法机关抓获其他犯罪嫌疑人的，属于“协助司法机关抓捕其他犯罪嫌疑人”：（1）按照司法机关的安排，以打电话、发信息等方式将其他犯罪嫌疑人（包括同案犯）约至指定地点的；（2）按照司法机关的安排，当场指认、辨认其他犯罪嫌疑人（包括同案犯）的；（3）带领侦查人员抓获其他犯罪嫌疑人（包括同案犯）的；（4）提供司法机关尚未掌握的其他案件犯罪嫌疑人的联络方式、藏匿地址的，等等。同时，《最高人民法院关于处理自首和立功若干具体问题的意见》第5条第2款又明确了不属于“协助司法机关抓捕其他犯罪嫌疑人”的情形，即犯罪分子提供同案犯姓名、住址、体貌特征等基本情况，或者提供犯罪前、犯罪中掌握、使用的同案犯联络方式、藏匿地址，司法机关据此抓捕同案犯的。

就本案而言，被告人刘某归案后经过公安机关法制教育，交代了同案犯王某的联系电话，表示愿意配合公安机关抓捕王某，并按照公安机关的安排拨打电话联系上王某，假意约定去百盛茶餐厅商量再次作案。之后，公安机关在刘某的指认下抓获了赴约的王某。被告人刘某的上述行为同时符合《最高人民法院关于处理自首和立功若干具体问题的意见》第5条规定的第一种情形和第二种情形，应当认定为“协助司法机关抓捕其他犯罪嫌疑人”。本案是比较典型的立功案例，由于被告人刘某的协助、配合行为，使司法机关更容易抓获其他同案犯，有效降低了抓捕的成本，提高了抓捕的效率，有利于及时惩罚犯罪，因此，人民法院判决认定刘某构成立功（一般立功）是正确的。

【法条指引】

中华人民共和国刑法

第六十八条　犯罪分子有揭发他人犯罪行为，查证属实的，或者提供重要线索，从而得以侦破其他案件等立功表现的，可以从轻或者减轻处罚；有重大立功表现的，可以减轻或者免除处罚。

最高人民法院关于处理自首和立功具体应用法律若干问题的解释

第五条　根据刑法第六十八条第一款的规定，犯罪分子到案后有检举、揭发他人犯罪行为，包括共同犯罪案件中的犯罪分子揭发同案犯共同犯罪以外的其他犯罪，经查证属实；提供侦破其他案件的重要线索，经查证属实；阻止他人犯罪活动；协助司法机关抓捕其他犯罪嫌疑人（包括同案犯）；具有其他有利于国家和社会的突出表现的，应当认定为有立功表现。

第六条 共同犯罪案件的犯罪分子到案后，揭发同案犯共同犯罪事实的，可以酌情予以从轻处罚。

第七条 根据刑法第六十八条第一款的规定，犯罪分子有检举、揭发他人重大犯罪行为，经查证属实；提供侦破其他重大案件的重要线索，经查证属实；阻止他人重大犯罪活动；协助司法机关抓捕其他重大犯罪嫌疑人（包括同案犯）；对国家和社会有其他重大贡献等表现的，应当认定为有重大立功表现。

前款所称“重大犯罪”、“重大案件”、“重大犯罪嫌疑人”的标准，一般是指犯罪嫌疑人、被告人可能被判处无期徒刑以上刑罚或者案件在本省、自治区、直辖市或者全国范围内有较大影响等情形。

最高人民法院、最高人民检察院关于办理职务犯罪案件认定自首、立功等量刑情节若干问题的意见

二、关于立功的认定和处理

立功必须是犯罪分子本人实施的行为。为使犯罪分子得到从轻处理，犯罪分子的亲友直接向有关机关揭发他人犯罪行为，提供侦破其他案件的重要线索，或者协助司法机关抓捕其他犯罪嫌疑人的，不应当认定为犯罪分子的立功表现。

据以立功的他人罪行材料应当指明具体犯罪事实；据以立功的线索或者协助行为对于侦破案件或者抓捕犯罪嫌疑人要有实际作用。犯罪分子揭发他人犯罪行为时没有指明具体犯罪事实的；揭发的犯罪事实与查实的犯罪事实不具有关联性的；提供的线索或者协助行为对于其他案件的侦破或者其他犯罪嫌疑人的抓捕不具有实际作用的，不能认定为立功表现。

犯罪分子揭发他人犯罪行为，提供侦破其他案件重要线索的，必须经查证属实，才能认定为立功。审查是否构成立功，不仅要审查办案机关的说明材料，还要审查有关事实和证据以及与案件定性处罚相关的法律文书，如立案决定书、逮捕决定书、侦查终结报告、起诉意见书、起诉书或者判决书等。

据以立功的线索、材料来源有下列情形之一的，不能认定为立功：(1) 本人通过非法手段或者非法途径获取的；(2) 本人因原担任的查禁犯罪等职务获取的；(3) 他人违反监管规定向犯罪分子提供的；(4) 负有查禁犯罪活动职责的国家机关工作人员或者其他国家工作人员利用职务便利提供的。

犯罪分子检举、揭发的他人犯罪，提供侦破其他案件的重要线索，阻止他人的犯罪活动，或者协助司法机关抓捕的其他犯罪嫌疑人，犯罪嫌疑人、被告人依法可能被判处无期徒刑以上刑罚的，应当认定为有重大立功表现。其中，可能被判处无期徒刑以上刑罚，是指根据犯罪行为的事实、情节可能判处无期徒刑以上刑罚。案件已经判决的，以实际判处的刑罚为准。但是，根据犯罪行为的事实、情节应当判处无期徒刑以上刑罚，因被判刑人有法定情节经依法从轻、减轻处罚后判处有期徒刑的，应当认定为重大立功。

对于具有立功情节的犯罪分子，应当根据犯罪的事实、性质、情节和对于社会的危害程度，结合立功表现所起作用的大小、所破获案件的罪行轻重、所抓获犯罪嫌疑人可能判处的法定刑以及立功的时机等具体情节，依法决定是否从轻、减轻或者免除处罚以及从轻、减轻处罚的幅度。

最高人民法院关于处理自首和立功若干具体问题的意见

四、关于立功线索来源的具体认定

犯罪分子通过贿买、暴力、胁迫等非法手段，或者被羁押后与律师、亲友会见过程中违反监管规定，获取他人犯罪线索并“检举揭发”的，不能认定为有立功表现。

犯罪分子将本人以往查办犯罪职务活动中掌握的，或者从负有查办犯罪、监管职责的国家工作人员处获取的他人犯罪线索予以检举揭发的，不能认定为有立功表现。

犯罪分子亲友为使犯罪分子“立功”，向司法机关提供他人犯罪线索、协助抓捕犯罪嫌疑人的，不能认定为犯罪分子有立功表现。

五、关于“协助抓捕其他犯罪嫌疑人”的具体认定

犯罪分子具有下列行为之一，使司法机关抓获其他犯罪嫌疑人的，属于《解释》第五条规定的“协助司法机关抓捕其他犯罪嫌疑人”：1. 按照司法机关的安排，以打电话、发信息等方式将其他犯罪嫌疑人（包括同案犯）约至指定地点的；2. 按照司法机关的安排，当场指认、辨认其他犯罪嫌疑人（包括同案犯）的；3. 带领侦查人员抓获其他犯罪嫌疑人（包括同案犯）的；4. 提供司法机关尚未掌握的其他案件犯罪嫌疑人的联络方式、藏匿地址的，等等。

犯罪分子提供同案犯姓名、住址、体貌特征等基本情况，或者提供犯罪前、犯罪中掌握、使用的同案犯联络方式、藏匿地址，司法机关据此抓捕同案犯的，不能认定为协助司法机关抓捕同案犯。

六、关于立功线索的查证程序和具体认定

被告人在一、二审审理期间检举揭发他人犯罪行为或者提供侦破其他案件的重要线索，人民法院经审查认为该线索内容具体、指向明确的，应及时移交有关人民检察院或者公安机关依法处理。

侦查机关出具材料，表明在三个月内还不能查证并抓获被检举揭发的人，或者不能查实的，人民法院审理案件可不再等待查证结果。

被告人检举揭发他人犯罪行为或者提供侦破其他案件的重要线索经查证不属实，又重复提供同一线索，且没有提出新的证据材料的，可以不再查证。

根据被告人检举揭发破获的他人犯罪案件，如果已有审判结果，应当依据判决确认的事实认定是否查证属实；如果被检举揭发的他人犯罪案件尚未进入审判程序，可以依据侦查机关提供的书面查证情况认定是否查证属实。检举揭发的线索经查确有犯罪发生，或者确定了犯罪嫌疑人，可能构成重大立功，只是未能将犯罪嫌疑人抓获归案的，对可能判处死刑的被告人一般要留有余地，对其他被告人原则上应酌情从轻处罚。

被告人检举揭发或者协助抓获的人的行为构成犯罪，但因法定事由不追究刑事责任、不起诉、终止审理的，不影响对被告人立功表现的认定；被告人检举揭发或者协助抓获的人的行为应判处无期徒刑以上刑罚，但因具有法定、酌定从宽情节，宣告刑为有期徒刑或者更轻刑罚的，不影响对被告人重大立功表现的认定。

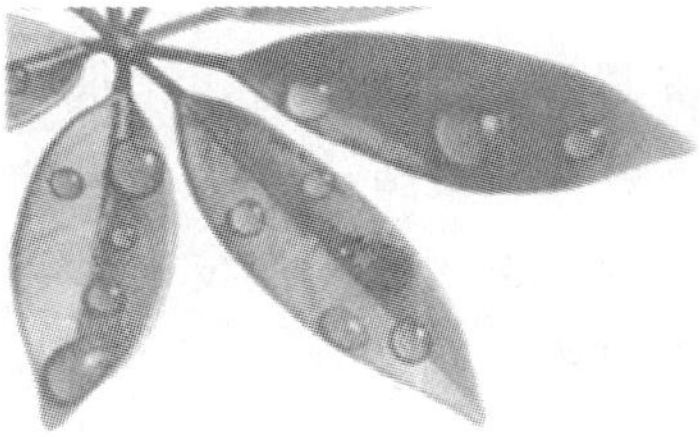

第六章
数罪并罚

▶ 1. 有的犯罪人员实施了数个轻重不同的犯罪行为，构成不同的罪名，我国刑法对此如何规定？

【宣讲要点】

有的犯罪人员实施了数个轻重不同的犯罪行为，构成不同的罪名，我国刑法对此类行为规定了数罪并罚，即人民法院对判决宣告前一人所犯数罪，或者判决宣告后，刑罚执行完毕前发现漏罪或又犯新罪的，在分别定罪量刑后，按照法定并罚原则及刑期计算方法，决定对其执行的刑罚的制度。根据我国刑法的规定，数罪并罚的前提有以下两个。

（1）一个行为人犯有数罪。“数罪”是指数个独立的、符合不同犯罪构成的犯罪行为。以下情形不作为数罪认定或者处理，也就不实行数罪并罚：继续犯、想象竞合犯、结果加重犯，这三类犯罪按照一罪认定或者处理；惯犯、结合犯，这两类原本为独立犯罪，但刑法将其规定为一罪处理；连续犯、牵连犯、吸收犯，这三类原本为数个独立犯罪，但由于数行为之间关系紧密，实践中作为一罪处理。同时，同种数罪也不并罚，而是将法定刑的轻重与情节的轻重（犯罪数额、行为次数、造成损失数额等累计计算）挂钩。有部分异种数罪，也有规定不实行数罪并罚的情形。如绑架人质后杀害的、拐卖妇女后强奸的，我国刑法规定按照一罪加重处罚。

（2）所犯数罪必须发生于法定的时间界限之内。即只有当刑罚执行完毕以前发现犯罪人犯有数罪时，才适用数罪并罚。具体包括以下具体情形：一是判决宣告以前一人犯有数罪。二是判决宣告后，刑罚执行完毕以前，发现被判刑的犯罪人在判决宣告以前还有其他罪没有判决的（存在漏罪）。三是判决宣告之后，刑罚执行完毕以前，被判刑的人员又犯新罪的。四是在缓刑或者假释考验期间的犯罪人又发现漏罪或者犯新罪的。犯罪人在刑罚执行完毕后或者在缓刑、假释考验期满后发现有漏罪或者犯新罪的，对于漏罪或者新罪依法判处，符合累犯条件的，按照累犯处理，不涉及数罪并罚。

【典型案例】

黄某滥用职权、受贿案

被告人黄某，男，1954 年 11 月 28 日出生，原系浙江省洞头县民政局福利中心主任。浙江省洞头县人民检察院以被告人黄某犯受贿罪、滥用职权罪，向洞头县人民法院提起公诉。浙江省洞头县人民法院经审理查明：2000 年至 2005 年，被告人黄某在担任洞头县民政局福利中心主任期间，每年率县福利企业年检、年审检查小组到浙江恒博电气制造有限公司（2003 年前称洞头县电器开关厂）检查，该企业的董事长郑西平明确告诉黄某自己在正常员工人数上弄虚作假，瞒报企业员工人数，使残疾员工数占全部员工数的比例符合福利企业全额退税的标准，并伪造虚假的福利企业材料应付检查。黄某发现该问题后，不履行自身职责，不对企业正常员工人数进行检查，不将该问题在年审表中如实反映，仍以企业虚报的材料为准进行检查，致使浙江恒博电气制造有限公司顺利通过福利企业的年检、年审，在 1999 年至 2004 年期间享受了本不应享受的退税优惠政策，造成国家税收损失共计人民币 7513284.9 元。1999 年年底至 2006 年，黄某利用其担任洞头县民政局福利中心主任的职务便利，为郑西平福利企业的设立和骗取退税优惠提供帮助，先后 6 次收受郑西平的贿赂共计 10 万元。黄某因涉嫌犯滥用职权罪接受检察机关讯问后，主动交代了检察机关尚未掌握的受贿事实。案发后，黄某已退赃款 10 万元。

洞头县人民法院认为，被告人黄某利用职务之便非法收受他人 10 万元，为他人谋取利益，同时，黄某身为国家机关工作人员，在履行职责过程中滥用职权，造成国家税收损失 7513284.9 元，情节特别严重，其行为分别构成受贿罪、滥用职权罪，应予数罪并罚。鉴于其受贿部分系自首，可对其所犯受贿罪减轻处罚。该院依法判决认定被告人黄某犯受贿罪，判处有期徒刑 6 年；犯滥用职权罪，判处有期徒刑 3 年；决定执行有期徒刑 7 年。

【专家评析】

其一，本案被告人黄某的行为构成滥用职权罪。

（1）黄某对福利企业的设立开办具有监督管理职责。黄某身为洞头县民政局福利中心主任，每年均率县福利企业年检、年审检查小组到浙江恒博电气制造有限公司检查，这种检查即是履行职责的表现，表明黄某对该公司具有监督管理职责，符合滥用职权罪关于“职权”的条件特征。

（2）黄某主观上明知企业存在虚报情况，具有滥用职权的主观故意。黄某率县福利企业年检、年审检查小组到恒博公司检查期间，多次发现该企业在正常员工人数上弄虚作假，瞒报企业的正常员工人数，但黄某依然让该企业顺利通过年检、年审，享受福利企业退税的优惠政策。根据黄某的供述，其在 2000 年到洞头县电器开关厂进行年检、年审时就已经发现虚报正常员工人数的情况存在，且郑西平也告诉其在上报的材料中有减少正常员工的人数，使残疾员工占正常员工的比例达到 50% 以上，从而使企业能够顺利获得福利企业的退税优惠。证人郑西平的证言也印证了黄某主观上明知这一情况。

（3）黄某客观上实施了滥用职权行为，符合滥用职权罪的客观特征。黄某明知企业虚报正常员工人数，仍不履行自己的监督管理职责，且滥用职权，在 2002 年至 2005 年年检、年审表上填上“符合福利企业年检要求”，并在“安置比例”一栏中按照企业虚报的数据予以填写。

（4）被告人的行为与损失结果具有因果关系。年检、年审检查小组的其他人员是根据企业提供的“四表一册”进行检查，在主观上不明知虚报的事实，而福利企业退还增值税税额申请表上有年检、年审是否合格一栏，年检、年审合格才符合退税标准，虽然上一年度的税收已经退回，但如果年检、年审不符合要求，那么对企业所退回的税收将予以追缴。如果被告人能正确履行职责，制止该企业瞒报、虚报，该企业享受福利的资格就要被取消，从而就不能享受国家的退税优惠政策。可见，正是被告人的滥用职权行为使得该企业能顺利退税，致使7513284.9元的国家税收流失。

其二，行为人在实施滥用职权等渎职犯罪行为的同时又收受贿赂，齐备两个犯罪的构成要件，除刑法有特别规定的以外，应当认定为两罪，实行数罪并罚

本案的滥用职权是独立于受贿行为之外的犯罪行为，两者没有必然的联系。受贿罪中的“为他人谋取利益”仅是一个主观要件，并不要求客观上实际实施了为他人谋取利益的行为。本案被告人滥用职权与受贿之间不存在牵连关系，对被告人应该实行数罪并罚。

（1）判断罪数应以犯罪构成为基准。行为具备一个犯罪构成要件的，认定一罪；行为之间相互独立，具备数个犯罪构成要件的，原则上应认定数罪。这一做法是在司法实践中贯彻罪刑法定原则的基本要求，又是实现罪刑相适应原则的必然要求。本案中，被告人黄某主观上具有滥用职权和受贿两个故意，客观上既实施了受贿行为又实施了滥用职权行为，是两个独立的犯罪行为。从客体上讲，由于被告人不正确履行职责、滥用职权使国家税收等利益遭受重大损失，侵犯的客体是国家机关的正常活动；而被告人受贿犯罪侵犯的主要客体是国家工作人员职务行为的廉洁性。由此可见，被告人的行为符合两个独立的犯罪构成特征。

（2）认定罪数应当遵循罪刑相适应基本原则。在罪数的把握上应当遵循罪刑相适应的刑法基本原则。根据罪刑相适应原则，刑罚的轻重，应当与犯罪分子所犯罪行和承担的刑事责任相适应。

（3）实行数罪并罚与刑法第399条第4款的规定并不矛盾。上述行为一方面构成了受贿犯罪，另一方面又触犯了刑法规定的其他罪名，对于这些行为人是定一罪还是按照数罪来定罪处罚？刑法第399条第4款规定：

“司法工作人员收受贿赂，有前三款行为的，同时又构成本法第三百八十五条规定之罪的，依照处罚较重的规定定罪处罚。”该款对司法工作人员作此规定有特殊的考虑，属于特别规定，仅限于该条所涉及的四个罪名，不是刑法总则条文，不具有普遍适用的意义。

综上，浙江省洞头县人民法院以受贿罪、滥用职权罪两罪并罚追究被告人黄某的刑事责任是正确的。

▶ 2. 什么是“先并后减”？什么是“先减后并”？

【宣讲要点】

我国刑法第69条规定：“判决宣告以前一人犯数罪的，除判处死刑和无期徒刑的以外，应当在总和刑期以下、数刑中最高刑期以上，酌情决定执行的刑期，但是管制最高不能超过三年，拘役最高不能超过一年，有期徒刑总和刑期不满三十五年的，最高不能超过二十年，总和刑期在三十五年以上的，最高不能超过二十五年。数罪中有判处附加刑的，附加刑仍须执行，其中附加刑种类相同的，合并执行，种类不同的，分别执行。”按照上述规定，我国刑法对数罪并罚采用以限制加重原则为主，以吸收和并科原则为补充的折中原则。具体方式如下。

（1）数个主刑中有死刑的，采取吸收原则，执行死刑。

（2）数个主刑中有无期徒刑的，采取吸收原则，只执行一个无期徒刑。

（3）数个主刑中有管制、拘役、有期徒刑的，采取限制加重原则。即在总和刑期以下、数罪中最高刑以上，酌情决定执行的刑期，但是管制最高不能超过3年，拘役最高不能超过1年，总和刑期不满35年的，最高不能超过20年，总和刑期在35年以上的，最高不能超过25年。

（4）数刑中有判处附加刑的，采用并科原则，附加刑仍要执行。

在判决宣告后，刑罚尚未执行完毕前，如果发现被告人在判决前还有其他罪没有审理，这个罪就被称为漏罪。对于漏罪，不论与前罪性质是否相同，都应单独作出判决，然后把前罪所判处的刑罚和漏罪所判处的刑罚，按照数罪并罚的原则，决定执行的刑期。已经执行的刑期，在决定执行的刑期中扣除。这种方法可概括为“先并后减”。

判决宣告以后，刑罚执行完毕以前，被判刑的犯罪分子又犯罪的，应当对新犯的罪作出判决，把前罪没有执行的刑罚和后罪所判处的刑罚，按照数罪并罚的原则，决定执行的刑罚。这是指应从前罪已生效判决决定执行的刑罚中，减去已执行的刑期，然后将前罪未执行的刑罚与后罪所判处的刑罚合并再决定应执行的刑罚。这种方法可概括为“先减后并”。

【典型案例一】

被告人樊某强奸、故意杀人、抢劫、盗窃案

被告人樊某（男，18岁）于某日晚，将同村女青年张某骗至村外机井房中，樊某在提出与张发生性关系被拒绝后，强行将张某强奸。后因张某哭闹，樊怕其告发，遂产生杀人之念，将张某掐死。樊某逃往外地。流窜期间，樊某曾拦路抢劫，抢劫财物价值人民币4000余元。樊某还在公共汽车上盗窃他人财物，价值人民币2000余元。

【专家评析】

在一行为人犯有数罪时，对数罪分别量刑后，如果存在最高刑为死刑（或者最高刑为无期徒刑）的情况，应该如何进行数罪并罚呢？

本案被告人实施的数个行为都发生在判决宣告之前，因此，应当适用刑法第69条的规定进行并罚。因为死刑是剥夺人的生命的刑罚，在既有判处死刑，又有判处有期徒刑的情况下，事实上是无法简单并罚的。先执行有期徒刑再执行死刑有违刑罚人道的精神；而先执行死刑，就无法再执行其他刑罚。所以，在数刑中有死刑或无期徒刑时，事实上只能采取吸收原则，即用最重的刑罚吸收其他刑罚，仅执行最重的刑罚。在本案中，被告人犯有故意杀人罪、强奸罪、抢劫罪、盗窃罪。在被判处的刑罚中，主刑有死刑、有期徒刑10年、有期徒刑4年、有期徒刑1年。根据刑法规定，

数罪并罚后的结果只能是决定执行一个主刑——死刑。

【典型案例二】

被告人梁某某受贿、贪污、挪用公款、巨额财产来源不明案

梁某某，原系四川省遂宁市中区公安局交警大队大队长。梁某利用职务之便，在负责修建该队住宅楼，购买土地使用权、房产的过程中，非法收受他人钱物40万元；伙同贪污公款、个人得赃款3万余元；挪用公款9万元归个人使用；巨额财产来源不明金额100.55万元。2001年，遂宁市中区人民法院判决认定被告人梁某某犯有受贿、贪污、挪用公款、巨额财产来源不明罪，数罪并罚，总和刑期为29年6个月，附加剥夺政治权利5年，最终依法判处梁某某有期徒刑20年，剥夺政治权利4年。

【专家评析】

在一人犯有数罪，而数罪中每个罪的刑罚都没有死刑或无期徒刑的最高刑时，就不能简单地选择最高刑罚。当数个主刑为有期徒刑时，需要采取限制加重原则。即在总和刑期以下，数刑中最高刑期以上，酌情决定执行的刑期，但管制最高不能超过3年，拘役最高不能超过1年，有期徒刑最高不能超过20年。

本案的被告人共犯有4项罪名，所以应当数罪并罚。根据数罪并罚的程序，首先要对其各种罪行进行量刑。从量刑情况来看，被告人的总和刑期是29年6个月，剥夺政治权利5年。我们可以看到，一是各种罪中没有被判处死刑或者无期徒刑；二是所判处刑种中，主刑只有有期徒刑，附加刑为剥夺政治权利。虽然被告人的总和刑期是29年6个月，数刑中最高刑期也不会超过15年，根据限制加重原则，最高刑只能确定其刑期为20年有期徒刑。另外，对主刑采取限制加重原则进行并罚后，并不影响对其附加刑的并罚。本案中，被告人恰好也存在附加刑的并罚问题，其附加剥夺政治权利的期限总和为5年，通过限制加重原则，最终法院判处剥夺政治权利4年。所以通过本案，可以全面了解在单一刑种的情况下，通过限制

加重来确定刑罚的情况。

【典型案例三】

李某贩卖毒品案

1996年10月，被告人李某（男，23岁）曾因犯抢劫罪、盗窃罪被广东省龙川县人民法院判处有期徒刑7年。2000年9月被假释。在假释期间，李某进行贩卖毒品的犯罪活动。法院经审理查明，李某在2001年8月至10月期间，先后两次从深圳购买海洛因共15克，分别出售给王某等多名吸毒人员，共得赃款1500元。同年11月10日，李某再次从深圳购买海洛因10克，还未来得及出手，当晚就被龙川警方人赃俱获。龙川县人民法院审理后认为，假释犯罪分子在假释期间，无视国家法律，贩卖毒品，其行为构成贩卖毒品罪，遂以此判处其有期徒刑12年，剥夺政治权利2年。因重新犯罪，撤销对其的假释，将新罪的刑罚与前犯抢劫罪、盗窃罪尚未执行完毕的刑期，依法实行数罪并罚，决定执行有期徒刑13年，剥夺政治权利2年，并处罚金人民币4000元。

【专家评析】

判决宣告以后，刑罚执行完毕以前，被判刑的犯罪分子又犯罪的，应当对新犯的罪作出判决，把前罪没有执行的刑罚和后罪所判处的刑罚，按照刑法第69条的规定，决定执行的刑罚。这是指应从前罪已生效判决决定执行的刑罚中，减去已执行的刑期，然后将前罪未执行的刑罚与后罪所判处的刑罚合并再决定应执行的刑罚。可概括为“先减后并”。

所谓新罪，是与漏罪相区别的。从发现的时间上看，不论新罪还是漏罪都是在判决宣告后、刑罚尚未执行完毕前发现的。但是，两种罪发生时间不同。漏罪发生在判决宣告之前，而新罪发生在判决宣告之后，也就是在服刑期间，说明其主观恶性较大。在并罚的方法上，新罪的并罚方法与漏罪不同。就本案而言，被告人曾因抢劫罪和盗窃罪被判刑7年，在假释期间，又实施了贩卖毒品的犯罪，所以，撤销对其的假释，并对其所犯的新罪作了判决。人民法院以贩卖毒品罪判处其有期徒刑12年，剥夺政治权利2年。与处罚漏罪时的并罚不同，新罪的刑罚不是与原判刑期并罚，而是与原判尚未执行的刑罚来并罚。被告人于1996年10月被判刑7年，到2000年9月被假释时，已经服刑4年。其再犯新罪开始的时间是2001年8月，到2001年11月被抓获。那么，实际上是用贩卖毒品罪的12年有期徒刑与前罪尚未执行完的刑期（约3年）并罚。人民法院最终决定执行有期徒刑13年，剥夺政治权利2年，并处罚金4000元是符合法律规定的。

【法条指引】

中华人民共和国刑法

第六十九条 判决宣告以前一人犯数罪的，除判处死刑和无期徒刑的以外，应当在总和刑期以下、数刑中最高刑期以上，酌情决定执行的刑期，但是管制最高不能超过三年，拘役最高不能超过一年，有期徒刑总和刑期不满三十五年的，最高不能超过二十年，总和刑期在三十五年以上的，最高不能超过二十五年。

数罪中有判处附加刑的，附加刑仍须执行，其中附加刑种类相同的，合并执行，种类不同的，分别执行。

第七十条 判决宣告以后，刑罚执行完毕以前，发现被判刑的犯罪分子在判决宣告以前还有其他罪没有判决的，应当对新发现的罪作出判决，把前后两个判决所判处的刑罚，依照本法第六十九条的规定，决定执行的刑罚。已经执行的刑期，应当计算在新判决决定的刑期以内。

第七十一条 判决宣告以后，刑罚执行完毕以前，被判刑的犯罪分子又犯罪的，应当对新犯的罪作出判决，把前罪没有执行的刑罚和后罪所判处的刑罚，依照本法第六十九条的规定，决定执行的刑罚。

第七章
缓　　刑

▶ 1. 适用缓刑需要具备什么条件？

【宣讲要点】

我国刑法规定的缓刑是指人民法院对于被判处拘役、3 年以下有期徒刑的犯罪分子，根据其犯罪情节和悔罪表现，认为暂缓执行原判刑罚，确实不致再危害社会，规定一定的考验期，暂缓其刑罚的执行，如果被判缓刑的犯罪分子在考验期内没有发生法律规定应当撤销缓刑的事由，原判刑罚就不再执行的制度。

缓刑的适用必须具备下列条件。

（1）犯罪分子必须是被判处拘役或者 3 年以下有期徒刑的刑罚。拘役或者 3 年以下有期徒刑，是指宣告刑而不是法定刑。被判处 3 年以上有期徒刑的犯罪分子，其所犯罪行一般较重，不宜适用缓刑；而被判处管制或者独立适用附加刑的犯罪分子，由于不剥夺其人身自由，对他们适用缓刑并无实际意义。对于判决宣告以前犯数罪的犯罪分子，只要判决执行的刑罚为拘役、3 年以下有期徒刑，根据犯罪分子的犯罪情节和悔罪表现，适用缓刑确实不致再危害社会的，可以适用缓刑。

（2）犯罪分子必须不是累犯和犯罪集团的首要分子。累犯具有屡教不改、主观恶性深的特点，不宜适用缓刑；犯罪集团的首要分子在犯罪集团中起组织、领导作用，其主观恶性和社会危害性较一般犯罪分子大，也不宜适用缓刑。

（3）根据犯罪分子的犯罪情节和悔罪表现，认为适用缓刑不致再危害社会，这是适用缓刑的实质条件。也有些犯罪分子虽然被判处拘役或者3年以下有期徒刑，但是其犯罪情节较重，无悔罪表现，即不宜适用缓刑。

【典型案例】

被告人王某盗窃案

被告人王某因盗窃罪被判处有期徒刑7年，服刑5年后被假释。在假释期间，王某伙同贾某窜至某停车场，盗窃摩托车1辆，价值8370元。王某被抓获后，为减轻罪责，积极协助公安机关抓获了同案犯贾某等3人，使公安机关破获两起盗窃案件。

【专家评析】

本案被告人王某不符合缓刑条件，不能适用缓刑。理由如下。

（1）根据刑法规定，对于在假释考验期内又犯新罪的实行数罪并罚，按照“先减后并”的原则，然后与前罪没有执行的刑罚合并执行。显而易见，前后两罪的判决活动是相对独立的，对王某的从轻处罚不应体现在数罪并罚后的判决中。

（2）王某的行为不符合缓刑的条件，王某因盗窃罪被判处有期徒刑7年，后在假释期间又伙同他人盗窃作案，虽然犯罪情节较轻，但说明王某屡教不改，毫无悔改之意，其立功行为只是为了减轻自己的罪责，不能认定是一种悔改表现，假如对其适用缓刑，难以保证其不再危害社会。

（3）刑法第86条第3款规定，被假释的犯罪分子，在假释考验期内，有违反法律、行政法规或者国务院公安部门有关假释的监督管理规定的行为，尚未构成新的犯罪的，应当撤销假释，收监执行未执行完毕的刑罚。由此可以看出，在假释期内有一般违法行为尚且要收监执行，更何况是故意犯罪，否则体现不出罪刑相适应的原则。

综上，对于王某不能适用缓刑。

▶ 2. 什么是“刑事禁止令”？适用“刑事禁止令”的条件有哪些？

【宣讲要点】

刑事禁止令制度是我国刑罚制度的一个重要创新，目的在于强化对犯罪分子的有效监管，促进其教育矫正，防止其再次危害社会。为了促进对管制犯、缓刑犯的教育矫正，有效保护被害人、证人等人员的安全，维护正常社会秩序，我国刑法修正案（八）对刑法第38条、第72条新增了有关对管制犯、缓刑犯可以适用刑事禁止令的规定。

2011年4月28日，最高人民法院、最高人民检察院、公安部、司法部联合发布了《关于对判处管制宣告缓刑的犯罪分子适用禁止令有关问题的规定（试行）》，对宣告禁止令的条件、具体内容和期限、执行机关、违反禁止令的法律后果等作出明确规定。

根据相关规定，在司法实践中适用禁止令需要注意把握以下几点：一是禁止令的适用主体具有特定性。被宣告禁止令的人必须是被判处管制或者宣告缓刑的犯罪分子。二是禁止令的适用具有选择性。对判处管制、宣告缓刑的犯罪分子，人民法院根据犯罪情况，可以同时作出禁止令，而不是一律作出禁止令。三是禁止令的适用具有鲜明的目的性。从立法精神看，禁止令的适用目的在于强化对犯罪分子的有效监管，促进其教育矫正，防止其再次危害社会。因此，宣告禁止令要根据犯罪分子的犯罪情况、犯罪后的悔罪表现和个人情况做综合分析，决定是否适用禁止令，而不能片面依据其所犯罪行客观危害的大小决定是否适用禁止令。四是禁止令的适用应当具有针对性。在确定禁止令的具体内容时，要充分考虑禁止内容与犯罪分子所犯罪行的关联程度，有针对性地作出禁止其在管制执行期间、缓刑考验期限内“从事特定活动，进入特定区域、场所，接触特定的人”的一项或几项内容。五是禁止令的适用必须具有可行性。禁止令的内容不能无从执行，也不能妨害犯罪分子的正常生活。对于法律法规明确禁止的行为，也不能再通过禁止令的形式予以禁止。

【典型案例】

邓某故意伤害案

2011 年 4 月 1 日下午，被告人邓某因不满欧某没有雇请其本人做工，于是用杂物拦住道路不准欧某雇请的工人通过，当被害人邱某经过时，邓某用砍柴刀将邱某砍伤。经广东省广宁县公安局法医鉴定：邱某的损伤程度属轻伤。另查明，2011 年 4 月 11 日，被告人邓某的亲属就赔偿问题与被害人邱某达成调解协议，并赔偿了被害人邱某的全部医疗费用和营养费、误工费等经济损失 9800 元。邱某对被告人予以谅解。再查明，被告人邓某是酒后伤害邱某的，且平时有酗酒的习性。

广东省广宁县人民法院审理认为：被告人邓某无视国家法律，故意伤害他人身体，致一人轻伤，其行为已构成故意伤害罪，应依法惩处。被告人邓某在被采取强制措施前，如实供述自己的罪行，是自首，依法可从轻处罚；被告人邓某就经济赔偿问题已与被害人协商解决，取得被害人的谅解，且认罪态度较好，有悔罪表现，又是初犯，可酌情从轻处罚，对其适用缓刑不致再危害社会。被告人邓某是酒后犯罪，且有酗酒习性，故应对其饮酒行为予以禁止。依法判决认定被告人邓某犯故意伤害罪，判处有期徒刑 1 年，缓刑 2 年，同时禁止被告人邓某在 6 个月内饮酒（禁止令期限从判决生效之日起计算）。

【专家评析】

本案中，被告人邓某因琐事用砍柴刀将被害人邱某砍伤，侵害了被害人的人身安全，构成故意伤害罪。由于被告人邓某在实施犯罪后能够自首，并就经济赔偿问题与被害人协商解决，取得被害人的谅解，且认罪态度较好，有悔罪表现，又是初犯，因此法院对其适用缓刑。被告人邓某因平时酗酒成性，不注意控制自己情绪，终酿成酒后伤人案件的发生，伤人罪行与酗酒行为具有紧密的关联关系，为防止其再次酒后实施犯罪行为，有必要通过禁止其饮酒的行为对其进行教育矫正，维护社会秩序的正常运行，故法院结合本案客观情况对其作出在缓刑考验期限内禁止饮酒6个月的禁止令。

▶ 3. 对于适用缓刑的犯罪人员，在缓刑考验期满后，如何处理？

【宣讲要点】

根据我国刑法关于缓刑的相关规定，适用缓刑的犯罪人员在缓刑考验期满后，依照其在考验期内的表现，分为以下情形处理。

（1）在缓刑考验期内，不具有刑法第77条的规定的情形，既没有犯新罪，也没有发现漏罪，也没有违反缓刑的监督管理规定情形的，缓刑考验期满，原判刑罚就不再执行，并公开予以宣告。

（2）在缓刑考验期内犯新罪或发现判决宣告以前还有其他罪没有判决的，应当撤销缓刑，把前罪和后罪所判处的刑罚，依照刑法第69条的规定，决定执行的刑罚。

（3）在缓刑考验期内，违反法律、行政法规或者公安部有关缓刑的监督管理规定，或者违反人民法院判决中的禁止令，情节严重的，应当撤销缓刑，执行原判刑罚。

需要注意的是，缓刑的效力不及于附加刑，附加刑仍须执行。

【典型案例】

代某盗窃案

被告人代某，男，1973年4月26日出生，汉族，农民。2008年8月26日因犯滥伐林木罪被判处有期徒刑1年，缓刑1年，并处罚金人民币5000元，2009年9月5日因涉嫌盗窃罪被逮捕。2009年10月26日，河南省信阳市狮河区人民检察院以被告人代某犯盗窃罪，向狮河区人民法院提起公诉。

信阳市狮河区人民法院经公开审理查明：2009 年 5 月 13 日 22 时许，被告人代某在信阳市狮河区董家河桥头路口电话亭旁，将王启明的红色三菱 125 摩托车盗走。经鉴定，该车价值 2668 元。信阳市狮河区人民法院认为，被告人代某秘密窃取他人财物的行为已构成盗窃罪。被告人代某在缓刑考验期内又犯新罪，依法应当撤销缓刑。该院依法判决认定被告人代某犯盗窃罪，判处有期徒刑 7 个月，并处罚金人民币 2000 元；犯滥伐林木罪，判处有期徒刑 1 年，缓刑 1 年，并处罚金人民币 5000 元，撤销缓刑，余刑 10 个月零 3 天；数罪并罚，决定执行有期徒刑 11 个月，并处罚金人民币 7000 元。

一审宣判后，狮河区人民检察院以原审判决适用法律错误、量刑不当为由，向信阳市中级人民法院提出抗诉。信阳市中级人民法院经审理认为，原审被告人代某秘密窃取他人财物的行为已构成盗窃罪。原审法院定罪准确，量刑适当，审判程序合法。但与所犯滥伐林木罪数罪并罚，决定执行刑罚时，适用法律错误，致使决定执行的刑期不当。根据刑法第 77 条的规定，原审被告人代某在缓刑考验期内犯盗窃罪，应当撤销缓刑，对盗窃罪作出判决，把犯滥伐林木罪和盗窃罪所判处的刑罚，依照刑法第 69 条的规定，决定执行的刑罚。对原审被告人代某应在有期徒刑 1 年至 1 年 7 个月之间决定执行刑期，原审决定执行有期徒刑 11 个月确属适用法律错误。抗诉机关的抗诉理由成立，予以采纳。二审法院依照刑法第 264 条、第 77 条、第 69 条、刑事诉讼法第 189 条第 2 项之规定，判决：（1）维持狮河区人民法院（2009）狮刑初字第 327 号刑事判决中对原审被告人代某犯盗窃罪的定罪量刑部分。（2）撤销狮河区人民法院（2009）狮刑初字第 327 号刑事判决中对原审被告人代某所犯盗窃罪与滥伐林木罪数罪并罚，决定执行的刑期部分。（3）原审被告人代某犯盗窃罪，判处有期徒刑 7 个月，并处罚金人民币 2000 元；犯滥伐林木罪，判处有期徒刑 1 年，缓刑 1 年，并处罚金人民币 5000 元，现予以撤销缓刑；数罪并罚，决定执行有期徒刑 1 年 4 个月，并处罚金人民币 7000 元。

【专家评析】

本案的焦点是对于被告人代某在缓刑考验期内又犯新罪如何实行数罪并罚?

缓刑考验期间不同于刑罚执行期间，羁押时间也不同于已执行刑期，对此情形，应当根据刑法第77条第1款的规定，将滥伐林木罪和盗窃罪直接依照刑法第69条的规定决定执行的刑罚。代某因犯滥伐林木罪被先行羁押的时间，应当在数罪并罚决定执行的刑罚之后依照刑法第47条的规定予以折抵。二审法院即根据此种理解依法改判并作出并罚判决。具体理由如下。

其一，一审法院适用刑法第71条规定的数罪并罚原则决定被告人的执行刑罚属适用法律错误。

(1) 刑法第77条第1款对被宣告缓刑的犯罪分子在缓刑考验期限内犯新罪或者发现漏罪如何实行数罪并罚，已经作出明确规定，即“被宣告缓刑的犯罪分子，在缓刑考验期限内犯新罪或者发现判决宣告以前还有其他罪没有判决的，应当撤销缓刑，对新犯的罪或者新发现的罪作出判决，把前罪和后罪所判处的刑罚，依照本法第六十九条的规定，决定执行的刑罚”。缓刑考验不属于刑罚执行，缓刑考验期间不同于刑罚执行期间。“缓刑考验期限内”与刑法第71条规定的“刑罚执行完毕以前”属于两个不同层面的问题。“刑罚执行完毕以前”是相对于刑罚已经开始执行而言的，没有刑罚执行也就无所谓“刑罚执行完毕以前”。而缓刑是附条件的不执行，在缓刑考验期间原判刑罚是否执行尚处于不确定状态，故无从谈起刑罚是否已经执行完毕。此外，刑法第73条第3款规定“缓刑考验期限，从判决确定之日起计算”，这一规定未曾涉及任何先行羁押的时间折抵缓刑考验期的问题。因此，在缓刑考验期限内犯新罪与在判决宣告以后刑罚执行完毕以前犯新罪属于不同情形，两者不可混为一谈。因此，在缓刑考验期限内犯新罪或者发现漏罪实行数罪并罚的，均不适用刑法第70条或第71条有关数罪并罚的规定，而应适用刑法第77条的规定。

(2) 一审法院错误地适用刑法第71条，而且还将被告人宣告缓刑前先行羁押的时间等同为前罪已经执行的刑期予以扣除，进而错误地认定了“前罪没有执行的刑罚”。毋庸讳言，如果刑法第77条没有对缓刑考验期限内犯新罪如何并罚作出规定，司法实践中依照刑法第71条的规定即可进行并罚，关键在于如何认定“前罪没有执行的刑罚”。缓刑的实质是暂缓刑罚的执行，如果犯罪分子在缓刑考验期内未发生撤销缓刑的法定情形，原判刑罚将不再执行，因此，在缓刑考验期间根本不存在刑罚执行问题。对宣告缓刑的罪犯来说，其“前罪没有执行的刑罚”就是其判决宣告的刑罚，而不应当将先行羁押的时间混同于已经执行的刑罚予以扣除。判前羁押与判后刑罚执行的性质不同，将先行羁押时间直接等同为已执行刑期，违背相关法律规定。判前羁押是判决交付执行前，办案机关为确保刑事诉讼活动的顺利进行，针对犯罪嫌疑人、被告人而采取的人身强制措施。判前羁押与徒刑执行虽然都以剥夺人身自由为特征，但两者在诉讼阶段和性质上存在明显差别；前者发生在判决确定之前，后者发生在判决确定之后；前者属于程序措施，后者属于实体处分。正因为如此，刑法对先行羁押时间的折抵与已执行刑罚的扣减作了不同规定：刑法第47条在表述羁押时间和执行刑期的关系时，使用的是羁押一日“折抵”刑期一日；而刑法第70条在表述已执行刑期的扣减时，使用的是应当“计算”在新判决决定的刑期内。很明显，“折抵”是针对两个不同事物而言的。

其二，对被告人前罪先行羁押的时间予以折抵，应当在数罪并罚执行的刑罚决定后进行

《最高人民法院关于撤销缓刑时罪犯在宣告缓刑前羁押的时间能否折抵刑期问题的批复》规定：“根据刑法第七十七条的规定，对被宣告缓刑的犯罪分子撤销缓刑执行原判刑罚的，对其在宣告缓刑前羁押的时间应当折抵刑期。”虽然该批复针对的是“执行原判刑罚”的情形，但其司法精神对数罪并罚的情形仍可适用。判决执行以前先行羁押时间折抵刑期的目的是确保被告人的合法权益。同时也便于计算有期徒刑的刑期和起止时间，属于判决执行的范畴，与理论上对刑法第70条、第71条概括的数罪并罚原则“先减后并”或“先并后减”中的“减”根本不同，后者目的在于决定数罪执行的刑罚，至于实际执行的期限，则属于刑罚确定后执行

有期徒刑的计算问题，包括先行羁押时间的折抵问题。缓刑犯在缓刑期间犯新罪，表明其主观恶性较大，在处理上应当体现从重处罚原则。但刑法第77条规定的是撤销缓刑，“把前罪和后罪所判处的刑罚，依照本法第六十九条的规定，决定执行的刑罚”，可见，立法对缓刑犯又犯新罪的从重处罚，主要体现在对其缓刑的撤销，而不在于实际执行刑期方面。刑法第77条的规定符合数罪并罚的原理和司法实践的一贯做法。

综上，二审法院对被告人代某所犯数罪实行并罚决定执行刑罚的判决是正确的。

【法条指引】

中华人民共和国刑法

第七十二条　对于被判处拘役、三年以下有期徒刑的犯罪分子，同时符合下列条件的，可以宣告缓刑，对其中不满十八周岁的人、怀孕的妇女和已满七十五周岁的人，应当宣告缓刑：

（一）犯罪情节较轻；

（二）有悔罪表现；

（三）没有再犯罪的危险；

（四）宣告缓刑对所居住社区没有重大不良影响。

宣告缓刑，可以根据犯罪情况，同时禁止犯罪分子在缓刑考验期限内从事特定活动，进入特定区域、场所，接触特定的人。

被宣告缓刑的犯罪分子，如果被判处附加刑，附加刑仍须执行。

第七十三条　拘役的缓刑考验期限为原判刑期以上一年以下，但是不能少于二个月。

有期徒刑的缓刑考验期限为原判刑期以上五年以下，但是不能少于一年。

缓刑考验期限，从判决确定之日起计算。

第七十四条　对于累犯和犯罪集团的首要分子，不适用缓刑。

第七十五条　被宣告缓刑的犯罪分子，应当遵守下列规定：

（一）遵守法律、行政法规，服从监督；

（二）按照考察机关的规定报告自己的活动情况；

（三）遵守考察机关关于会客的规定；

（四）离开所居住的市、县或者迁居，应当报经考察机关批准。

第七十六条 对宣告缓刑的犯罪分子，在缓刑考验期限内，依法实行社区矫正，如果没有本法第七十七条规定的情形，缓刑考验期满，原判的刑罚就不再执行，并公开予以宣告。

第七十七条 被宣告缓刑的犯罪分子，在缓刑考验期限内犯新罪或者发现判决宣告以前还有其他罪没有判决的，应当撤销缓刑，对新犯的罪或者新发现的罪作出判决，把前罪和后罪所判处的刑罚，依照本法第六十九条的规定，决定执行的刑罚。

被宣告缓刑的犯罪分子，在缓刑考验期限内，违反法律、行政法规或者国务院有关部门关于缓刑的监督管理规定，或者违反人民法院判决中的禁止令，情节严重的，应当撤销缓刑，执行原判刑罚。

最高人民法院关于撤销缓刑时罪犯在宣告缓刑前羁押的时间能否折抵刑期问题的批复

根据刑法第七十七条的规定，对被宣告缓刑的犯罪分子撤销缓刑执行原判刑罚的，对其在宣告缓刑前羁押的时间应当折抵刑期。

最高人民法院、最高人民检察院、公安部、司法部关于对判处管制、宣告缓刑的犯罪分子适用禁止令有关问题的规定（试行）

第一条 对判处管制、宣告缓刑的犯罪分子，人民法院根据犯罪情况，认为从促进犯罪分子教育矫正、有效维护社会秩序的需要出发，确有必要禁止其在管制执行期间、缓刑考验期限内从事特定活动，进入特定区域、场所，接触特定人的，可以根据刑法第三十八条第二款、第七十二条第二款的规定，同时宣告禁止令。

第二条 人民法院宣告禁止令，应当根据犯罪分子的犯罪原因、犯罪性质、犯罪手段、犯罪后的悔罪表现、个人一贯表现等情况，充分考虑与犯罪分子所犯罪行的关联程度，有针对性地决定禁止其在管制执行期间、缓刑考验期限内“从事特定活动，进入特定区域、场所，接触特定的人”的一项或者几项内容。

第三条 人民法院可以根据犯罪情况，禁止判处管制、宣告缓刑的犯罪分子在管制执行期间、缓刑考验期限内从事以下一项或者几项活动：

（一）个人为进行违法犯罪活动而设立公司、企业、事业单位或者在设立公司、企业、事业单位后以实施犯罪为主要活动的，禁止设立公司、企业、事业单位；

（二）实施证券犯罪、贷款犯罪、票据犯罪、信用卡犯罪等金融犯罪的，禁止从事证券交易、申领贷款、使用票据或者申领、使用信用卡等金融活动；

（三）利用从事特定生产经营活动实施犯罪的，禁止从事相关生产经营活动；

（四）附带民事赔偿义务未履行完毕，违法所得未追缴、退赔到位，或者罚金尚未足额缴纳的，禁止从事高消费活动；

（五）其他确有必要禁止从事的活动。

第四条 人民法院可以根据犯罪情况，禁止判处管制、宣告缓刑的犯罪分子在管制执行期间、缓刑考验期限内进入以下一类或者几类区域、场所：

（一）禁止进入夜总会、酒吧、迪厅、网吧等娱乐场所；

（二）未经执行机关批准，禁止进入举办大型群众性活动的场所；

（三）禁止进入中小学校区、幼儿园园区及周边地区，确因本人就学、居住等原因，经执行机关批准的除外；

（四）其他确有必要禁止进入的区域、场所。

第五条 人民法院可以根据犯罪情况，禁止判处管制、宣告缓刑的犯罪分子在管制执行期间、缓刑考验期限内接触以下一类或者几类人员：

（一）未经对方同意，禁止接触被害人及其法定代理人、近亲属；

（二）未经对方同意，禁止接触证人及其法定代理人、近亲属；

（三）未经对方同意，禁止接触控告人、批评人、举报人及其法定代理人、近亲属；

（四）禁止接触同案犯；

（五）禁止接触其他可能遭受其侵害、滋扰的人或者可能诱发其再次危害社会的人。

第六条 禁止令的期限，既可以与管制执行、缓刑考验的期限相同，也可以短于管制执行、缓刑考验的期限，但判处管制的，禁止令的期限不得少于三个月，宣告缓刑的，禁止令的期限不得少于二个月。

判处管制的犯罪分子在判决执行以前先行羁押以致管制执行的期限少于三个月的，禁止令的期限不受前款规定的最短期限的限制。

禁止令的执行期限，从管制、缓刑执行之日起计算。

第七条 人民检察院在提起公诉时，对可能判处管制、宣告缓刑的被告人可以提出宣告禁止令的建议。当事人、辩护人、诉讼代理人可以就应否对被告人宣告禁止令提出意见，并说明理由。

公安机关在移送审查起诉时，可以根据犯罪嫌疑人涉嫌犯罪的情况，就应否宣告禁止令及宣告何种禁止令，向人民检察院提出意见。

第八条 人民法院对判处管制、宣告缓刑的被告人宣告禁止令的，应当在裁判文书主文部分单独作为一项予以宣告。

第九条 禁止令由司法行政机关指导管理的社区矫正机构负责执行。

第十条 人民检察院对社区矫正机构执行禁止令的活动实行监督。发现有违反法律规定的情况，应当通知社区矫正机构纠正。

第十一条 判处管制的犯罪分子违反禁止令，或者被宣告缓刑的犯罪分子违反禁止令尚不属情节严重的，由负责执行禁止令的社区矫正机构所在地的公安机关依照《中华人民共和国治安管理处罚法》第六十条的规定处罚。

第十二条 被宣告缓刑的犯罪分子违反禁止令，情节严重的，应当撤销缓刑，执行原判刑罚。原作出缓刑裁判的人民法院应当自收到当地社区矫正机构提出的撤销缓刑建议书之日起一个月内依法作出裁定。人民法院撤销缓刑的裁定一经作出，立即生效。

违反禁止令，具有下列情形之一的，应当认定为“情节严重”：

（一）三次以上违反禁止令的；

（二）因违反禁止令被治安管理处罚后，再次违反禁止令的；

（三）违反禁止令，发生较为严重危害后果的；

（四）其他情节严重的情形。

第十三条 被宣告禁止令的犯罪分子被依法减刑时，禁止令的期限可以相应缩短，由人民法院在减刑裁定中确定新的禁止令期限。

第八章
刑罚执行

▶ 1. 我国的刑罚执行制度有哪些特征?

【宣讲要点】

刑罚执行是指有行刑权的司法机关依法将生效的刑事裁决对犯罪分子确定的刑罚付诸实施的刑事司法活动。其特征表现为以下方面。

（1）刑罚执行是将刑罚付诸执行的一种司法活动。刑事诉讼中的定罪是解决行为人的行为是否构成犯罪的问题，量刑是解决对已定罪的人适用何种刑罚的问题。在定罪与量刑的前提下，刑罚执行是实现刑事诉讼任务的最后一个环节，即将发生法律效力的刑事裁判付诸实施。

（2）刑罚执行的前提和根据是人民法院生效的刑事裁判。没有人民法院的生效刑事裁判，司法机关无权对任何人执行刑罚。生效的刑事裁判包括：一是已过法定期限没有上诉、抗诉的判决和裁定；二是终审的判决和裁定，包括中级以上人民法院的第二审案件、最高人民法院的第一审案件的判决和裁定；三是最高人民法院核准的死刑判决、高级人民法院核准的死缓判决。未发生法律效力的裁判，一律不得交付执行。

（3）刑罚执行的主体是有行刑权的司法机关。这是指依法被授权执行刑罚的国家司法机关，包括公安机关、人民法院、监狱、司法部门。

▶ 2. 犯罪人员在服刑期间，遵纪守法、努力改造、表现良好的，是否有机会获得减刑？

【宣讲要点】

根据我国刑法第 78 条的规定，减刑是指被判处管制、拘役、有期徒刑、无期徒刑的犯罪分子，在执行期间，如果认真遵守监规、接受教育改造，确有悔改表现，或者立功表现的，可以适当减轻其原判刑罚的制度。减刑主要包括两种情况：一是把原判较重的刑种减轻为较轻的刑种；二是把原判较长的刑期减轻为较短的刑期。

减刑可分为应当减刑与可以减刑两种。应当减刑与可以减刑的对象条件和限度条件相同，但实质条件有所不同。对于犯罪分子减刑，应当具有以下三个适用条件。

（1）对象条件。减刑只适用于被判处管制、拘役、有期徒刑、无期徒刑的犯罪分子。

（2）实质条件。服刑人员在刑罚执行期间必须具有法定的事由或者法律事实才能减刑。我国刑法对减刑规定了明确的法定事由或者法律事实，即“认真遵守监规，接受教育改造，确有悔改表现，或者有立功表现”。只有具有上述法定事由，人民法院才可以减刑。此外，刑法还规定如果有下列重大立功表现的，应当减刑：阻止他人重大犯罪活动的；检举监狱内外重大犯罪活动，经查证属实的；有发明创造或者重大技术革新的；在日常生产、生活中舍己救人的；在抗御自然灾害或者排除重大事故中，有突出表现的；对国家和社会有其他重大贡献的。

（3）限度条件。减刑限度是指犯罪分子经过一次或者几次减刑以后，应当实际执行的最低刑期。减刑是在原判刑罚基础上进行的，目的是鼓励犯罪分子加速改造，因此，减刑的适用必须得当。减刑过多，必然有损国家法律的严肃性和人民法院判决的权威性，也使犯罪分子得不到必要的惩罚和改造；减刑不够，又起不到鼓励犯罪分子改恶从善的作用，失去减刑制度的意义。为此，对于减刑的限度，刑法第78条和有关司法解释作出了明确的规定，即被判处管制、拘役、有期徒刑的，其减刑后实际执行的刑期不能少于原判刑期的二分之一；被判处无期徒刑的，其减刑后实际执行的刑期不能少于13年；人民法院依照刑法第50条第2款规定限制减刑的死刑缓期执行的犯罪分子，缓刑执行期满后减为无期徒刑的，不能少于25年，缓期执行期满后依法减为25年有期徒刑的，不能少于20年。另外，根据《最高人民法院关于办理减刑、假释案件具体应用法律若干问题的规定》，在有期徒刑罪犯减刑时，对附加剥夺政治权利的刑期可以酌减，酌减后剥夺政治权利的期限，最短不得少于1年。对判处拘役或者3年以下有期徒刑、宣告缓刑的犯罪分子，一般不适用减刑。

减刑由执行机关向中级以上人民法院提出减刑建议书，人民法院应组成合议庭进行审理。非经法定程序不得减刑。经审理符合条件的，人民法院依法裁定予以减刑。

【典型案例一】

服刑罪犯吴某因有悔改、立功表现被减刑案

被告人吴某因犯受贿罪经人民法院一审、二审程序审理后判处有期徒刑7年，入狱服刑。投入劳改后，其所在监狱根据其服刑表现，提出对罪犯吴某减刑3年的建议，经报送上海市中级人民法院审核，该院裁定对罪犯吴某减去有期徒刑3年。

【专家评析】

经人民法院审核，确认服刑人员吴某在服刑期间，经教育能认罪服法，接受改造，遵守罪犯改造行为规范，学习认真，劳动态度端正，在翻译文字劳役中，能认真抄写、校对、清稿，并能经常加班劳动，较好完成各项劳役任务。此外，吴某能积极参加科技开发活动，自行设计、制作成“窗外自动防雨晒衣架”和“阳台自动防雨晒衣架”，并获得国家专利。为此，多次受到执行机关的表扬和记功，并被评为上海市监狱劳动改造积极

分子，确有悔改表现。其还被评为上海市劳改局劳动改造积极分子，可视为有立功表现。因此，人民法院根据刑法规定，对其予以减刑。

【典型案例二】

服刑罪犯陈某制造立功骗取减刑再审案

新疆维吾尔自治区高级人民法院于1997年12月19日以〔1997〕新刑执字第1779号刑事裁定，将罪犯陈某的刑期减为有期徒刑16年，剥夺政治权利改为5年。农八师中级法院于1999年9月21日和2000年4月12日两次裁定共对其减刑2年。

经查：罪犯陈某与艾肯江原同在新安监狱二监区服刑，并同在伙房工作。陈某曾和艾肯江提议，让艾肯江在晒辣子时假装触电，由他上前抢救，争取立功减刑，罪犯艾肯江同意。陈某在房顶上准备了铁丝、塑料壶及手钳子。2000年9月9日中午，陈某乘监狱领导来监区检查工作时，让艾肯江上房顶晒辣子，并给艾肯江讲按计划进行。罪犯艾肯江上房后，将铁丝搭在电线上，被电击伤，罪犯陈某爬上房顶，用事先准备好的扫帚将铁丝打掉，又把艾肯江从房顶上抱下来，做人工呼吸，后将艾肯江送往农八师医院医治。

2000年11月27日，农八师中级法院以〔2000〕兵八刑执字第2382号刑事裁定书认定罪犯陈某有重大立功表现，对其裁定减刑1年11个月。2004年11月1日，新安临狱经核实确认罪犯陈某的立功行为系其事先策划并实施的假立功，故报请农八师中级法院，请求撤销该院〔2000〕兵八刑执字第2382号刑事裁定。2005年3月1日，该院审判委员会决定对该案进行再审。提起再审后，该院依法另行组成合议庭审理了本案。

农八师中级人民法院经审理认为，罪犯陈某身为正在服刑的罪犯，本应在服刑期间认真改造，遵守监规，接受教育改造，通过自己的努力争取减刑，但该犯却采用欺骗的方法骗取监狱认定其有重大立功表现，进而骗取减刑，故不能认定其具有重大立功表现，不应对其减刑。原裁定认定事实和适用法律均错误，应予撤销。根据《中华人民共和国刑事诉讼法》第

206条、《最高人民法院关于执行〈中华人民共和国刑事诉讼法〉若干问题的解释》第304条之规定，农八师中级人民法院于2005年7月5日裁定撤销农八师中级人民法院〔2000〕兵八中刑执字第2382号刑事裁定。

【专家评析】

我国刑法规定的减刑制度，体现了惩办与宽大相结合、惩罚与教育改造相结合的政策。实行这一制度，有利于加速对犯罪分子的改造，实现刑罚的目的，有着积极的作用。但是，实践中如果执行机关、司法机关错误地执行减刑制度，对不该减刑的罪犯予以减刑，不仅不能发挥减刑制度积极的作用，相反会造成恶劣的影响。本案中的罪犯陈某本不该减刑而被裁定予以减刑，属于裁定减刑不当。

依据刑法第78条的规定，被判处管制、拘役、有期徒刑、无期徒刑的犯罪分子，在执行期间，如果有六种立功表现之一的，可以减刑。这就是说，罪犯基于立功表现被减刑的，其确有立功表现是执行机关提出减刑建议书的前提，也是人民法院裁定减刑的事实依据。根据刑法第78条的规定，能够作为减刑的前提和事实依据的立功表现有六种，其中的第四种立功表现是“在日常生产、生活中舍己救人”。罪犯陈某如果真是抢救了被电击伤的犯人，那是舍己救人的立功表现，应当依法裁定减刑。本案中的罪犯陈某是于2000年11月下旬因为当时被认定为重大立功表现而被人民法院裁定减刑1年11个月。但在人民法院裁定减刑之后，执行机关发现这起所谓电击伤人事件是罪犯陈某蓄意制造的，是不真实的，这就使执行机关提出的减刑建议书和人民法院作出的对陈某的减刑裁定书失去了前提条件和事实依据，该减刑建议书、裁定书依法应当撤销。

从本案处理的过程看，执行机关发现了罪犯陈某制造假立功的问题之后，主动向作出减刑裁定的农八师中级人民法院报告了情况，并请求该院撤销陈某减刑裁定。农八师中级人民法院接受了该请求后，依据1998年9月《最高人民法院关于执行〈中华人民共和国刑事诉讼法〉若干问题的解释》第304条的规定进行再审，即以本院院长发现该发生法律效力的减刑裁定确有错误为由，提交审判委员会讨论决定，对该案另行组成合议庭进行再审。农八师中级人民法院经过再审，撤销了该院对陈某减刑的〔2000〕兵八中刑执字第2382号刑事裁定。这样处理，既符合本案的事实，也符合程序法的规定。可以说，本案的再审程序适当，再审裁定结果正确。

【法条指引】

中华人民共和国刑法

第七十八条　被判处管制、拘役、有期徒刑、无期徒刑的犯罪分子，在执行期间，如果认真遵守监规，接受教育改造，确有悔改表现的，或者有立功表现的，可以减刑；有下列重大立功表现之一的，应当减刑：

（一）阻止他人重大犯罪活动的；

（二）检举监狱内外重大犯罪活动，经查证属实的；

（三）有发明创造或者重大技术革新的；

（四）在日常生产、生活中舍己救人的；

（五）在抗御自然灾害或者排除重大事故中，有突出表现的；

（六）对国家和社会有其他重大贡献的。

减刑以后实际执行的刑期不能少于下列期限：

（一）判处管制、拘役、有期徒刑的，不能少于原判刑期的二分之一；

（二）判处无期徒刑的，不能少于十三年；

（三）人民法院依照本法第五十条第二款规定限制减刑的死刑缓期执行的犯罪分子，缓期执行期满后依法减为无期徒刑的，不能少于二十五年，缓期执行期满后依法减为二十五年有期徒刑的，不能少于二十年。

第七十九条　对于犯罪分子的减刑，由执行机关向中级以上人民法院提出减刑建议书。人民法院应当组成合议庭进行审理，对确有悔改或者立功事实的，裁定予以减刑。非经法定程序不得减刑。

第八十条 无期徒刑减为有期徒刑的刑期，从裁定减刑之日起计算

最高人民法院关于办理减刑、假释案件具体应用法律若干问题的规定

为正确适用刑法、刑事诉讼法，依法办理减刑、假释案件，根据刑法、刑事诉讼法和有关法律的规定，制定本规定。

第一条 根据刑法第七十八条第一款的规定，被判处管制、拘役、有期徒刑、无期徒刑的犯罪分子，在执行期间，认真遵守监规，接受教育改造，确有悔改表现的，或者有立功表现的，可以减刑；有重大立功表现的，应当减刑。

第二条 “确有悔改表现”是指同时具备以下四个方面情形：认罪悔罪；认真遵守法律法规及监规，接受教育改造；积极参加思想、文化、职业技术教育；积极参加劳动，努力完成劳动任务。

对罪犯在刑罚执行期间提出申诉的，要依法保护其申诉权利，对罪犯申诉不应不加分析地认为是不认罪悔罪。

罪犯积极执行财产刑和履行附带民事赔偿义务的，可视为有认罪悔罪表现，在减刑、假释时可以从宽掌握；确有执行、履行能力而不执行、不履行的，在减刑、假释时应当从严掌握。

第三条 具有下列情形之一的，应当认定为有“立功表现”：

（一）阻止他人实施犯罪活动的；

（二）检举、揭发监狱内外犯罪活动，或者提供重要的破案线索，经查证属实的；

（三）协助司法机关抓捕其他犯罪嫌疑人（包括同案犯）的；

（四）在生产、科研中进行技术革新，成绩突出的；

（五）在抢险救灾或者排除重大事故中表现突出的；

（六）对国家和社会有其他贡献的。

第四条 具有下列情形之一的，应当认定为有“重大立功表现”：

（一）阻止他人实施重大犯罪活动的；

（二）检举监狱内外重大犯罪活动，经查证属实的；

（三）协助司法机关抓捕其他重大犯罪嫌疑人（包括同案犯）的；

（四）有发明创造或者重大技术革新的；

（五）在日常生产、生活中舍己救人的；

（六）在抗御自然灾害或者排除重大事故中，有特别突出表现的；

（七）对国家和社会有其他重大贡献的。

第五条　有期徒刑罪犯在刑罚执行期间，符合减刑条件的，减刑幅度为：确有悔改表现，或者有立功表现的，一次减刑一般不超过一年有期徒刑；确有悔改表现并有立功表现，或者有重大立功表现的，一次减刑一般不超过二年有期徒刑。

第六条　有期徒刑罪犯的减刑起始时间和间隔时间为：被判处五年以上有期徒刑的罪犯，一般在执行一年六个月以上方可减刑，两次减刑之间一般应当间隔一年以上。被判处不满五年有期徒刑的罪犯，可以比照上述规定，适当缩短起始和间隔时间。

确有重大立功表现的，可以不受上述减刑起始和间隔时间的限制。

有期徒刑的减刑起始时间自判决执行之日起计算。

第七条　无期徒刑罪犯在刑罚执行期间，确有悔改表现，或者有立功表现的，服刑二年以后，可以减刑。减刑幅度为：确有悔改表现，或者有立功表现的，一般可以减为二十年以上二十二年以下有期徒刑；有重大立功表现的，可以减为十五年以上二十年以下有期徒刑。

第八条　无期徒刑罪犯经过一次或几次减刑后，其实际执行的刑期不能少于十三年，起始时间应当自无期徒刑判决确定之日起计算。

第九条　死刑缓期执行罪犯减为无期徒刑后，确有悔改表现，或者有立功表现的，服刑二年以后可以减为二十五年有期徒刑；有重大立功表现的，服刑二年以后可以减为二十三年有期徒刑。

死刑缓期执行罪犯经过一次或几次减刑后，其实际执行的刑期不能少于十五年，死刑缓期执行期间不包括在内。

死刑缓期执行罪犯在缓期执行期间抗拒改造，尚未构成犯罪的，此后减刑时可以适当从严。

第十条 被限制减刑的死刑缓期执行罪犯，缓期执行期满后依法被减为无期徒刑的，或者因有重大立功表现被减为二十五年有期徒刑的，应当比照未被限制减刑的死刑缓期执行罪犯在减刑的起始时间、间隔时间和减刑幅度上从严掌握。

第十一条 判处管制、拘役的罪犯，以及判决生效后剩余刑期不满一年有期徒刑的罪犯，符合减刑条件的，可以酌情减刑，其实际执行的刑期不能少于原判刑期的二分之一。

第十二条 有期徒刑罪犯减刑时，对附加剥夺政治权利的期限可以酌减。酌减后剥夺政治权利的期限，不能少于一年。

第十三条 判处拘役或者三年以下有期徒刑并宣告缓刑的罪犯，一般不适用减刑。

前款规定的罪犯在缓刑考验期限内有重大立功表现的，可以参照刑法第七十八条的规定，予以减刑，同时应依法缩减其缓刑考验期限。拘役的缓刑考验期限不能少于二个月，有期徒刑的缓刑考验期限不能少于一年。

第十四条 被判处十年以上有期徒刑、无期徒刑的罪犯在刑罚执行期间又犯罪，被判处有期徒刑以下刑罚的，自新罪判决确定之日起二年内一般不予减刑；新罪被判处无期徒刑的，自新罪判决确定之日起三年内一般不予减刑。

第十九条 未成年罪犯的减刑、假释，可以比照成年罪犯依法适当从宽。

未成年罪犯能认罪悔罪，遵守法律法规及监规，积极参加学习、劳动的，应视为确有悔改表现，减刑的幅度可以适当放宽，起始时间、间隔时间可以相应缩短。符合刑法第八十一条第一款规定的，可以假释。

前两款所称未成年罪犯，是指减刑时不满十八周岁的罪犯。

第二十条 老年、身体残疾（不含自伤致残）、患严重疾病罪犯的减刑、假释，应当主要注重悔罪的实际表现。

基本丧失劳动能力、生活难以自理的老年、身体残疾、患严重疾病的罪犯，能够认真遵守法律法规及监规，接受教育改造，应视为确有悔改表现，减刑的幅度可以适当放宽，起始时间、间隔时间可以相应缩短。假释后生活确有着落的，除法律和本解释规定不得假释的情形外，可以依法假释。

对身体残疾罪犯和患严重疾病罪犯进行减刑、假释，其残疾、疾病程度应由法定鉴定机构依法作出认定。

第二十三条　人民法院按照审判监督程序重新审理的案件，维持原判决、裁定的，原减刑、假释裁定效力不变；改变原判决、裁定的，应由刑罚执行机关依照再审裁判情况和原减刑、假释情况，提请有管辖权的人民法院重新作出减刑、假释裁定。

第二十四条　人民法院受理减刑、假释案件，应当审查执行机关是否移送下列材料：

（一）减刑或者假释建议书；

（二）终审法院的裁判文书、执行通知书、历次减刑裁定书的复制件；

（三）罪犯确有悔改或者立功、重大立功表现的具体事实的书面证明材料；

（四）罪犯评审鉴定表、奖惩审批表等；

（五）其他根据案件的审理需要移送的材料。

提请假释的，应当附有社区矫正机构关于罪犯假释后对所居住社区影响的调查评估报告。

人民检察院对提请减刑、假释案件提出的检察意见，应当一并移送受理减刑、假释案件的人民法院。

经审查，如果前三款规定的材料齐备的，应当立案；材料不齐备的，应当通知提请减刑、假释的执行机关补送。

第二十五条　人民法院审理减刑、假释案件，应当一律予以公示。

公示地点为罪犯服刑场所的公共区域。有条件的地方，应面向社会公示，接受社会监督。公示应当包括下列内容：

（一）罪犯的姓名；

（二）原判认定的罪名和刑期；

（三）罪犯历次减刑情况；

（四）执行机关的减刑、假释建议和依据；

（五）公示期限；

（六）意见反馈方式等。

第二十六条 人民法院审理减刑、假释案件，可以采用书面审理的方式。但下列案件，应当开庭审理：

（一）因罪犯有重大立功表现提请减刑的；

（二）提请减刑的起始时间、间隔时间或者减刑幅度不符合一般规定的；

（三）在社会上有重大影响或社会关注度高的；

（四）公示期间收到投诉意见的；

（五）人民检察院有异议的；

（六）人民法院认为有开庭审理必要的。

第二十七条 在人民法院作出减刑、假释裁定前，执行机关书面提请撤回减刑、假释建议的，是否准许，由人民法院决定。

第二十八条 减刑、假释的裁定，应当在裁定作出之日起七日内送达有关执行机关、人民检察院以及罪犯本人。

第二十九条 人民法院发现本院或者下级人民法院已经生效的减刑、假释裁定确有错误，应当依法重新组成合议庭进行审理并作出裁定。

▶ 3. 服刑人员符合什么条件可以假释？

【宣讲要点】

根据我国刑法第 81 条的规定，假释是指被判处有期徒刑、无期徒刑的犯罪分子，在执行一定刑罚之后，如果确有悔改表现，不致再危害社会的，司法机关可以附条件地将其提前释放的刑罚制度。假释的适用必须同时符合以下条件。

（1）对象条件。假释只能适用于被判处有期徒刑或者无期徒刑的犯罪分子，其中包括由判处死刑缓期2年执行后减为无期徒刑或者有期徒刑的犯罪分子。

（2）刑期条件。被判处有期徒刑、无期徒刑的犯罪分子，只有在执行一定的刑期以后，才能适用假释。所谓“一定刑期”，按照刑法规定，是指被判处有期徒刑的犯罪分子，必须执行原判刑期二分之一以上；被判处无期徒刑的犯罪分子，必须实际执行13年以上。此外，为了使适用假释有必要的灵活性，我国刑法第81条规定：“如果有特殊情况，经最高人民法院核准，可以不受上述执行刑期的限制。”根据有关司法解释，所谓特殊情况，是指国家政治、国防、外交等方面特殊需要的情况。

（3）实质条件。犯罪分子只有认真遵守监规，接受教育改造，确有悔改表现，假释后不致再危害社会的，才可以假释。这是对犯罪分子适用假释的实质性条件，也是最重要的条件。所谓“不致再危害社会”，是指不至于重新犯罪，能够遵守刑法第84条规定的行为规范，不会发生刑法第86条所规定的严重违反有关假释监管规定之情形。

（4）限制条件。犯罪分子必须不是累犯和因故意杀人、强奸、抢劫、绑架、放火、爆炸、投放危险物质或者有组织的暴力性犯罪被判处10年以上有期徒刑和无期徒刑的罪犯。此外，人民法院对犯罪分子决定假释时，应当考虑其假释后对所居住社区的影响。

【典型案例】

包某故意杀人服刑期间假释案

被告人包某因犯故意杀人罪，由贵州省铜仁市中级人民法院于1994年11月1日作出判决，判处包某死刑，缓期2年执行，剥夺政治权利终身。判决生效后交付贵州省铜仁监狱执行。在服刑期间，包某被依法三次减刑。2013年11月11日刑罚执行机关贵州省铜仁监狱向铜仁市中级人民法院报送包某假释建议书。贵州省铜仁市中级人民法院经审理查明，包某符合假释条件，遂裁定对罪犯包某予以假释（假释考验期自假释之日起至2016年6月29日止）。

【专家评析】

本案刑罚执行机关贵州省铜仁监狱出具假释建议书，认为被告人包某在服刑改造期间，能认罪悔罪，自觉遵守法律、法规和监规，认真参加思想、文化、职业技术教育学习，积极完成劳动生产任务，确有悔改表现，假释后没有再犯罪的危险，且思南县司法局同意接受该犯纳入社区矫正管理，建议予以假释。铜仁市人民检察院经审核同意执行机关的报请意见。贵州省铜仁市中级人民法院经审理查明，包某自投入改造以来，深刻认识到自己的犯罪行为给社会带来的危害，能够认罪悔罪，服从管教，自觉遵守法律、法规和监规，认真参加思想、文化、职业技术教育学习，积极完成劳动任务。思南县司法局同意接收并对该犯进行社区矫正监管。上述情况有《罪犯悔过书》《罪犯评审鉴定表》《罪犯假释审核表》《监狱假释罪犯社会情况调查及评估意见表》以及证人证言等相关材料在卷佐证，可予确认。鉴于包某在服刑期间能够认罪悔罪，自觉遵守法律、法规和监规，认真参加思想、文化、职业技术教育学习，积极完成劳动任务，确有悔改表现，对其适用假释没有再犯罪的危险，且其实际执行的刑期有17年，符合假释的法定条件，铜仁市中级人民法院依法裁定，对罪犯包某予以假释。

【法条指引】

中华人民共和国刑法

第五十八条第一款 附加剥夺政治权利的刑期，从徒刑、拘役执行完毕之日或者从假释之日起计算；剥夺政治权利的效力当然施用于主刑执行期间。

第八十一条 被判处有期徒刑的犯罪分子，执行原判刑期二分之一以上，被判处无期徒刑的犯罪分子，实际执行十三年以上，如果认真遵守监规，接受教育改造，确有悔改表现，没有再犯罪的危险的，可以假释。如果有特殊情况，经最高人民法院核准，可以不受上述执行刑期的限制。

对累犯以及因故意杀人、强奸、抢劫、绑架、放火、爆炸、投放危险物质或者有组织的暴力性犯罪被判处十年以上有期徒刑、无期徒刑的犯罪分子，不得假释。

对犯罪分子决定假释时，应当考虑其假释后对所居住社区的影响。

第八十二条 对于犯罪分子的假释，依照本法第七十九条规定的程序进行。非经法定程序不得假释。

第八十三条 有期徒刑的假释考验期限，为没有执行完毕的刑期；无期徒刑的假释考验期限为十年。

假释考验期限，从假释之日起计算。

第八十四条 被宣告假释的犯罪分子，应当遵守下列规定：

（一）遵守法律、行政法规，服从监督；

（二）按照监督机关的规定报告自己的活动情况；

（三）遵守监督机关关于会客的规定；

（四）离开所居住的市、县或者迁居，应当报经监督机关批准。

第八十五条 对假释的犯罪分子，在假释考验期限内，依法实行社区矫正，如果没有本法第八十六条规定的情形，假释考验期满，就认为原判刑罚已经执行完毕，并公开予以宣告。

第八十六条 被假释的犯罪分子，在假释考验期限内犯新罪，应当撤销假释，依照本法第七十一条的规定实行数罪并罚。

在假释考验期限内，发现被假释的犯罪分子在判决宣告以前还有其他罪没有判决的，应当撤销假释，依照本法第七十条的规定实行数罪并罚。

被假释的犯罪分子，在假释考验期限内，有违反法律、行政法规或者国务院有关部门关于假释的监督管理规定的行为，尚未构成新的犯罪的，应当依照法定程序撤销假释，收监执行未执行完毕的刑罚。

最高人民法院关于办理减刑、假释案件具体应用法律若干问题的规定

为正确适用刑法、刑事诉讼法，依法办理减刑、假释案件，根据刑法、刑事诉讼法和有关法律的规定，制定本规定。

第十五条 办理假释案件，判断“没有再犯罪的危险”，除符合刑法第八十一条规定的情形外，还应根据犯罪的具体情节、原判刑罚情况，在刑罚执行中的一贯表现，罪犯的年龄、身体状况、性格特征，假释后生活来源以及监管条件等因素综合考虑。

第十六条 有期徒刑罪犯假释，执行原判刑期二分之一以上的起始时间，应当从判决执行之日起计算，判决执行以前先行羁押的，羁押一日折抵刑期一日。

第十七条 刑法第八十一条第一款规定的“特殊情况”，是指与国家、社会利益有重要关系的情况。

第十八条 对累犯以及因故意杀人、强奸、抢劫、绑架、放火、爆炸、投放危险物质或者有组织的暴力性犯罪被判处十年以上有期徒刑、无期徒刑的罪犯，不得假释。

因前款情形和犯罪被判处死刑缓期执行的罪犯，被减为无期徒刑、有期徒刑后，也不得假释。

第十九条 未成年罪犯的减刑、假释，可以比照成年罪犯依法适当从宽。

未成年罪犯能认罪悔罪，遵守法律法规及监规，积极参加学习、劳动的，应视为确有悔改表现，减刑的幅度可以适当放宽，起始时间、间隔时间可以相应缩短。符合刑法第八十一条第一款规定的，可以假释。

前两款所称未成年罪犯，是指减刑时不满十八周岁的罪犯。

第二十条 老年、身体残疾（不含自伤致残）、患严重疾病罪犯的减刑、假释，应当主要注重悔罪的实际表现。

基本丧失劳动能力、生活难以自理的老年、身体残疾、患严重疾病的罪犯，能够认真遵守法律法规及监规，接受教育改造，应视为确有悔改表现，减刑的幅度可以适当放宽，起始时间、间隔时间可以相应缩短。假释后生活确有着落的，除法律和本解释规定不得假释的情形外，可以依法假释。

对身体残疾罪犯和患严重疾病罪犯进行减刑、假释，其残疾、疾病程度应由法定鉴定机构依法作出认定。

第二十一条 对死刑缓期执行罪犯减为无期徒刑或者有期徒刑后，符合刑法第八十一条第一款和本规定第九条第二款、第十八条规定的，可以假释。

第二十二条 罪犯减刑后又假释的间隔时间，一般为一年；对一次减去二年有期徒刑后，决定假释的，间隔时间不能少于二年。

罪犯减刑后余刑不足二年，决定假释的，可以适当缩短间隔时间。

第九章
刑法的追诉时效

▶ 对于犯罪行为是否无论经过多长期限，司法机关都可以进行追究？

【宣讲要点】

犯罪追诉时效是指刑法规定的，对犯罪人追究刑事责任的有效期限。根据我国刑法第87条的规定，犯罪经过下列期限不再追诉。

（1）法定最高刑不满5年有期徒刑的，经过5年；

（2）法定最高刑为5年以上不满10年有期徒刑的，经过10年；

（3）法定最高刑为10年以上有期徒刑的，经过15年；

（4）法定最高刑为无期徒刑、死刑的，经过20年。如果20年以后认为必须追诉的，须报请最高人民检察院核准。

追诉时效期限长短的确定以具体犯罪的法定最高刑为依据。法定最高刑高的，其追诉期限相应就长；法定最高刑低的，其追诉期限相应就短。这里的“法定最高刑”，根据1997年1月的《最高人民法院关于适用刑法第十二条几个问题的解释》第2条规定，如果刑法规定的某一犯罪只有一个法定刑幅度，法定最高刑是指该法定刑幅度的最高刑；如果刑法规定的某一犯罪有两个以上的法定刑幅度，法定最高刑是指具体犯罪行为应当适用的法定刑幅度的最高刑。这里的“如果20年以后认为必须追诉”，根据相关司法解释规定，一般按照以下标准掌握：（1）有证据证明存在犯罪事实，且犯罪事实是犯罪嫌疑人实施的；（2）涉嫌犯罪的行为应当适用的法定量刑幅度的最高刑为无期徒刑或者死刑的；（3）涉嫌犯罪的性质、情节和后果特别严重，虽然经过20年追诉期限，但社会危害性和影响依然存在，不追诉会严重影响社会稳定或者产生其他严重后果，而必须追诉的；（4）犯罪嫌疑人能够及时到案接受追诉的。

同时需要注意，为了促进祖国和平统一，最高人民法院、最高人民检察院先后于1988年3月14日和1989年9月7日就去台人员（或去海外其他地方的人员）去台前（或去海外其他地方前）的犯罪的追诉问题发布了两个公告。其主要内容如下：第一，上述人员在中华人民共和国成立前在大陆犯有罪行的，根据刑法关于追诉时效规定的精神，对其当时所犯罪行不再追诉；第二，上述人员在中华人民共和国成立后，犯罪地地方人民政权建立前所犯罪行，不再追诉；第三，上述人员在中华人民共和国成立后，犯罪地地方人民政权建立前犯有罪行，并连续或者继续到当地人民政权建立后的，追诉期限从犯罪行为终了之日起计算。凡超过追诉时效期限的，不再追诉。

在具体案件办理过程中，涉及追诉期限问题的，办案人员根据已有的证据材料可以对犯罪嫌疑人、被告人所涉及罪行的严重程度以及可能适用的刑罚进行预测、评估和计算，也就可以基本确定追诉期限。

（1）一般追诉期限的计算，即指没有连续与继续状态的犯罪。这类犯罪的追诉期限从犯罪之日起计算。犯罪之日是指犯罪成立之日，即行为符合犯罪构成之日。以实行某种行为为成立条件的犯罪而言，以犯罪的完成之日为犯罪之日；以某种结果或者情节为成立条件的犯罪而言，结果的发生或者情节的出现之日即为犯罪之日。计算追诉期限的终点时间：“追诉”是指追查、提起诉讼，只要行为人实施犯罪的时间在案件进入刑事诉讼程序时尚未过追诉期限，对其就可追诉。

（2）连续或继续犯罪追诉期限的计算。根据我国刑法第89条的规定，犯罪行为有连续或者继续状态的，从犯罪行为终了之日起计算。这里的“犯罪行为终了之日”，就连续犯而言，是指最后一个独立的犯罪行为完成之日；就继续犯而言，是指处于持续状态的一个犯罪行为的结束之日。

（3）追诉时效的中断。追诉时效的中断是指在追诉时效进行期间，因发生法律规定的事由，而使以前所经过的时效期间归于无效，法律规定的事由终了之时，时效重新开始计算。我国刑法第89条第2款规定："在追诉期限以内又犯罪的，前罪追诉的期限从犯后罪之日起计算。"这表明，在追诉期限内又犯罪的，前罪的追诉期限即中断，其追诉期限从后罪成立之日起计算。

（4）追诉时效的延长。这是指在追诉时效进行期间，因为发生法律规定的事由，而使追诉时效暂时停止执行。我国刑法规定了两种追诉时效延长的情况。

其一，根据刑法第88条第1款的规定："在人民检察院、公安机关、国家安全机关立案侦查或者在人民法院受理案件以后，逃避侦查或者审判的，不受追诉期限的限制"。这种情况下追诉时效的延长必须具备两个条件：第一，人民检察院、公安机关、国家安全机关已经立案侦查或者人民法院已经受理此案，这是前提条件。第二，行为人实施了逃避侦查或审判的行为，即行为人逃跑或者藏匿，使侦查或审判无法进行的。具备这两个条件，不论经过多长时间，任何时候都可以追诉，反过来讲，能够延长追诉时效的，也只能是同时具备这两个条件的情形。

其二，根据刑法第88条第2款的规定，被害人在追诉期限内提出控告，人民法院、人民检察院、公安机关应当立案而不予立案的，不受追诉期限的限制。这种情况下追诉时效的延长应当具备两个条件：第一，被害人在追诉期限内向人民法院、人民检察院、公安机关提出了控告；第二，人民法院、人民检察院、公安机关应当立案而不予立案。这里的"应当立案而不予立案"，是指符合刑事诉讼法第86条规定的"有犯罪事实需要追究刑事责任"的情形。

【典型案例一】

杨某故意伤害案

1992 年 7 月 6 日，被告人杨某与邓某（均为河南省开封市公安局新门关派出所联防队员）被开封市公安局新门关派出所派往禹王台区演武厅街西口，制止被害人皮某酒后滋事。杨某、邓某欲将皮某扭送至派出所，皮某不听劝阻，双方发生扭打。邓某用膝盖顶撞皮某的阴部，用拳击打皮某的胸部，并致皮某倒地。皮某倒地后，杨某朝皮某的躯干部分踢踹了一脚。皮某被送往医院后死亡。经法医鉴定，皮某系在醉酒和轻度心肌炎的情况下，外力作用于胸腹部等敏感部位，导致迷走神经反射性抑制心跳骤停而死亡。

开封市南关区人民检察院于 1992 年 11 月 17 日以被告人邓某犯过失杀人罪，向开封市南关区（现禹王台区）人民法院提起公诉。在本案审理期间，被告人邓某于 1993 年 12 月 30 日因病死亡，法院裁定终止审理。本案在 1992 年发生后直至 2008 年 4 月 11 日期间当地侦查机关未对杨某立案处理，杨某在案发后亦未有逃避侦查的行为。开封市公安局禹王台分局于 2008 年 4 月 11 日开始对杨某故意伤害案立案调查。

开封市禹王台区人民法院认为，被告人杨某伙同他人在履行职务过程中，外力作用于被害人胸腹部等敏感部位，导致被害人在醉酒和患轻度心肌炎的情况下迷走神经反射性抑制心跳骤停而死亡，其行为构成故意伤害罪。杨某在共同犯罪中起次要作用，系从犯，应当减轻处罚，因此依法判决认定被告人杨某犯故意伤害罪，判处有期徒刑 3 年，缓刑 4 年。

【专家评析】

关于本案被告人杨某故意伤害他人的行为是否已过追诉期限，有两种观点，涉及关于刑法规定的量刑幅度和法定最高刑的理解以及如何确定犯罪行为对应的法定刑问题。现评析如下。

第一种观点认为，对杨某的追诉期限应以 15 年为限，本案现已过时效。理由是：根据1979年刑法第134条第2款规定，致人重伤的，处3年以上7年以下有期徒刑；致人死亡的，处7年以上有期徒刑或者无期徒刑。《全国人民代表大会常务委员会关于严惩严重危害社会治安的犯罪分子的决定》（以下简称："决定"）对故意伤害罪规定了比1979年刑法更为严厉的法定刑。根据该决定第1条第2项规定，故意伤害致人死亡的，处7年以上有期徒刑或者无期徒刑，情节恶劣的，判处死刑。由于该决定属于单行刑法，所以故意伤害致人死亡的法定刑应理解为三个量刑幅度，即7年以上有期徒刑、无期徒刑、死刑。杨某在共同伤害被害人的犯罪行为中所起作用较小，根据其犯罪情节，同时参照《最高人民法院关于人民法院审判严重刑事犯罪案件中具体应用法律的若干问题的答复（三）》（以下简称："答复"）第39条的规定，对杨某应在有期徒刑范围内判处刑期，故对其行为的追诉期限应以15年为限。本案案发时间是1992年7月6日，追诉期限截止于2007年7月5日，现在本案已过追诉时效。

第二种观点认为，7年以上有期徒刑、无期徒刑、死刑是一个量刑幅度中的三个量刑档次，即法定最低刑为7年有期徒刑，法定最高刑为死刑，而不是三个量刑幅度。本案应以法定最高刑来确定追诉期限，追诉时效为20年，本案没有超过追诉期限。

笔者认为，第二种观点符合刑法规定。第一种观点看似有道理，但事实上是对刑法规定的量刑幅度和法定最高刑的理解存在偏差。根据1997年刑法、1979年刑法以及《最高人民法院关于适用刑法时间效力规定若干问题的解释》（以下简称："解释"）的相关规定，按照从旧兼从轻原则，本案应按照1979年刑法及《全国人民代表大会常务委员会关于严惩严重危害社会治安的犯罪分子的决定》的相关规定处理，被告人杨某的行为没有超过追诉时效期限，具体理由如下。

第一，本案被告人的犯罪行为应当受到追诉期限的限制，具体期限应当根据对应的1979年刑法第134条第2款和"决定"第一条第二项规定的法定最高刑确定。

本案发生于1992年，"决定"对致人死亡的故意伤害行为规定了7年以上有期徒刑、无期徒刑、死刑的法定刑，而1997年刑法对致人死亡的故意伤害行为规定了10年以上有期徒刑、无期徒刑、死刑的法定刑。两者规定的法定最高刑均为死刑；但从法定最低刑的比较来看，1997年刑法规定的法定最低刑为10年，1979年刑法与“决定”规定的法定最低刑为7年，后者轻于前者，按照从旧兼从轻原则，应适用1979年刑法与“决定”的相关规定。

关于未逃避侦查的行为是否不受追诉期限限制的问题，应当结合1979年刑法第77条和“解释”第1条的规定进行综合分析。1979年刑法第77条规定：“在人民法院、人民检察院、公安机关采取强制措施以后，逃避侦查或者审判的，不受追诉期限的限制。”“解释”第1条规定：“对于行为人1997年9月30日以前实施的犯罪行为，在人民检察院、公安机关、国家安全机关立案侦查或者在人民法院受理案件以后，行为人逃避侦查或者审判，超过追诉期限或者被害人在追诉期限内提出控告，人民法院、人民检察院、公安机关应当立案而不予立案，超过追诉期限的，是否追究行为人的刑事责任，适用修订前的刑法第七十七条的规定。”根据上述规定，对于1997年9月30日以前实施的犯罪行为，行为人没有逃避侦查或者审判，侦查机关没有立案侦查，人民法院也没有受理案件，超过追诉期限的，不再追究行为人的刑事责任；被害人即使在追诉期限内提出控告，侦查机关应当立案而不立案，超过追诉期限的，也不再追究行为人的刑事责任。

具体到本案，侦查机关在1992年案发后仅启动了追究主犯邓某刑事责任的程序，杨某在本案中也接受了公安机关的调查，并没有逃避侦查的行为。公安机关在案发后直至2008年4月11日这段时间未对行为人进行立案处理，因此，对杨某追究刑事责任应当受到追诉期限的限制。具体应受多长时效期限的限制，应当根据杨某故意伤害行为对应的法定最高刑确定，即根据1979年刑法第134条第2款和“决定”第1条第2项规定的法定刑确定。

第二，对1979年刑法第134条第2款与“决定”第1条第2项规定的三种法定刑应当理解为同一量刑幅度内的三个量刑档次，对犯罪行为对应的法定刑的确定不应计入从轻、减轻、免除处罚情节。

本案争议的主要问题在于，杨某的故意伤害行为对应的法定最高刑是15年有期徒刑、无期徒刑，还是死刑。这一认识分歧涉及两个具体问题：一是1979年刑法第134条第2款与“决定”第1条第2项规定的三种法定刑是三个量刑幅度还是一个量刑幅度；二是对犯罪行为对应的法定刑的确定是否应当计入从轻、减轻、免除处罚情节。

（1）1979年刑法第134条第2款与“决定”第1条第2项规定的三种法定刑是一个量刑幅度内的三个量刑档次。量刑幅度是与刑法规定的具体犯罪危害后果相对应的。例如，数额犯有数额较大、数额巨大以及数额特别巨大三种情形，刑法根据这三种危害后果一般均会规定三个对应的量刑幅度。而量刑档次则是同一量刑幅度内高低不同的刑期。如刑法第119条第1款规定：“破坏交通工具、交通设施、电力设备、燃气设备、易燃易爆设备，造成严重后果的，处十年以上有期徒刑、无期徒刑或者死刑。”其中，10年以上有期徒刑、无期徒刑、死刑就是同一量刑幅度内的三个量刑档次，而非三个量刑幅度。

“答复”第39条规定：“刑法第七十六条（1979年刑法第七十六条与1997年刑法第八十七条的规定相同）按照罪与刑相适应的原则，将追诉期限分别规定为长短不同的四档，因此，根据所犯罪行的轻重，应当分别适用刑法规定的不同条款或相应的量刑幅度，按其法定最高刑来计算追诉期限。如果所犯罪行的刑罚，分别规定有几条或几款时，即按其罪行应当适用的条或款的法定最高刑计算；如果是同一条文中，有几个量刑幅度时，即按其罪行应当适用的量刑幅度的法定最高刑计算。”根据这一规定，致人死亡情形的故意伤害行为对应的7年以上有期徒刑、无期徒刑、死刑，是一个量刑幅度中的三个量刑档次，而非三个量刑幅度。

（2）对犯罪行为对应的法定刑的确定不应计入从轻、减轻、免除处罚情节，即不应根据实际可能判处的刑期确定法定最高刑。本案被告人杨某作为从犯，其实施的伤害行为并非导致被害人死亡的直接原因，且被害人身体有潜在的疾病，是否应当综合这些情节按实际可能判处的刑期确定判处杨某的法定最高刑，实践中存在不同观点。

在确定犯罪行为对应的法定最高刑时，不应计入从轻、减轻、免除处罚或从重处罚情节的考虑。这里有必要论及法定刑和宣告刑的区分。法定刑是根据犯罪性质、危害后果、情节等确定的刑罚。而宣告刑是行为人在接受审判后，人民法院根据其犯罪性质，综合各种从重或者从轻、减轻、免除处罚情节，以法定刑为基准而判定的刑罚。根据刑法的相关规定，追诉时效期限的长短是根据犯罪行为对应的法定最高刑确定的，而不是根据犯罪行为对应的宣告刑确定的。这是因为在对行为人追诉前，不可能确切知道对其应适用的宣告刑，故只能根据其行为的一般情形确定法定最高刑，再根据法定最高刑确定追诉时效。如果以可能对应的宣告刑作为追诉标准，则可能会出现漏诉的情况，最终不利于惩罚犯罪。所以，司法机关对犯罪行为是否追诉应根据犯罪性质、危害后果、情节对应的法定刑幅度进行判断，而不必考虑行为人是否存在从轻、减轻、免除处罚或者从重处罚情节。例如，行为人盗窃数额巨大的财物，在追诉时效期限内自首又有重大立功的，虽然其有减轻处罚情节，但仍应按照1997年刑法规定的3年以上10年以下有期徒刑幅度确定法定最高刑。即以法定最高刑确定追诉时效，追诉期限为15年。不能因为行为人有应当减轻处罚的情节而按减轻处罚后实际可能判处的刑罚来确定追诉期限。

关于犯罪行为对应法定最高刑的确定，可以具体参照以下几条原则。

(1) 对于数额犯，应根据犯罪数额对应的刑法条款规定的刑罚幅度确定法定最高刑。例如，盗窃、诈骗、抢夺罪，1979年刑法对数额较大、数额巨大和情节特别严重三种情形分别规定了“五年以下有期徒刑、拘役或者管制；五年以上十年以下有期徒刑；十年以上有期徒刑或者无期徒刑”三个量刑幅度。在对具体盗窃、诈骗、抢夺行为确定法定最高刑时，先应根据具体涉案数额确定对应的量刑幅度，进而在该量刑幅度内确定法定最高刑。

(2) 对于情节犯，应根据犯罪情节对应的刑法条款规定的刑罚幅度确定法定最高刑。如1997年刑法对“交通肇事犯罪致人重伤、死亡或者使公私财产遭受重大损失的”，“交通运输肇事后逃逸或者有其他特别恶劣情节”和“因逃逸致人死亡”三种情形，规定了3年以下有期徒刑或者拘役、3年以上7年以下有期徒刑、7年以上有期徒刑三个量刑幅度。在对具体交通肇事行为确定法定最高刑时，先应根据具体犯罪情节确定对应的量刑幅度，进而在该量刑幅度内确定法定最高刑。

（3）对于结果犯，应根据犯罪结果所对应的刑法条款规定的刑罚幅度确定法定最高刑。以故意伤害罪为例，1979年刑法对致人轻伤、重伤、死亡三种结果规定了三个量刑幅度，在对具体伤害行为确定法定最高刑时，先应根据轻伤、重伤、死亡的犯罪结果确定对应的量刑幅度，进而在该量刑幅度内确定法定最高刑。

需要注意的是，“决定”对故意伤害犯罪判处死刑的情况附加了“情节恶劣”的限定。对此处“情节恶劣”的理解，直接影响到本案法定最高刑的确定。笔者认为，此处的“情节恶劣”是从属于“致人死亡”这一犯罪结果的，不是一个独立的法定情节。由于目前尚无相关规范性指导文件明确“情节恶劣”的认定标准，司法实践中对这一情节的认定只能综合具体案情把握，所以该类情节原则上只会影响到宣告刑的判定，而不涉及法定刑。基于这一分析，依照相关规定，对致人死亡情形的故意伤害行为，均应按照最高刑死刑确定追诉期限。

具体到本案，被告人杨某所实施的故意伤害行为，虽然其行为不是导致被害人死亡的直接原因，且情节较为轻微，但是作为共同犯罪的参与人，既然其参与行为造成了死亡结果，就应按照致人死亡情形的故意伤害行为确定追诉期限，即应按照法定最高刑——死刑确定20年的追诉期限。本案在2008年立案时未过追诉期限，因此，应对杨某追究刑事责任。

【典型案例二】

朱某交通肇事案

货主焦伟生支付运费400元让被告人朱某和付晶豪于1993年9月9日晚，开车从河南的驻马店市至泌阳县城给其运送化肥15吨。货运到后，焦伟生以少11袋化肥为由要求朱某、付晶豪以运费抵偿损失，朱某、付晶豪不同意，双方为此争执不下。后朱某、付晶豪二人趁焦伟生去找人卸化肥之机，由朱某驾车逃跑，被给焦伟生看门市部的易万峰发现。易万峰即随后追赶并冲到车前意欲拦车。由于当时雨下得很大，朱某在发现不及时和紧急刹车失灵的情况下，将易万峰撞死，朱某、付晶豪逃逸。

1993 年 9 月 10 日 5 时 20 分，死者易万峰的哥哥易万伦到泌阳县公安局交警队报案，公安机关决定立案。1999 年 3 月 24 日泌阳县公安局将朱某刑事拘留。2000 年 1 月 26 日泌阳县人民检察院批准逮捕朱某。

河南省驻马店市中级人民法院经公开审理后认为，被告人朱某为摆脱运输纠纷，违反“必须遵守右侧通行”的法律规定，驾车从路的左侧行驶，撞死突然冲到车前拦车的易万峰。朱某在明知可能发生了“事故”的情况下，为逃避责任而逃逸，致使事故责任无法查明，根据规定，朱某应负事故的全部责任。被告人朱某的交通肇事行为发生在 1993 年 9 月 10 日，根据《中华人民共和国刑法》第 12 条的规定，应适用当时的法律追究其刑事责任。依照 1979 年刑法第 76 条、第 77 条和第 78 条、第 113 条和 1987 年 8 月 21 日《最高人民法院、最高人民检察院关于严格依法处理道路交通肇事案件的通知》第 1 条第（1）项、第（3）项的规定，对朱某具体肇事行为的追诉时效应为 5 年。由于公安机关刑事拘留朱某的时间是 1999 年 3 月 24 日，距其交通肇事之日已超过 5 年，期间又没有对其采取拘传、取保候审、监视居住、拘留等任何一种强制措施，因此，不应再追究其刑事责任。依照《中华人民共和国刑事诉讼法》第 15 条第（2）项和《最高人民法院关于执行〈中华人民共和国刑事诉讼法〉若干问题的解释》第 176 条第（8）项的规定，裁定本案终止审理。

【专家评析】

第一，犯罪行为发生在 1997 年刑法实施以前且超过 1979 年刑法规定的追诉时效的，不应追究刑事责任。

本案证据能够证实朱某的行为构成交通肇事罪。由于朱某的交通肇事行为发生在 1997 年刑法实施之前，根据 1997 年刑法第 12 条的规定，对其应按照当时的法律来追究刑事责任。因此，对朱某交通肇事后逃逸的行为，要追究刑事责任也只能适用 1979 年刑法第 113 条和 1987 年 8 月 21 日《最高人民法院、最高人民检察院关于严格依法处理道路交通肇事案件的通知》第1条第（1）项、第（3）项规定的“三年以下有期徒刑或拘役”的法定刑幅度，而不能适用新刑法规定的“三年以上七年以下的有期徒刑”的法定刑幅度。

朱某交通肇事的行为，依照1979年刑法第76条、第77条和第78条的规定，已经超过追诉时效，但根据1997年刑法第四章第八节的规定，却仍需要追究刑事责任，那么，应当如何认定处理？

（1）1997年刑法第12条规定的所谓“按当时的法律追究刑事责任”，理解上当然既应包括适用当时法律的定罪量刑规定，也应包括适用当时法律关于追诉时效的规定，不能把当时法律关于追诉时效的规定排除在适用之外。

（2）在有关追诉时效的规定方面，1979年刑法与1997年刑法虽基本相同，但在追诉时效延长的规定上有两点显著区别：一是1979年刑法规定不受追诉期限限制的起始时间为司法机关“采取强制措施后”，而1997年刑法则对此修改为司法机关“立案侦查或人民法院受理案件后”；二是1997年刑法增加了“被害人在追诉期限内提出控告，公、检、法机关应当立案而不予立案的，不受追诉期限限制”的规定。两相比较，1997年刑法有关追诉时效的规定较1979年刑法对被告人更严更重。关于追诉时效是否也适用从旧兼从轻原则，1997年9月25日通过的《最高人民法院关于适用刑法时间效力规定若干问题的解释》（以下简称：“解释”）第1条已有明确规定。该条规定“对于行为人1997年9月30日以前实施的犯罪行为，在人民检察院、公安机关、国家安全机关立案侦查或者在人民法院受理案件以后，行为人逃避侦查或者审判，超过追诉期限或者被害人在追诉期限内提出控告，人民法院、人民检察院、公安机关应当立案而不予立案，超过追诉期限的，是否追究行为人的刑事责任，适用修订前的刑法第七十七条的规定”。该条规定的精神，就是明确地确立关于追诉时效也应适用从旧兼从轻原则。就本案而言，被告人朱某的交通肇事行为，已超过1979年刑法规定的追诉时效，不应当再追究其刑事责任。

第二，犯罪行为超过追诉时效的，在诉讼程序上应如何处理？

对于犯罪行为超过追诉期限但是已经进入刑事诉讼程序的案件，根据

1979年刑事诉讼法第11条的规定，应当撤销案件，或者不起诉，或者宣告无罪。具体来说，在侦查阶段由进行侦查的检察机关或者公安机关撤销案件；在审查起诉阶段由检察机关作出不起诉决定；案件经人民法院受理后的，应当宣告无罪。对此，1979年刑事诉讼法没有规定终止审理的处理方式。这种对于在审判环节仅采取宣告无罪一种处理方式的规定，是不尽科学的，也与刑事诉讼理论相悖。犯罪超过追诉时效，不予追究刑事责任，其实质是刑事诉讼中的一个程序问题。这里所说的“犯罪”，准确地应说是一种犯罪嫌疑，因为行为人尚未经过人民法院审判，还处于是否有罪的不确定状态，由于行为人的行为已超过追诉时效，无论其是有罪还是无罪，都不再予以追究。不再予以追究是指诉讼程序不再继续往下进行，并不是说该行为就不构成犯罪。因此，超过追诉时效的情形，无论出现在刑事诉讼的哪一个阶段，都应当由正在负责追究的司法机关终止诉讼程序，不再往下一个诉讼阶段移送。由于人民法院是刑事诉讼的最后一个环节，因此，终止诉讼程序的方式只能是终止审理，而不是宣告无罪。宣告无罪是人民法院通过审理后，认为被告人无罪或者不能证明被告人有罪而作出的实体判决，它解决的不是诉讼程序上的问题，而是被告人是否有罪的实体问题。因此，用这种实体判决的方式来解决非实体的程序问题，显然是不合适的。同时，在行为人的行为已构成犯罪，只是由于已经超过追诉时效而不再予以追究的，如果宣告被告人无罪，否定其行为的犯罪性质，在法理上也难以讲通，且与公安机关、检察机关撤销案件、不起诉的程序性处理方式不协调。对于1979年刑事诉讼法的这一缺陷，1994年3月21日《最高人民法院关于审理刑事案件程序的具体规定》第127条作出了补充规定，增加了裁定终止审理的处理方式。对此问题，1996年刑事诉讼法第15条亦规定：“有下列情形之一的，不追究刑事责任，已经追究的，应当撤销案件，或者不起诉，或者终止审理，或者宣告无罪。……（二）犯罪已超过追诉时效期限的……”《最高人民法院关于执行〈中华人民共和国刑事诉讼法〉若干问题的解释》第176条第（8）项进一步明确规定，对于案件审理中发现或出现犯罪已超过追诉时效期限的，应裁定终止审理。由于诉讼法不存在溯及力问题，人民法院审理案件应适用现行的刑事诉讼法来处理程序上的问题。因此，河南省驻马店市中级人民法院根据本案审理时施行的《中华人民共和国刑事诉讼法》及其相应的司法解释的规定，裁定终止审理本案是正确的。

【法条指引】

中华人民共和国刑法

第十二条 中华人民共和国成立以后本法施行以前的行为，如果当时的法律不认为是犯罪的，适用当时的法律；如果当时的法律认为是犯罪的，依照本法总则第四章第八节的规定应当追诉的，按照当时的法律追究刑事责任，但是如果本法不认为是犯罪或者处刑较轻的，适用本法。

本法施行以前，依照当时的法律已经作出的生效判决，继续有效。

第八十七条 犯罪经过下列期限不再追诉：

（一）法定最高刑为不满五年有期徒刑的，经过五年；

（二）法定最高刑为五年以上不满十年有期徒刑的，经过十年；

（三）法定最高刑为十年以上有期徒刑的，经过十五年；

（四）法定最高刑为无期徒刑、死刑的，经过二十年。如果二十年以后认为必须追诉的，须报请最高人民检察院核准。

第八十八条 在人民检察院、公安机关、国家安全机关立案侦查或者在人民法院受理案件以后，逃避侦查或者审判的，不受追诉期限的限制。

被害人在追诉期限内提出控告，人民法院、人民检察院、公安机关应当立案而不予立案的，不受追诉期限的限制。

第八十九条 追诉期限从犯罪之日起计算；犯罪行为有连续或者继续状态的，从犯罪行为终了之日起计算。

在追诉期限以内又犯罪的，前罪追诉的期限从犯后罪之日起计算。

最高人民法院关于适用刑法时间效力规定若干问题的解释

为正确适用刑法，现就人民法院 1997 年 10 月 1 日以后审理的刑事案件，具体适用修订前的刑法或者修订后的刑法的有关问题规定如下：

第一条 对于行为人1997年9月30日以前实施的犯罪行为，在人民检察院、公安机关、国家安全机关立案侦查或者在人民法院受理案件以后，行为人逃避侦查或者审判，超过追诉期限或者被害人在追诉期限内提出控告，人民法院、人民检察院、公安机关应当立案而不予立案，超过追诉期限的，是否追究行为人的刑事责任，适用修订前的刑法第七十七条的规定。

第二条 犯罪分子1997年9月30日以前犯罪，不具有法定减轻处罚情节，但是根据案件的具体情况需要在法定刑以下判处刑罚的，适用修订前的刑法第五十九条第二款的规定。

第三条 前罪判处的刑罚已经执行完毕或者赦免，在1997年9月30日以前又犯应当判处有期徒刑以上刑罚之罪，是否构成累犯，适用修订前的刑法第六十一条的规定；1997年10月1日以后又犯应当判处有期徒刑以上刑罚之罪的，是否构成累犯，适用刑法第六十五条的规定。

第四条 1997年9月30日以前被采取强制措施的犯罪嫌疑人、被告人或者1997年9月30日以前犯罪，1997年10月1日以后仍在服刑的罪犯，如实供述司法机关还未掌握的本人其他罪行的，适用刑法第六十七条第二款的规定。

第五条 1997年9月30日以前犯罪的犯罪分子，有揭发他人犯罪行为，或者提供重要线索，从而得以侦破其他案件等立功表现的，适用刑法第六十八条的规定。

第六条 1997年9月30日以前犯罪被宣告缓刑的犯罪分子，在1997年10月1日以后的缓刑考验期间又犯新罪、被发现漏罪或者违反法律、行政法规或者国务院公安部门有关缓刑的监督管理规定，情节严重的，适用刑法第七十七条的规定，撤销缓刑。

第七条 1997年9月30日以前犯罪，1997年10月1日以后仍在服刑的犯罪分子，因特殊情况，需要不受执行刑期限制假释的，适用刑法第八十一条第一款的规定，报经最高人民法院核准。

第八条 1997年9月30日以前犯罪，1997年10月1日以后仍在服刑的累犯以及因杀人、爆炸、抢劫、强奸、绑架等暴力性犯罪被判处十年以上有期徒刑、无期徒刑的犯罪分子，适用修订前的刑法第七十三条的规定，可以假释。

第九条 1997年9月30日以前被假释的犯罪分子，在1997年10月1日以后的假释考验期内，又犯新罪、被发现漏罪或者违反法律、行政法规或者国务院公安部门有关假释的监督管理规定的，适用刑法第八十六条的规定，撤销假释。

第十条 按照审判监督程序重新审判的案件，适用行为时的法律。

最高人民法院关于适用刑法第十二条几个问题的解释

修订后的《中华人民共和国刑法》一九九七年十月一日施行以来，一些地方法院就刑法第十二条适用中的几个具体问题向我院请示。现解释如下：

第一条 刑法第十二条规定的《处刑较轻》，是指刑法对某种犯罪规定的刑罚即法定刑比修订前刑法轻。法定刑较轻是指法定最高刑较轻；如果法定最高刑相同，则指法定最低刑较轻。

第二条 如果刑法规定的某一犯罪只有一个法定刑幅度，法定最高刑或者最低刑是指该法定刑幅度的最高刑或者最低刑；如果刑法规定的某一犯罪有两个以上的法定刑幅度，法定最高刑或者最低刑是指具体犯罪行为应当适用的法定刑幅度的最高刑或者最低刑。

第三条 一九九七年十月一日以后审理一九九七年九月三十日以前发生的刑事案件，如果刑法规定的定罪处刑标准、法定刑与修订前刑法相同的，应当适用修订前的刑法。

最高人民检察院关于检察工作中具体适用修订刑法第十二条若干问题的通知

根据修订刑法第十二条的规定，现对发生在1997年9月30日以前，1997年10月1日后尚未处理或者正在处理的行为如何适用法律的若干问题通知如下：

一、如果当时的法律（包括1979年刑法，中华人民共和国惩治军人违反职责罪暂行条例，全国人大常委会关于刑事法律的决定、补充规定，民事、经济、行政法律中“依照”、“比照”刑法有关条款追究刑事责任的法律条文，下同）、司法解释认为是犯罪，修订刑法不认为是犯罪的，依法不再追究刑事责任。已经立案、侦查的，撤销案件；已批准逮捕的，撤销批准逮捕决定，并建议公安机关撤销案件；审查起诉的，作出不起诉决定；已经起诉的，建议人民法院退回案件，予以撤销；已经抗诉的，撤回抗诉。

二、如果当时的法律、司法解释认为是犯罪，修订刑法也认为是犯罪的，按从旧兼从轻的原则依法追究刑事责任：

1. 罪名、构成要件、情节以及法定刑没有变化的，适用当时的法律追究刑事责任。

2. 罪名、构成要件、情节以及法定刑已经变化的，根据从轻的原则，确定适用当时的法律或者修订刑法追究刑事责任。

三、如果当时的法律不认为是犯罪，修订刑法认为是犯罪的，适用当时的法律；但行为连续或者继续到1997年10月1日以后的，对10月1日以后构成犯罪的行为适用修订刑法追究刑事责任。

最高人民法院、最高人民检察院关于适用刑事司法解释时间效力问题的规定

为正确适用司法解释办理案件，现对适用刑事司法解释时间效力问题提出如下意见：

一、司法解释是最高人民法院对审判工作中具体应用法律问题和最高人民检察院对检察工作中具体应用法律问题所作的具有法律效力的解释，自发布或者规定之日起施行，效力适用于法律的施行期间。

二、对于司法解释实施前发生的行为，行为时没有相关司法解释，司法解释施行后尚未处理或者正在处理的案件，依照司法解释的规定办理。

三、对于新的司法解释实施前发生的行为，行为时已有相关司法解释，依照行为时的司法解释办理，但适用新的司法解释对犯罪嫌疑人、被告人有利的，适用新的司法解释。

四、对于在司法解释施行前已办结的案件，按照当时的法律和司法解释，认定事实和适用法律没有错误的，不再变动。